# México dividido

# Ricardo Homs

# México dividido

O cómo
entender
la mexicanidad
hoy en día

HarperCollins

**≣ HarperCollins*México***

© 2022, HarperCollins México, S. A. de C. V.
Publicado por HarperCollins México
Insurgentes Sur núm. 730, 2º piso,
03100, Ciudad de México.

*México dividido. O cómo entender la mexicanidad hoy en día*

D. R. © HarperCollins México, 2022
© Ricardo Homs, 2022

Diseño de forros: Susana Vargas / VLA
Formación de interiores y cuidado de la edición:
Mutare, Procesos Editoriales y de Comunicación, S. A. de C. V.
Imagen de portada: © Ismael Villafranco
Texto de contraportada: Francisco Martín Moreno

ISBN Rústica: 978-1-400-24479-9

Primera edición: junio de 2023

Para entender la complejidad del México actual
se requiere descifrar las claves de una idiosincrasia individualista
y rica en significados.

En México las palabras no son más que referencias
y la razón es un simple pretexto para justificar
los deseos personales y la voluntad.

La vida auténticamente cotidiana fluye de forma invisible
a través de una rica intuición que nos integra en una sociedad
compleja, caracterizada por la incongruencia y dividida
por rencores y resentimientos ancestrales.

Este libro es un viaje a la profundidad del inconsciente colectivo
de la mexicanidad.

# Contenido

# BLOQUE II

## ATRIBUTOS DE LA MEXICANIDAD Y SU ORIGEN

## BLOQUE III

### CONTEXTO SOCIAL: EL IMPACTO EN EL INCONSCIENTE COLECTIVO

# Introducción

**N**O **PODREMOS** entender el presente que hoy vive México si antes no comprendemos a profundidad nuestra idiosincrasia. Hacer una valoración de la psicología de la mexicanidad es un ejercicio indispensable.

En nuestra idiosincrasia se han fundido, a lo largo de los años, los valores morales y sociales que hemos recibido a través de la educación familiar, religiosa y escolar, así como de nuestra riquísima sensibilidad emocional. También en ella se manifiestan las huellas de nuestra historia —reciente y lejana—; el impacto de nuestro contexto social, político, cultural y geográfico; el legado de las civilizaciones precolombinas que habitaron nuestro territorio; nuestros prejuicios, y, por último, los códigos culturales que anidan en el inconsciente colectivo y que hoy nos hacen reaccionar como sociedad del modo como lo hacemos.

Nuestra idiosincrasia se ha venido transmitiendo a través de los siglos —de generación en generación—, de un modo silencioso, a través del ADN psicosocial.

La idiosincrasia representa nuestra identidad, que hoy se enfrenta a una profunda crisis, pues al parecer la sociedad mexicana se ha dividido y han surgido dos Méxicos... confrontados entre sí.

Algo se ha quebrado en el alma de la sociedad mexicana bajo el influjo de esta globalización que nos ha desnudado ante el mundo, así como por la irrupción de las redes sociales, que nos han tomado por sorpresa, rompiendo las estructuras sociales y políticas tradicionales.

De este modo vemos el surgimiento del México bronco, nacido en el contexto de la Revolución y causante —durante el periodo post revolucionario— de las migraciones que hicieron evidentes las diferencias entre dos mundos antagónicos que tuvieron como punto de encuentro las grandes ciudades mexicanas.

Nuestro México indígena y el México modernista. Este último se había desarrollado en el contexto urbano, como resultado de nuestra balbuceante industrialización iniciada durante esa época posrevolucionaria —caracterizada por la pacificación del país— en el contexto de la Primera Guerra Mundial.

Este contexto —revivido cien años después, en el México de hoy— ha generado una crisis de liderazgos que desemboca en vacíos de poder regionales y en una crisis de autoridad moral, la cual ha sido aprovechada por la delincuencia organizada, que hoy es quizás el riesgo más importante que tiene el México actual, pues pone en peligro la gobernabilidad, el orden, el Estado de derecho y la seguridad nacional.

Este fenómeno social ha quedado patente frente a acontecimientos violentos que día a día encabezan las noticias que difunden los medios de comunicación masiva, de los cuales muchos han concluido en asesinatos.

Ya hemos perdido la capacidad de asombro frente a la violencia desmedida que forma parte de nuestro entorno cotidiano. Sin embargo, este fenómeno, surgido en los últimos años, ha ido avanzando hasta llegar a poner en riesgo la vida democrática del país, como sucedió entre 2020 y 2021, en el preámbulo de las elecciones intermedias realizadas el 6 de junio de 2021 para renovar el Congreso de la República y elegir gobernadores y alcaldes. Durante este proceso electoral muchos candidatos fueron forzados a abandonar su campaña o a pactar con el crimen organizado la sumisión a su control, como antes lo hacían los alcaldes electos en pequeños municipios frente a un cacique local poderoso.

El modelo de liderazgo político y social predominante hoy en nuestro país termina siendo fundamental para entender la dinámica psicosocial de México. A final de cuentas es parte de nuestra idioisincrasia.

Así vemos que los segmentos populares de nuestra nación terminan siendo altamente sensibles a los modelos de control autocrático y personalizado, encarnado por un cacique o un caudillo político.

Mientras tanto, las clases medias y superiores se orientan cada vez más hacia la cultura democrática, bajo el influjo de las redes sociales y los valores de la cultura global. Dos Méxicos que comparten territorio —pero viven distanciados uno de otro—, sumidos en una peligrosa convivencia forzada.

En todo esto cabe hacernos la pregunta: ¿qué tanto actúa nuestra idiosincrasia detonando estos fenómenos sociales complejos que se manifiestan a través de valores compartidos y códigos sociales que sólo son descifrables para los mexicanos?

## EL CONTEXTO PSICOSOCIAL DEL MUNDO DE HOY Y LA ACTUAL CRISIS DE LIDERAZGOS PÚBLICOS

En el centro del problema sociopolítico actual está un conflicto de idiosincrasia.

El ánimo colectivo hoy se manifiesta externando profundos rencores y resentimientos derivados de graves inequidades, falta de oportunidades para un importantísimo segmento de la población y el desajuste provocado por un sistema social perverso, proclive al control social a partir de cacicazgos disfrazados de liderazgos reivindicadores.

Lo más grave es que el actual contexto social y político —haciendo sinergia con una idiosincrasia guiada por el rencor, los resentimientos y el encono— pueden destruir al país, haciéndolo retroceder varias décadas.

Somos una nación de graves y profundas contradicciones ancladas en nuestra idiosincrasia.

En el centro del conflicto social está una rebelión contra la autoridad institucionalizada, fenómeno colectivo que nace del individualismo que caracteriza a la idiosincrasia mexicana. Sin embargo, a su vez —como la otra cara de la moneda—, hay sometimiento cómodo y voluntario hacia modelos autocráticos de tipo paternalista y emocional.

Sin embargo, los resentimientos colectivos en contra del abuso del poder —en una sociedad dominada por cacicazgos personales tolerados por las autoridades gubernamentales, e incluso muchas veces en contubernio con ellas— han generado hoy la pérdida del respeto que tradicionalmente el ciudadano manifestaba hacia las autoridades gubernamentales, así como a quienes las representaban.

Este vacío de autoridad moral ha llevado a la reconfiguración de los cacicazgos tradicionales —de antes—, esos que al margen de la ley hacían entre sí —veladamente— sus negocios mientras mantenían el control de comunidades enteras, usufructuando los bienes colectivos.

Hoy esa figura ancestral se ha transformado en dos opciones predominantes de liderazgo público. El cacique, dominante, controlador y violento, ha mutado en el político populista o en un capo que dirige un cártel delincuencial local, que opera abiertamente al margen de la ley.

Hoy vemos cómo esta figura que nació como parte del estereotipo internacional del narcotráfico —idealizada en múltiples series televisivas de difusión internacional— toma el control de comunidades y regiones a partir de la violencia física y se transfigura en lo que tradicionalmente fue un cacique, dueño y señor de la comunidad.

Hoy los capos que toman el espacio que antes dominaban los caciques locales imponen incluso modelos de justicia que se ajustan a sus ideas personales. El control es total y absoluto y lo ejercen con suma impunidad, ante la indiferencia de las autoridades legítimas.

El resentimiento social, sumado a la pérdida de respeto a las figuras tradicionales del orden público —como las corporaciones policiacas y las fuerzas armadas—, empuja a estos segmentos tradicionales del "México bronco" a actividades delincuenciales Para esto, blindan su decisión con una visión moral de reivindicación social, matizada con tintes ideológicos, como seguramente sucedió durante la Revolución mexicana, cuando simples bandoleros se reconvertían en revolucionarios y justificaban sus fechorías con el blindaje de una causa política.

Al margen de la operación de los grandes cárteles que hoy realizan negocios altamente rentables en vastas zonas del territorio nacional y con vinculaciones internacionales, de manera paralela hoy vemos el surgimiento de estos pequeños cárteles de operación local, que sólo cubren localmente dos o tres municipios, dedicándose al narcotráfico en muy baja escala, pero obtienen más ingresos a partir de secuestros, chantajes y cobro de derecho de piso sobre la población local.

Además de la desmedida violencia generada por estos pequeños cárteles, sumada a la pérdida de confianza en las instituciones del aparato gubernamental, que según los pobladores de la región son incapaces de brindar protección efectiva a las familias, surge con desesperación la alternativa de justicia por propia mano. De este modo se forman fenómenos sociales como las "autodefensas", que terminan convirtiéndose en grupos paramilitares que defienden a sus comunidades, sin descartar la sospecha de que puedan ser infiltrados por gente vinculada con otros cárteles enemigos del que domina La zona.

Esta desconfianza popular contra la autoridad y la determinación de ejercer justicia comunitaria puede llevar a la práctica linchamientos de presuntos delincuentes en contexto de histeria colectiva, donde las autoridades gubernamentales —que sí tienen legitimidad jurídica— terminan siendo rebasadas y se convierten en simples espectadores de la justicia popular, como lo han demostrado videos subidos a las redes sociales por los lugareños que participan en alguno de estos macabros actos.

El contexto descrito aquí se sintetiza en tres grandes variables: primero, la pérdida de valores morales. Después, la formación de un contexto psicosocial de resentimientos y rencores profundos que ahora son liberados por una demagogia gubernamental ideologizante, confusa e incongruente. La tercera variable es la pérdida de respeto a las autoridades jurídicamente legitimadas por el "Estado de derecho", como el Poder Judicial y las corporaciones policiacas, así como hacia las fuerzas armadas que se hallan realizando funciones de orden interior.

## LA VARIABLE DEMOGRÁFICA Y LA GRAN RUPTURA

Otra variable del contexto actual es la ruptura social que se ha producido en nuestro país a partir de las redes sociales.

Por una parte, en México se ha conformado una clase media que está interconectada a la aldea global y se ha alineado con la nueva cultura multinacional. Este sector se identifica culturalmente con sus iguales en el resto del mundo y ha evolucionado de modo aspiracional hacia el reto de alcanzar una mejor calidad de vida, sustentado en su capacidad productiva.

Esta clase social no depende de ayudas sociales de origen gubernamental, aunque si se las ofrecen quizá las acepta, no como una dádiva, sino que las interpreta como un derecho que se deriva de lo que cada ciudadano aporta al país a través de sus impuestos.

Esta autosuficiencia económica le da libertad de decidir sobre su propia vida, sobre sus aspiraciones y sobre el proyecto de país que pretende construir para las próximas generaciones y construye conciencia de clase y sentido de pertenencia social a la clase media, donde se concentra la productividad.

Este segmento social reconoce, como camino para construir el país que quiere, a la democracia pura y simple y al valor del voto en los procesos electorales.

Por otra parte está el sector popular, que es el guardián de todo el acervo sociocultural que se ha integrado a lo largo de quinientos años y es sensible a la demagogia populista.

Este último es el México vulnerable, dependiente de las ayudas sociales, éstas que nunca llegan como un derecho, sino como una dádiva del sistema político en el poder, generando dependencia y agradecimiento para el gobierno benefactor.

Este es el México que hoy se rebela contra el orden social y político tradicional, azuzado con base en la demagogia. Sin embargo, con esta actitud reivindicadora también rechaza el "Estado de derecho", interpretándolo como un modelo represor y culpándolo de la falta de oportunidades.

Ésta ha sido la historia de la administración de la pobreza durante los últimos cincuenta años.

## LOS SÍMBOLOS DE RIQUEZA Y EL CONSUMISMO

Antiguamente —no hace demasiados años, lo cual permite que muchos podamos hacer comparaciones— la riqueza no estaba tan a la vista del pueblo.

El modelo económico —vigente en la mayor parte del siglo xx y mucho antes— no hacía evidente la magnitud de la riqueza acumulada y menos aún la estratificaba en múltiples segmentos como ocurre hoy.

La vida de los ricos de antes —y la de la gente asalariada que tenía resueltas sus necesidades básicas— no era tan radicalmente diferente entre sí porque no existía la pulverización de satisfactores que hoy ofrece la sociedad de consumo. Simplemente las casas de los ricos eran mayores en tamaño, pero sin el nivel de complejidad tecnológica que hoy se puede obtener. Los ricos no tenían tantas opciones de gastar como las tienen hoy.

En el México del siglo xx sólo había ricos, clase media y pobres. Hoy hay subdivisiones poblacionales.

Incluso ya en el siglo xx, antes de la globalización y su impacto en los tratados comerciales internacionales firmados por México —que derribaron fronteras arancelarias—, los automóviles disponibles en nuestro país eran ensamblados en plantas industriales que debían estar en nuestro territorio. Además, debían tener componentes de autopartes de fabricación nacional por una cifra no menor a 62%. Por lo tanto, para generar un volumen que hiciera rentable la fabricación nacional no había muchas opciones de modelos.

De este modo el mercado automotriz se estratificaba en tres grupos: autos compactos —que eran de bajo precio—, autos medianos y autos de lujo.

Además, como la fabricación era nacional, había tres grandes empresas automotrices estadounidenses que aún existen: General Motors, Ford y Chrysler; una japonesa: Nissan, que sólo tenía autos compactos; y las europeas: Volkswagen y Renault, también dedicadas a los autos compactos, que era el mercado despreciado por las ensambladoras estadounidenses. Además, unas cuantas empresas extranjeras más, que no lograron consolidarse.

La importación de autos y motocicletas era un lujo inaccesible para los medianamente ricos y muy difícil para quienes tenían el dinero para pagarlo. Por lo tanto, los ricos —independientemente de su capacidad de riqueza— sólo podían comprar el modelo de auto de lujo que ofrecían las tres empresas estadounidenses.

Por otra parte, respecto de la ropa, no había la proliferación de marcas que hoy existen —con la gran diferencia de precio—, lo cual describe públicamente, con exactitud, el nivel de capacidad de compra del usuario.

Los *gadgets* y los equipos de tecnología electrónica —que hoy representan un lujo— aún no lograban irrumpir en el mercado.

Por lo tanto, los indicadores de riqueza eran muy limitados y los sectores que vivían en la pobreza no los percibían con la transparencia y la inmediatez de hoy.

Podríamos concluir que no eran evidentes los elementos de comparación que hoy generan rencor y resentimiento. En esta sociedad globalizada la riqueza es transparente y el exceso de información respecto de precios termina siendo altamente irritante para quienes viven con limitaciones económicas.

Como ejemplo podemos tomar el segmento de autos de lujo de hoy, que pone en evidencia las profundas diferencias en la escala de precios, lo cual define con precisión el nivel de riqueza de su propietario.

La proliferación de marcas de lujo y toda clase de símbolos elitistas —fenómeno psicosocial estimulado a partir de un contexto exhibicionista incitado por las redes sociales— genera la polarización entre el sector de la sociedad que puede tener acceso a esos lujos y, en contraposición, los que, a partir de la exposición de los símbolos de riqueza, se concientizan de la gravedad y la injusticia de su propia pobreza.

Este fenómeno se agrava y genera un conflicto social porque este segmento poblacional hoy es exacerbado en sus rencores con base en la ideología de la Cuarta Transformación, que si bien no les promete ayudarlos a salir de la pobreza y superar sus limitaciones económicas, sí les impele a cobrar venganza.

Este contexto de polarización a través de los agravios quizás es una de las causas del rápido crecimiento de los cárteles regionales y de las bandas delictivas locales que se apropian de un territorio para resarcir humillaciones y marginación por medio de la violencia, y así compensar la autoestima a través del poder que les brinda el uso de la fuerza.

Esto, a su vez, les permite disfrutar —mediante la vida marginal que les ofrece el contexto delictivo—los lujos que la sociedad les niega a través del trabajo honesto.

Por lo anterior, podremos concluir que, a diferencia del contexto punitivo que tiene el ejercicio de la delincuencia en los países altamente desarrollados —donde la clase media predomina y la pobreza es una minoría—, en México la delincuencia trae implícito un sentimiento de revancha y represalia, que le da un significado de justicia social a la violencia.

A su vez, estos significados de reivindicación social y lucha de clases generan un sentimiento de solidaridad cómplice entre la población de los estratos socioeconómicos bajos.

Ha llegado a sugerirse desde el gobierno de la Cuarta Transformación la interpretación de que la pobreza es la causa de la delincuencia y, por lo tanto, el delincuente es la víctima de un sistema social inequitativo y perverso. Esta narrativa —vinculada a la nueva cultura del "dinero fácil"— genera una sinergia perversa que provoca violencia.

## LA CULTURA DEL DINERO FÁCIL

La cultura del dinero fácil nació globalmente a partir de la proliferación de empresas de tecnología digital —disruptivas e innovadoras— que lograron valorarse en el mercado bursátil ofreciendo servicios en el ámbito de la web e hicieron de sus propietarios los nuevos multimillonarios de origen anónimo que irrumpieron en las listas de la revista *Forbes*.

Tradicionalmente, las fortunas empezaban a crecer en el mundo real respaldadas por los grandes capitales y con apoyo de los grupos financieros. Lo hacían poco a poco, en un proceso de maduración empresarial. Sin embargo, el valor de las empresas de tecnología digital en la web se sustentaba en la venta de expectativas. Por eso su crecimiento fue veloz. Era un mundo paralelo de tipo virtual.

Este fenómeno llegó a México apenas iniciado el siglo XXI e influyó en la mentalidad de los jóvenes emprendedores de las clases media alta y alta, de forma inmediata.

Los valores tradicionales, propios de la "cultura del esfuerzo" —prevalecientes entre la sociedad mexicana— fueron vulnerados.

Esta cultura del "dinero fácil" estimuló la corrupción y las prácticas de generación de utilidades a muy corto plazo.

Los autos de lujo, el derroche del dinero y los signos de riqueza empezaron a circular por las redes sociales a la vista de los segmentos poblacionales de bajos ingresos.

Sin embargo, los segmentos poblacionales que no tenían relaciones empresariales y se quedaron marginados de las oportunidades de hacer dinero fácilmente encontraron en las actividades del narcotráfico un terreno fácil y de poco peligro si seguían el camino de la corrupción, propiciando alianzas económicas con las autoridades gubernamentales del ámbito de la seguridad pública y la justicia.

La ubicación geográfica privilegiada de México como puerta de entrada al mercado de consumo más grande del mundo —el estadounidense— generó un *boom*.

A su vez, las estrategias del gobierno mexicano de combate al narcotráfico, centradas en la captura y el procesamiento jurídico de los capos que dirigían los grandes cárteles de modo tradicional —con disciplina y organización— dio paso a la irrupción de una nueva generación de delincuentes, más violentos y ambiciosos.

La fragmentación de los grandes cárteles tradicionales y la lucha por el poder y el control de los mercados generó una violencia desmedida y contaminó a la sociedad mexicana.

El fortalecimiento de la narcocultura a través de series de televisión de alto *rating* y la utilización de las redes sociales como medio de contratación de mano de obra criminal, propiciaron un fenómeno psicosocial de tipo aspiracional que influyó en las nuevas generaciones de mexicanos, que empezaron a idealizar ese mundo paralelo asociado con poder, riqueza y mujeres. A su vez, las mujeres veían en la búsqueda de pareja entre las filas de los sicarios el modo de acceder a un alto nivel de vida.

El surgimiento de la narcocultura como una estrategia seductora de reclutamiento socavó los valores morales tradicionales de la sociedad mexicana.

Ante la opción de una vida tradicional —larga y sin peligros—, dedicada al trabajo en el ámbito productivo, cuyo premio aspiracional era la consolidación de un pequeño patrimonio, aprovechando las prestaciones laborales o, de modo independiente, a través de actividades empresariales —el cual era el modelo de vida de sus padres—, o, en contraste, dejarse seducir por la opción radical, que es una vida corta y llena de peligros, pero con abundancia económica, ejercicio de poder por medio de la violencia y una vida sexual desenfrenada, muchos jóvenes optaron por la segunda opción.

La búsqueda del "dinero fácil, abundante y a corto plazo" ha trastocado los valores morales de la sociedad mexicana y nos ha llevado a un contexto de violencia y criminalidad impulsado por el fenómeno psicosocial de la narcocultura, que idealiza el estilo de vida de la delincuencia organizada.

A su vez, los beneficios de esta actividad económica informal llegan a las familias y al círculo cercano de quienes ingresan a la delincuencia organizada y esto genera un relajamiento moral en ciertos sectores de la sociedad que se traduce en un silencio cómplice de tipo colectivo.

Si a esto añadimos que los grandes cárteles practican programas de asistencia social y ayuda a su comunidad, podemos entender por qué la imagen organizacional de estos grupos delincuenciales permea en su comunidad y genera apoyo colectivo que se convierte en protección.

Cuando, a su vez, el trabajo ideológico-político de quienes están en el poder se encarga de capitalizar el resentimiento colectivo en contra del *statu quo* y de las clases media y alta, entonces la delincuencia organizada —considerada como una actividad productiva de alta rentabilidad— empieza a adquirir significado de reivindicación social, lo cual derriba restricciones morales y éticas y justifica la violencia.

## NUESTRA ESTRUCTURA DEMOGRÁFICA
### Y LA CONCIENCIA DE CLASE

Primero es importante entender el impacto de nuestra estructura demográfica para comprender el momento crucial que vive nuestro país.

La "lucha de clases" concluyó en el mundo occidental a partir de la mitad del siglo XX, bajo el impacto de la industrialización de la posguerra y el crecimiento económico sostenido que ofreció mejoría en la calidad de vida de las personas, consolidando a las clases medias. Durante la "guerra fría" los países alineados al bloque liderado por Estados Unidos crecieron hacia una economía de mercado y se fortaleció su clase media. Este segmento demográfico se ha consolidado en el mundo como eje de la democracia.

Durante la posguerra, y hasta la década de 1970, México vivió el llamado "milagro mexicano", que en el ámbito de la economía se denominó "desarrollo estabilizador", periodo de crecimiento sostenido que permitió el fortalecimiento de la clase media mexicana. Este fenómeno de crecimiento industrial iniciado en América pasó después a Europa y se consolidó.

El movimiento social y político iniciado por el sindicato Solidaridad de Polonia —fundado el 31 de agosto de 1980— fue uno de los acontecimientos significativos que permiten entender el fin de la lucha de clases.

Posteriormente, la caída del "muro de Berlín", el 9 de noviembre 1989, representó el fin de la Unión Soviética. De este modo se volvieron a integrar las dos Alemanias en una sola nación. A partir de esas fechas se hizo patente la debilidad de los regímenes comunistas, lo cual concluyó con la desintegración de la Unión Soviética el 26 de diciembre de 1991.

La lucha de clases —pilar del socialismo— representa el antagonismo natural que se produjo entre el proletariado y el sector empresarial, cuando no existían reglas claras en las relaciones laborales, como las que desde hace varias décadas están incluidas en la legislación laboral de casi todos los países, lo cual protege los derechos básicos de quienes aportan su trabajo en los procesos productivos.

De este modo, la lucha de clases anclada en antagonismos —sustentados en la conciencia de clase social y orgullo de pertenencia a ella— fue sustituida por un proceso de "movilidad social" que implicaba un cambio de paradigmas en las familias de los trabajadores —para sustituir la hostilidad y los resentimientos— por un deseo de superación social de las nuevas generaciones en busca de mayor calidad de vida.

Las oportunidades de educación de calidad que actualmente ofrecen los gobiernos del mundo desarrollado se han convertido en el motor de la movilidad social.

Esta movilidad social derivó, en la mayor parte de los países desarrollados, en el surgimiento de una clase media fuerte, constituida como una estructura social predominante, que en los regímenes democráticos toma el control de su propio destino a partir del voto en los procesos electorales.

La clase media en los países democráticos premia y castiga, ofrece oportunidades y las retira cuando los funcionarios con representación social no cubren las expectativas generadas en el proceso electoral anterior.

Esta clase media —que existe como mayoría demográfica en todos los países evolucionados— mantiene al gobierno a través sus aportaciones fiscales. Por eso hoy se siente empoderada y se vuelve exigente respecto de sus derechos y sus atribuciones y asume el papel de protagonista, por encima de los actores políticos tradicionales.

En los países democráticos que forman parte de la Organización para la Cooperación y el Desarrollo Económicos (OCDE), igual que en México, esta clase media representa el grupo poblacional de mayor tamaño. En la imagen de abajo podemos observar que los extremos de esta "Campana de Gauss" son las dos minorías, conformadas, por una parte, por la gente pobre —o sea, la clase baja—, y, por otra, por la población que vive en la riqueza.

En México las cifras del Instituto Nacional de Estadística y Geografía (INEGI) son fundamentales para conocer la realidad de nuestro país

Por lo tanto, para generar interpretaciones prácticas utilizables en estudios de mercado y de opinión pública, la Asociación Mexicana de Agencias de Investigación (AMAI) estructuró —con

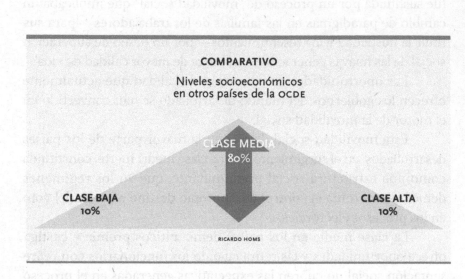

**COMPARATIVO**

Niveles socioeconómicos
en otros países de la OCDE

CLASE MEDIA
80%

CLASE BAJA
10%

CLASE ALTA
10%

RICARDO HOMS

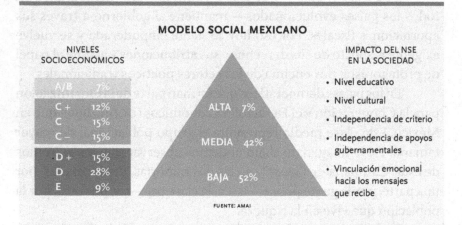

**MODELO SOCIAL MEXICANO**

NIVELES
SOCIOECONÓMICOS

| | |
|---|---|
| A/B | 7% |
| C+ | 12% |
| C | 15% |
| C− | 15% |
| D+ | 15% |
| D | 28% |
| E | 9% |

ALTA 7%

MEDIA 42%

BAJA 52%

FUENTE: AMAI

IMPACTO DEL NSE
EN LA SOCIEDAD

- Nivel educativo
- Nivel cultural
- Independencia de criterio
- Independencia de apoyos gubernamentales
- Vinculación emocional hacia los mensajes que recibe

sustento en las cifras del INEGI— un modelo denominado Niveles Socioeconómicos, el cual nos muestra una realidad cotidiana muy diferente de la que prevalece en los países del mismo nivel de desarrollo económico, financiero y comercial que México.

De este modo percibimos que la estructura demográfica de México se asemeja una pirámide, que en la cúspide superior describe a la clase socioeconómica de mayores recursos, y en la inferior, a los sectores más vulnerables, que quizá sobreviven con algún grado de pobreza.

Esta circunstancia explica muchas conductas sociales que hoy existen en el país, como la sensibilidad popular hacia los mensajes de confrontación a partir de las diferencias de clase social y resentimiento, que acostumbran utilizar los políticos mexicanos con fines electorales, así como la alta empatía con los liderazgos reivindicadores y mesiánicos.

Esta estructura social, plena de inequidad, representa una injusticia que ningún gobierno ha intentado resolver a través de sus programas sociales, porque la administración de la pobreza —o las limitaciones económicas— garantiza una reserva electoral capitalizable por el gobierno en funciones. Esto representa una visión populista que pretende mantener a las grandes masas vulnerables en una línea de supervivencia, lo cual garantiza la dependencia.

También, esta inequidad socioeconómica explica la empatía popular que se convierte en protección comunitaria hacia los grupos delincuenciales locales, mientras éstos no perjudiquen a la familia cercana.

Es muy probable que el fenómeno de la delincuencia organizada genere significados inconscientes de reivindicación social en los sectores más vulnerables de nuestro sistema demográfico, convirtiéndose en una figura aspiracional que representa una oportunidad de salir de la pobreza. Lo anterior justifica moralmente la violencia en contra de los segmentos socioeconómicos que viven con mejor calidad de vida y, por lo tanto, inconscientemente se les vincula con los abusos y la inequidad económica y social.

En este nuevo código moral —que nace de la ideología populista— el pueblo interpreta —a partir de un mecanismo inconsciente— el robo como un acto de reivindicación en contra de las injusticias sociales y económicas y por eso la delincuencia adquiere significados que justifican moralmente su actuación. Así vemos que la sociedad, principalmente en la clase baja, protege a los delincuentes de la persecución de las autoridades judiciales.

Por eso, en el contexto social de hoy, en México, ante la pérdida de respeto al principio de autoridad, el delincuente adquiere simbolismos equivalentes al síndrome de "Robin Hood". Si a esto añadimos el clima de crispación social provocado intencionalmente desde el ámbito político, el resultado es la exacerbación de la violencia.

No sobra referir el pernicioso impacto de las narcoseries, que idealizan la vida de los capos y la convierten en un anhelo de superación social. Esto, enmarcado en la idealización del dinero fácil, termina siendo un componente más de la pérdida de valores.

Por ejemplo, tradicionalmente en la cultura mexicana la violencia era considerada un riesgo inherente al delito, que de ser posible se evitaba. En contraste, hoy esa violencia lleva un componente sádico de daño a la víctima —que se inflige por placer—, lo que muestra una influencia de origen desconocido.

Estos son los cambios de conducta que nos alertan sobre profundas modificaciones en el sistema de valores que están arraigados en el inconsciente colectivo mexicano.

México atraviesa una transformación profunda, no sólo política sino también social. Sin embargo, el futuro es incierto y necesitamos realizar una reflexión para identificar nuestros rasgos de identidad y los valores que nos mueven, con el objetivo de definir el proyecto de país en el que podemos coincidir todos los mexicanos.

# Contexto para el análisis de la idiosincrasia mexicana

## ALCANCE Y REPRESENTATIVIDAD SOCIAL DE ESTE LIBRO

**E**STE LIBRO es una mirada al "México profundo", el de las grandes mayorías. Sin embargo, es posible que usted, lector, no se vea reflejado en esta realidad y piense que ésta es una visión ya superada.

La percepción generalizada entre la clase media —al juzgar nuestra realidad cotidiana— tiende a considerar que todo México es similar a quienes nos rodean, no sólo a amigos, familiares y conocidos, sino también al perfil social de aquellas personas con quienes nos une una relación laboral y que pertenecen a un extracto socioeconómico más bajo que el nuestro.

Generalmente consideramos que estas personas que nos rodean y tenemos muy cerca presencialmente, también son representativas del "México profundo" que visualizó en su libro don Guillermo Bonfil Batalla.

Sin embargo, no hay nada más alejado de la realidad, pues es muy posible que quienes nos rodean —con base en la convivencia continua con nosotros y con quienes están a nuestro alrededor— ya se hayan asimilado a nuestro contexto cultural y hayan adoptado quizá —sin que esto sea una certeza absoluta— los valores sociales y morales de nuestro segmento social. Por lo tanto, quienes nos rodean ya no son totalmente representativos del segmento poblacional de su propio origen. Esto es lo que los sociólogos denominan "movilidad social".

La realidad es que hoy más que nunca siguen existiendo dos Méxicos: por un lado, el "México profundo" que describía Bonfil Batalla, donde está radicado el espíritu autóctono de los pueblos originarios, y, por otro, el "México moderno", alineado a la globalización, con una visión aspiracional, de crecimiento y desarrollo social, económico y cultural. Ambos coexisten en forma paralela.

El México moderno se esfuerza por mantener sus oportunidades y sus beneficios a partir del fenómeno aspiracional de la movilidad social, mientras que el México profundo se conforma con sobrevivir precariamente día a día.

El "México global" representa la modernidad y la fortaleza económica a la que culturalmente estamos expuestos a través de las redes sociales, internet y los medios de comunicación masiva.

Esto representa el proceso de transculturización hacia la nueva sociedad globalizada, la cual ya ha generado una nueva cultura, valores y estilo de vida, y a la que nuestra clase media y la clase alta ya están integradas.

Un fenómeno de esta época es la transversalidad de las clases medias y altas entre todos los países del mundo. La población de estos segmentos sociales vive de modo similar. Compran las mismas marcas, se visten de modo parecido, se alimentan con productos de muchos orígenes territoriales, ven películas que son éxitos globales producidos por Hollywood y hasta comparten aspiraciones, valores e ideas. Las diferencias culturales entre las clases medias y altas de estos países son mínimas; es más lo que los une, que lo que los diferencia.

Sin embargo, en México las diferencias entre las clases medias y altas —entendidas como una identidad— y el "México profundo" —o sea, el de las clases bajas— cada vez se van haciendo más evidentes. El abismo tiende a crecer a partir de la variable tecnológica.

La pandemia de Covid-19 mostró que el sistema educativo nacional colapsó —aunque aún no se adviertan sus efectos—, pues el confinamiento y el cierre de escuelas obligó a los educandos a hacer uso de la tecnología, lo cual permitió —a quienes tenían acceso a ella y podían pagarla— hacer menos grave el impacto del confinamiento, pues al poder tomar clases virtuales el daño fue menor.

Sin embargo, las clases económicamente vulnerables y sin acceso a la tecnología quedaron rezagadas y, peor aún, muchos niños y jóvenes perdieron el hábito del estudio y no han regresado a las aulas de modo presencial, asumiendo quizá responsabilidades laborales en la economía informal, para apoyar a sus padres.

Seguramente esto tendrá un impacto laboral en las vidas de estos mexicanos, que ya no tendrán acceso a las oportunidades que hubiesen tenido de haber seguido con su educación escolar. El abismo entre el México profundo y el México moderno se habrá hecho aún más intenso.

## El impacto de la memoria histórica

En 2021 se conmemoró, de modo oficial —en un contexto de reproches y recriminaciones— el fin del imperio azteca.

Este hecho está simbolizado en la caída de Tenochtitlan y ha generado un entorno revisionista que tiene como objetivo culpar al pasado de los problemas sociales del presente, difundiendo la idea de que las limitantes para el crecimiento social y la equidad se derivan de traumas anclados en nuestro inconsciente colectivo.

Sin embargo, se ha pasado por alto el verdadero significado de este hecho —que constituyó el doloroso nacimiento de lo que hoy es México a partir de la integración de nuestra nación—, hecho derivado de la recomposición geopolítica de nuestro territorio, que en fechas precolombinas estaba habitado por múltiples etnias y pueblos, muchos de ellos confrontados entre sí, pero con el común denominador de su subordinación violenta al imperio mexica.

En 1521, al caer Tenochtitlan y desarticularse el imperio mexica, por parte de una coalición conformada aproximadamente por ciento treinta y seis mil guerreros indígenas sublevados y no más de ochocientos cincuenta soldados españoles —todos al mando de Hernán Cortés—, se consumó este proceso histórico de cambio de era. En esta fecha inició el proceso de integración de todas las etnias indígenas que vivían en este territorio, lo cual, tiempo después, generaría este concepto de nación que hoy denominamos México, con características propias. Nuestra historia posiblemente sea diferente a la de otros países de América.

Por la interpretación bélica de este hecho que confronta a nuestras dos raíces, la indígena y la española, hemos pasado por alto el importante significado que tiene el nacimiento de una tercera identidad, que nace de la fusión de dos civilizaciones, lo cual debe impulsar un fenómeno social de análisis de la mexicanidad.

La visión conflictiva de este hecho histórico —a partir de una narrativa oficial de confrontación— ha tenido graves implicaciones psicológicas en el inconsciente colectivo del México actual, cuyas consecuencias han estado latentes hasta hoy, pues se han liberado a partir de la manipulación histórica de este significativo acontecimiento desde el ámbito gubernamental.

Este hecho histórico, de gran significación, es recibido en un momento crítico para México que hoy es presa de una gran confusión en relación con su identidad, pues está inmerso en el proceso de transculturización derivado de la globalización y vive una profunda crisis de valores morales y sociales que se manifiestan en delincuencia, violencia y corrupción.

Se han perdido valores de gran significación para la mexanidad, entendida ésta como una identidad sociocultural de alcance nacional.

Por eso necesitamos estimular el surgimiento de espacios para la reflexión sobre la mexicanidad, con la pretensión de restañar heridas con base en la difusión de la verdad. Sólo la verdad podrá liberarnos de los traumas profundos anclados en nuestra idiosincrasia.

Este libro pretende abordar el análisis de la identidad del mexicano a partir del impacto cultural de la globalización en el estilo de vida de las actuales y nuevas generaciones, de la conformación de los nuevos modelos aspiracionales, de los nuevos valores morales y del impacto de las tecnologías en la conducta cotidiana. Sin embargo, este objetivo no se logrará sin reordenar los significados de un pasado descrito desde muchos años atrás con falta de veracidad.

Todo lo anterior se estudiará con mayor detalle en las páginas de este libro.

# Los retos de la mexicanidad

*Mucho se ha dicho de México, al que André Bretón*
*—intelectual francés y padre del surrealismo— en 1938 calificó*
*como país surrealista.*

*Al decir* surrealista *simplemente se hace referencia*
*a que es misterioso y desconocido. Es un país donde lo que se percibe*
*en una mirada superficial no existe, y lo que tiene vida, permanece*
*oculto y cifrado en códigos culturales que sólo son claros y evidentes*
*para los mexicanos. La intuición es la llave para abrir*
*la complejidad del inconsciente colectivo de este país.*

*La percepción de la realidad se convierte en un acertijo,*
*pues lo aparente es erróneo y lo que no se expresa puede convertirse*
*en una verdad absoluta.*

*Comala —el pueblo mágico de Colima donde Juan Rulfo*
*situó a Pedro Páramo en su famosa novela—, es México.*

*Los seres que según la narración de Rulfo deambulan*
*por las calles de ese pueblo en realidad no existen. Sin embargo,*
*los espíritus —ocultos a los sentidos con que la naturaleza califica*
*a lo que tiene vida— son la única realidad posible.*

*La lógica y el contenido de la palabra usada en la realidad*
*cotidiana no funcionan para comprender el mecanismo social*
*de este país.*

*El paradigma de la razón pura —que sustenta el pensamiento*
*del mundo occidental— en México carece de vida. A México debe*
*considerársele el país de la intuición pura.*

# ANTECEDENTES

E STAMOS VIVIENDO un fuerte impacto cultural, social y político al descubrir que la comunidad internacional no entiende cómo un país como México —tan importante y con gran liderazgo, cuya economía es una de las 20 más importantes del mundo— pueda tener un modelo social tan inequitativo, autoritario y obsoleto, propio de países de menor jerarquía internacional que el nuestro.

Un país donde la corrupción se refleja en todos los niveles, igual que la impunidad y el abuso. El Estado mexicano, en lugar de aplicar la ley, la negocia.

Un país con altos índices de violencia e impunidad, donde la justicia no se practica sobre la base de valores morales, sino sustentada en factores pragmáticos que responden a las circunstancias del contexto y a factores de poder político, social y económico. Un país donde el Estado de derecho es sumamente imperfecto y manipulable.

Sin embargo, es un país donde hay democracia política y alternancia a partir de procesos electorales legitimados. Además, posee una de las economías más importantes del mundo.

Si México padece estas problemáticas sociales de inequidad y falta de justicia, entre otras graves incongruencias sociales, es porque existen factores socioculturales y antropológicos anclados en el inconsciente colectivo que nos impiden desarrollarnos con plenitud para capitalizar el gran potencial que este tiene.

La sociedad mexicana —en pleno siglo XXI— está siendo influida en sus valores y su estilo de vida por modelos culturales que nacen de la globalización. Se percibe una evolución en ámbitos como conciencia ecológica, mayor responsabilidad ciudadana, una tendencia hacia el respeto de los derechos humanos, así como mayor interés en las decisiones políticas y gubernamentales y hasta cierta apertura de criterio.

Sin embargo, la violencia extrema y sádica que se vive en las zonas dominadas por los cárteles y los grupos delincuenciales no responde a los valores morales que han caracterizado a la idiosincrasia mexicana tradicional. Estas conductas hacen referencia a una crisis de valores nunca vista antes.

Partiendo de la premisa de que México está sumido en una crisis de violencia, queda en evidencia que el perfil de los criminales no responde a la mentalidad mexicana tradicional. ¿Qué ha cambiado?

Don Francisco Ibarra López, fundador de Grupo Acir, dice que las sociedades que evolucionan son las que comparten valores, del tipo que sean. Compartir valores genera un punto de encuentro alrededor del cual se une la gente. México siempre fue un país de valores y eso nos ha dado estabilidad social y política.

Sin embargo, en tiempos recientes —de globalización y redes sociales—, los conflictos diplomáticos entre el Estado mexicano y las instituciones internacionales de mayor prestigio —vinculadas con los derechos humanos— ponen en evidencia que México no comparte los valores de esta nueva sociedad globalizada, pues se ha quedado rezagado en modelos arcaicos y autocráticos.

Tratando de entender este fenómeno sociopolítico, descubrimos que tanto lo bueno como lo malo parecen tener como origen la confusión moral derivada de un choque cultural estimulado por la globalización, pues a través de los medios de comunicación masiva y de las redes sociales —entre otras variables más— se está incidiendo en las nuevas generaciones de mexicanos exponiéndolas a influencias que provienen de culturas lejanas.

La globalización nos exige respuestas como país, y si los mexicanos no evolucionamos social y culturalmente —con plena conciencia— en el camino de nuestros propios valores, terminaremos siendo devorados por el torbellino que representa este fenómeno social que viene del exterior.

La pérdida de competitividad en muchos ámbitos —así como el atraso social—, evidenciada por los parámetros internacionales, es un indicador de que nos estamos quedando rezagados, sin acompañar el dinamismo que se vive en otros países, como los del sudeste asiático —que también son culturas antiguas—, pero integrados a la comunidad internacional globalizada sin perder su identidad.

A partir de la globalización y la apertura que eso implica, el mundo empieza a descubrir que detrás de la modernidad de México y de su fortaleza económica —que le han dado protagonismo— hay una gran complejidad social que es consecuencia de una visión arcaica, sustentada en el autoritarismo y en el paternalismo, lo cual se contrapone a la visión ética que empieza a surgir en el mundo occidental como solución a los conflictos sociales que se manifiestan en varios países.

México había sido una sociedad cerrada a las influencias del exterior hasta que llegó la globalización y derribó violentamente y en poco tiempo todas las murallas con que los mexicanos defendimos nuestra privacidad.

Seguramente para evolucionar necesitamos deslindarnos de lastres, viejos dogmas y paradigmas que dejaron de ser válidos en el contexto del mundo de hoy. Sin embargo, también deberíamos conservar muchos valores característicos de la mexicanidad, que son de alto valor y que conforman nuestra riqueza cultural y moral. Por lo anterior, es importante revalorar los atributos y los valores de nuestra idiosincrasia, para definir lo que debemos conservar y lo que debemos superar.

Frente a las inquietudes que dan origen a esta obra, podríamos preguntar: ¿qué se puede decir sobre el mexicano que no se haya dicho antes? Debemos reconocer, como punto de partida de esta reflexión, que importantes intelectuales han abordado este tema desde muchas ópticas.

En este libro trataremos de responder a este cuestionamiento. Es evidente que las obras editoriales de contenido social responden al contexto presente que prevalece cuando son desarrolladas, lo cual las justifica.

Por lo tanto, partamos de la base de que estamos inmersos en un nuevo contexto global y entenderlo podría orientarnos para comprender los retos que debemos enfrentar los mexicanos para construir un país más justo y equitativo que nos permita un desarrollo armónico y sustentable.

## EL LEGADO INTELECTUAL DE LOS ESTUDIOS CLÁSICOS DE LA MEXICANIDAD

En la búsqueda de una respuesta a este planteamiento, podemos afirmar que esta tradición en el estudio de la mexicanidad tiene su origen en el interés de conocer nuestra idiosincrasia en respuesta al fuerte impacto que tuvo la migración del campo a las ciudades, en la época posterior a la consolidación de la Revolución mexicana —lo cual tuvo lugar desde la década de 1930 hasta la de 1960—, que generó un fenómeno de transculturización que se inició a partir de una fuerte raíz cultural, esencialmente rural, con reminiscencias prehispánicas, que con el tiempo llegó a fusionarse con la cultura urbana característica de las grandes ciudades mexicanas.

Nuestro país tardó en entrar al proceso industrial que en Europa venía desarrollándose desde el siglo XIX. Nuestro fuerte arraigo rural retrasó la industrialización. A partir de las oportunidades laborales que surgieron por la escasez de mano de obra en Estados Unidos durante la Segunda Guerra Mundial, México empezó a crecer industrialmente, lo cual aceleró la migración del campo a las ciudades dentro de nuestro territorio.

Esta búsqueda de oportunidades en las ciudades estimuló la migración, la cual trajo consigo una confrontación de valores culturales y sociales; o sea, un choque cultural entre el realismo mágico que se vivía en el campo y en los pueblos y la tendencia aspiracional hacia la vida cosmopolita que se manifestaba en las familias de ascendencia urbana.

La diferencia de hábitos y de estilo de vida característicos de estos dos mundos paralelos hacía aún más evidente que estas dos opciones representaban perspectivas diferentes para entender el significado de la vida, del mundo, de la sociedad y del país. El sincretismo religioso y sus tradiciones populares —característico del ámbito rural y presente en los pequeños poblados de la provincia mexicana—aumentaba los rasgos de identidad del "México profundo".

Por sincretismo religioso entendemos el resultado de la fusión de los símbolos indígenas, adoptados en la liturgia católica, lo cual sin duda facilitó la asimilación del cristianismo por los "pueblos originarios" de lo que hoy es México.

En ese contexto el filósofo Samuel Ramos descubrió la necesidad de entender esa nueva realidad mexicana y escribió, en 1934, *El perfil del hombre y la cultura en México*, libro que se publicó en el contexto social de las grandes oportunidades de industrialización que aceleraron la migración del campo hacia las ciudades, fortaleciendo la confusión en lo relativo a la identidad cultural de la sociedad mexicana.

De este choque social surgieron íconos culturales como los "peladitos", los cuales representaban a la población marginada que se ubicaba en los suburbios y en las zonas populosas de las ciudades, quienes supuestamente habrían llegado recientemente del campo.

La radio de la década de 1940, y el cine y la incipiente televisión de la de 1950, fortalecieron aún más este choque de influencias y con ello la necesidad de identificar en nuestras raíces culturales y antropológicas la esencia de la mexicanidad para entender quiénes somos.

El cine mexicano de esa época —por ejemplo, el realizado por Emilio *el Indio* Fernández y retratado por Gabriel Figueroa— rescató la nostalgia de ese México rural que estaba siendo absorbido por las ciudades. La difusión masiva de nuestra música folclórica en los medios electrónicos, como la radio y la televisión durante las décadas de 1940, 1950 y 1960, dan testimonio de eso.

Por lo tanto, la literatura enfocada en el análisis de la idiosincrasia mexicana responde a las inquietudes generadas por los fenómenos sociales de este periodo, que abarca de la década de 1930 a la de 1970.

Octavio Paz, en *El laberinto de la soledad*, destaca conductas ancladas en complejas motivaciones inconscientes, lo cual fue reforzado posteriormente por el psicoanalista Santiago Ramírez en *El mexicano: psicología de sus motivaciones*, así como por el antropólogo Guillermo Bonfil Batalla en *México profundo*. Después, otros intelectuales destacados enriquecieron este estudio de la mexicanidad con nuevas interpretaciones.

## LOS RETOS DE LA MEXICANIDAD

Sin embargo, cuando México se había estabilizado culturalmente como una sociedad totalmente urbana y moderna —pero cerrada y orgullosa de sus orígenes autóctonos y totalmente tradicionalista en el ámbito de los valores—, la sociedad empezó a resentir el impacto de la incipiente globalización, que impulsaba a nuestro país a abrirse al mundo, fenómeno iniciado en la década de 1990 bajo el impacto del internet y de los tratados comerciales con otros países.

De este modo, a través de los modelos persuasivos y altamente aspiracionales que exhibía la publicidad, empezaron a introducirse nuevos hábitos de consumo para abrir el camino a la asimilación de nuevos productos importados del extranjero, los cuales derivaron en modificaciones en el estilo de vida y, de ese modo, influyeron en los valores sociales y culturales vigentes en nuestro país.

Al caer y desaparecer las fronteras comerciales —representadas por el pago de impuestos y aranceles a los productos importados— se abrió el camino a la llegada de nuevos modelos culturales, así como a tradiciones representativas de países distantes.

Hoy, en el siglo XXI, muchas décadas después de los primeros estudios sobre la mexicanidad —en este nuevo contexto global—, la historia se repite. Nosotros podemos interpretar esta presión hacia la apertura cultural como generadora de un choque de valores que ha influido nuestra estructura social, generando nuevas conductas, antes desconocidas.

La tecnología informática aceleró este proceso de transculturización inconsciente iniciado por la televisión, el cine y la radio entre las décadas de 1950 y 1970.

En la actualidad es evidente la existencia de una cultura global, homogénea, que ha influido a la generación de quienes hoy se denominan "nativos digitales", o sea, quienes nacieron en el seno de esta era dominada por la tecnología digital.

La tecnología ha creado conductas comunes —estilo de vida equivalente— y valores compartidos e, incluso, está influyendo en los procesos cognitivos y, en general, en los procesos mentales. Cada vez que un mexicano se integra a las redes sociales inicia un proceso de asimilación hacia esa cultura global. Cada vez este proceso ocurre a menor edad e, incluso, cada vez se le facilita más a quienes tienen menores ingresos, pues ya pueden acceder a servicios gratuitos de internet a través de WiFi, además de que las compañías proveedoras de servicios de telefonía e internet ofrecen planes más accesibles y baratos en la modalidad de prepago y dispositivos de menor costo.

Asimismo, el mercado de reemplazo de dispositivos y teléfonos celulares usados crece rápidamente, como el denominado "mercado negro", o sea, el que se vincula con el robo de estos dispositivos y su posterior comercialización ilegal.

El acceso a la tecnología está dejando de ser un lujo sólo disponible para las élites que pueden pagar los servicios y los dispositivos, pues se han ampliado los caminos. De esta manera, las nuevas generaciones de mexicanos inician este proceso de integración a la cultura global.

Sin embargo, en el inconsciente colectivo aún están presentes valores, experiencias, paradigmas y todo un acervo cultural transmitido de generación en generación sin que medie un proceso formal de educación. Más bien es un proceso invisible, no verbal, de tipo intuitivo, de transmisión de un acervo familiar, que se convierte en un bagaje de identidad y arraigo emocional y que genera raíces y sentido de pertenencia.

Este bagaje oculto y profundo, creado a lo largo de varios siglos, convive con esta nueva cultura de tipo global, que es asimilada de modo personal. Esto genera desajustes en la sociedad.

En los últimos años hemos descubierto —como país— que no somos tan competitivos como creíamos y que nuestro nivel de desarrollo social es bajo, comparado con la dinámica de evolución que exhiben otros países.

De repente, a través de evaluaciones de organismos multinacionales, o mediante la utilización de metodologías de investigación creadas en otros países, descubrimos que estamos atrapados en modelos sociales que frenan el desarrollo de la educación y que nuestro sistema de impartición de justicia está empantanado.

No es sino a través de la comparación a la que nos enfrenta la globalización donde descubrimos que los mexicanos tenemos grandes diferencias en relación con la gran mayoría de los países, pues estamos atrapados en paradigmas localistas.

Avanzamos tecnológicamente. Somos un país económica y financieramente muy competitivo, pero nuestros rezagos son de tipo social y están anclados en nuestra idiosincrasia, a la cual incluso culpamos de la corrupción enraizada en nuestra vida cotidiana.

Por eso nuevamente se vuelve urgente hacer una pausa para concientizarnos de lo que somos, para definir lo que queremos llegar a ser como parte de este mundo abierto y globalizado.

Las reflexiones de este libro pretenden ofrecer un contexto que nos ayude a ubicar nuestro presente, para liberarnos de lastres que nos impiden enfrentar el futuro en este mundo competitivo que responde al fenómeno de la globalización.

Si los estudios de la mexicanidad de la primera época respondieron a la necesidad de integrar a la sociedad mexicana, proveniente de cada uno de los dos Méxicos, en uno solo, el presente trabajo pretende aportar planteamientos que faciliten la integración de México en el mundo globalizado y, a la vez, abrirnos al mundo.

## INTERPRETANDO NUESTROS ORÍGENES

De modo colateral, debemos considerar que en 2021 se conmemoró el nacimiento de nuestra identidad, tomando como símbolo la caída de Tenochtitlan, acontecimiento que fue resultado de la sublevación detonada por una coalición de pueblos sojuzgados por el imperio azteca, como los cempoaltecas, los tlaxcaltecas, los cholultecas, los texcocanos, los otomíes, los xochimilcas, los moradores de Iztapalapa y la gente Mixquic —en total 136 000 guerreros que participaron de la toma de Tenochtitlan—, que se unieron a los 850 soldados españoles comandados por Hernán Cortés.

Esta fecha debió haber sido una oportunidad para revalorar, a la luz de las nuevas realidades y el nuevo contexto global, cuáles son las fortalezas y las debilidades de nuestra cultura nacional y, a partir de eso, identificar qué oportunidades y qué riesgos existen para afrontar los retos que nos permitirán acceder a una sociedad más justa y equitativa, capaz de ofrecer a todos los mexicanos la posibilidad de alcanzar mejores estándares de calidad de vida sin más limitantes que su esfuerzo y su actitud.

Sin embargo, esta fecha no tuvo el significado que debiera haber tenido, por la interpretación que el actual gobierno —la Cuarta Transformación— da a este pasaje de nuestra historia como una vergonzosa derrota, en el contexto de una invasión extranjera sobre México.

Podríamos resumir el significado de este libro que usted está leyendo, entendiendo que puede ayudarnos a interpretar nuestro contexto en todos los ámbitos de la vida cotidiana.

Desde el punto de vista comercial, esta obra brindará a los empresarios y a los ejecutivos una visión de la psicología del mercado para entender mejor a los consumidores; a los políticos y a los gobernantes les puede ofrecer una visión más clara del país de hoy; a los extranjeros que llegan en grandes cantidades a las empresas multinacionales radicadas en México les permitirá entender el fascinante país al que habrán de integrarse, y a los turistas les mostrará con claridad la complejidad del país que están visitando.

A los educadores y a los expertos en capacitación —así como a los profesionales de los recursos humanos de las empresas— los ayudará a entender las motivaciones del trabajador mexicano y las oportunidades de incrementar la productividad.

En general, a todos los mexicanos nos permitirá entender mejor nuestro contexto sociocultural actual para mejorar nuestras relaciones sociales, las de amistad, profesionales y de negocios, con la finalidad de enriquecerlas.

Además, este libro nos permitirá redimensionar los estudios clásicos de la mexicanidad para reinterpretarlos y darles nuevos significados.

La preocupación por la pérdida de la identidad propia frente a la invasión globalizadora tarde o temprano influirá en la mayoría de los países que poseen un valioso legado cultural que deben preservar, como varios europeos y orientales.

Esta inquietud tarde o temprano se manifestará en otros países. Por ejemplo, recordemos el trabajo del estadounidense Samuel Huntington, quien en 2004 publicó su última obra titulada *Who Are We?... The Challenges to América's National Identity*, que en español significa "¿Quiénes somos?... Los retos de la identidad nacional estadounidense".

En esta obra Huntington descubre con temor que la globalización está influyendo en la identidad del pueblo estadounidense y que la migración de indocumentados que llegan a su país, principalmente de Latinoamérica, llevando sus costumbres, sus valores y su cultura, está generando cambios en su país.

La preocupación académica de Huntington refleja los temores inconscientes del estadounidense promedio que fueron el motor del voto por el presidente Donald Trump, el cual llevaba una fuerte tendencia antimexicana.

En contraste, el mayor peligro para la identidad cultural mexicana no es el fenómeno migratorio proveniente del extranjero, sino el impacto cultural que reciben nuestros migrantes mientras trabajan en Estados Unidos. Éste les produce fascinación y modifica sus valores religiosos y, con ello, su interpretación de la vida, lo que representa un choque cuando regresan a México a vivir con sus familias

Pero el mayor impacto en las nuevas generaciones se deriva del uso de las redes sociales y, en general, de internet, la televisión y el cine.

Seguramente no podremos evitar nuestra integración al nuevo contexto global ni a sus condicionantes. Tampoco eso es deseable, pues formar parte de esta nueva sociedad globalizada nos enriquece y nos ofrece grandes oportunidades de desarrollo.

Sin embargo, sí es fundamental descubrir cuáles son los rasgos de nuestra identidad nacional que debemos preservar para estimular nuestro sentido de pertenencia a este país. Saber cuáles son los valores que enorgullecen nos permitirá defenderlos del olvido.

México es un país que posee una fuerte y rica identidad que debemos dejar como legado a las nuevas generaciones. Sólo nos falta identificar y revalorar esos rasgos para preservarlos.

# CAPÍTULO I

# LA MEXICANIDAD

## EL CONTEXTO

EL MUNDO CAMBIÓ radicalmente desde la época en que el filósofo Samuel Ramos publicó, en 1934, *El perfil del hombre y la cultura en México*, hasta llegar al mundo de hoy, o sea, el tercer milenio, el cual está totalmente influido por el impacto de la globalización. Hay grandes y abismales diferencias.

Estos cambios sociales se han producido por etapas. Primero debemos reconocer que durante la segunda mitad del siglo XX el cine ha estado exhibiendo nuevos modelos de vida, en los cuales están implícitos nuevos valores morales que han influido de manera importante a la sociedad mexicana.

Luego debemos destacar el impacto de la televisión, que fue el primer agente de cambio de alto significado que inició el proceso de integración cultural entre los diferentes países. A finales de la década de 1960 el visionario académico canadiense Marshall McLuhan nos sorprendió cuando identificó que la televisión y la radio —como extensiones de la vista y el oído— estaban sentando las bases de un mundo que se convertiría en una "aldea global". O sea, un mundo integrado, en el que los acontecimientos que ocurren en un país lejano unas horas más tarde serán conocidos por el resto. De esta forma, los desastres naturales, como sismos, maremotos o incendios, o sucesos políticos de importancia, epidemias o desastres financieros o bursátiles, por ejemplo, se convierten en una noticia que da la vuelta al mundo y genera muestras de solidaridad y ayuda, o actitudes de crítica o rechazo.

Sin embargo, seguramente McLuhan jamás imaginó que la llegada de internet y las redes sociales convertirían al mundo en "un patio de vecindad global", donde los acontecimientos circulan en forma de noticia casi en tiempo real. La vida privada y cotidiana de los países termina siendo "la comidilla del día" en el resto del mundo.

La vida privada del príncipe Harry —miembro de la casa real británica— y sus desacuerdos con la realeza han circulado por todo el mundo cuando apenas acaban de suceder.

El avance de la pandemia de Covid-19 —o sea, el coronavirus— tuvo un seguimiento en tiempo real en todo el mundo. De este modo fuimos descubriendo las estadísticas de contagio país por país y dando cuenta del número de portadores del virus, de infectados y de víctimas mortales.

De esta manera se fue creando una psicosis global a través de las redes sociales, donde los testimonios que salían de los países protagonistas de esta tragedia en formato de videos caseros —grabados con un dispositivo telefónico— daban cuenta del avance de la pandemia con más credibilidad que las cifras oficiales que compartían los gobiernos con la comunidad internacional.

De este modo, los mexicanos descubrimos que nuestra visión y nuestra interpretación de este acontecimiento sanitario era muy diferente de cómo lo asimilaban en los países europeos y del sudeste asiático que lo habían padecido con disciplina y solidaridad colectiva.

Los rasgos de identidad de nuestra idiosincrasia afloraron y guiaron nuestra conducta.

Descubrimos que las estrategias gubernamentales fueron sometidas al escrutinio público en el extranjero y calificadas a la luz de los criterios globales adoptados por los gobiernos de las principales potencias económicas, así como por los medios de comunicación con presencia global.

Desde la perspectiva social y antropológica constatamos que las redes sociales cambiaron radicalmente los modelos de convivencia social. A partir de las redes sociales, México ha sufrido una transformación decisiva.

## LA PERSPECTIVA SOCIAL DE LOS GRANDES CLÁSICOS
## DE LA MEXICANIDAD

Si bien el contexto del México de la época en que se escribieron los libros clásicos de análisis de la sociedad mexicana y de la psicología del mexicano —como los que se mencionaron en párrafos anteriores— fue una era posrural, caracterizada por las grandes migraciones de la gente del campo hacia las ciudades, y por lo tanto, el impacto de los valores sociales de alto contenido indigenista influyeron en las clases medias y en toda la sociedad urbana de las ciudades mexicanas, hoy la brecha generacional ha transformado radicalmente el estilo de vida de los mexicanos que vivimos en el siglo XXI.

Los libros clásicos del estudio de la mexicanidad responden a los valores, el estilo de vida y la forma de ser del mexicano de la primera mitad del siglo XX, cuando se gestó el México moderno y cuando la idiosincrasia rural —de una población demográficamente mayoritaria— se confrontó con la sociedad urbana. Así se generaron graves conflictos de identidad en el inconsciente colectivo mexicano, que propiciaron la necesidad de generar una reflexión para entender las causas profundas de este desajuste a partir de una visión sociológica, como la de Samuel Ramos.

La visión simbólica, semiótica e intuitiva que ofrecía la sensibilidad poética de Octavio Paz, y la visión psicológica que ofreció un importante psicoanalista —seguidor de Sigmund Freud— como Santiago Ramírez, fueron fundamentales. Sin embargo, se enriquecen con la visión antropológica de Guillermo Bonfil Batalla, descrita en su libro *México profundo, una civilización negada,* así como con la obra *Mitos mexicanos,* de Enrique Florescano, sin dejar de reconocer otras importantes aportaciones de autores que también se dieron a la tarea de analizar las motivaciones y la conducta del mexicano, como Roger Bartra en *Las redes imaginarias del poder político,* y obras recientes como *Mañana o pasado, el misterio de los mexicanos,* de Jorge Castañeda, y *Mexicanidad y esquizofrenia,* de Agustín Basave, entre otras obras igualmente valiosas.

El periodo ubicado a casi la mitad del siglo XX fue para México una época rica culturalmente, como lo muestra el cine campirano realizado por directores cinematográficos como *el Indio* Fernández, Fernando de Fuentes, Roberto Gavaldón, Ismael Rodríguez y los talentosos fotógrafos Gabriel Figueroa y Alex Phillips, entre otros, que lograron reproducir con dramatismo el espíritu del campo mexicano, obteniendo así el respeto de la comunidad fílmica internacional.

La época de oro del cine mexicano inició con la película *Allá en el rancho grande*, producida en 1936, así como con *Flor silvestre*, *María Candelaria* y *La perla*, y culminó a finales de la década de 1950. Esta corriente cinematográfica tuvo grandes éxitos con filmes de espíritu indígena como *Tizoc*, estelarizada por Pedro Infante y María Félix, así como otras que, aunque ya se ubicaban en el contexto urbano, retratan ese espíritu en el que se funden ambas culturas: la rural y la urbana.

Simultáneamente nos enriquecieron influencias cinematográficas de perfil urbano como las obras del reconocido cineasta español Luis Buñuel, que hoy son joyas de la cinematografía mundial, representativas de la corriente surrealista.

El filme *Los olvidados* (1950), precisamente de Buñuel, muestra la vida difícil, los conflictos y los valores sociales de quienes vivían en los suburbios de la Ciudad de México, personajes que cobran vida en la pantalla y que respondían a la idiosincrasia del "peladito", personaje descrito por Octavio Paz en *El laberinto de la soledad* y por Santiago Ramírez en *El mexicano: psicología de sus motivaciones*.

Este análisis social se manifestó también a mediados del siglo XX, en la primera etapa de personajes cómicos como *Cantinflas*, creado por Mario Moreno; *Resortes*, interpretado por Adalberto Martínez; *Tin Tan*, de Germán Valdez; *Clavillazo*, de Antonio Espino, entre otros comediantes que dieron vida a este personaje, el peladito, prototipo de los análisis sociales sobre el mexicano.

*Los hijos de Sánchez*, del estadounidense Oscar Lewis, libro publicado en 1961, muestra una visión antropológica de la pobreza, que pinta de cuerpo entero la vida de la gente marginada de México a mediados del siglo XX.

Posteriormente, hemos tenido una visión de transición —previa a la globalización—, como la de Alan Riding, a través de su libro *Vecinos distantes: un retrato de los mexicanos*.

Alan —periodista de origen británico, nacido en Brasil—, quien de 1971 a 1984 fue corresponsal de periódicos extranjeros en México, nos mostró la imagen de una sociedad postmodernista que ya estaba influida por los medios de comunicación masiva.

Ese México analizado por las obras mencionadas da testimonio de una época de transición del ámbito rural a la sociedad urbana, en la cual afloraron los conflictos de identidad del inconsciente colectivo, donde las manifestaciones sociales y psicológicas aún se podían vincular con las condicionantes de las raíces indígenas que habían sobrevivido en la provincia mexicana, pero más aún en el campo.

El aislamiento que vivió México hasta antes de la década de 1980, protegido por barreras invisibles que lo marginaban de las influencias culturales y sociales del mundo exterior, permitió que se mantuviese pura la identidad nacional mexicana y así hubiese congruencia entre el estilo de vida mexicano y su idiosincrasia. Por eso aún no experimentábamos los conflictos de identidad que se manifiestan hoy día. La nuestra era una cultura fuerte que absorbía a los migrantes que se asentaban en nuestro territorio.

## MÉXICO HOY

Sin embargo, el impacto de la globalización modificó el estilo de vida de los mexicanos, pero permitió que se preservara la idiosincrasia tradicional en segundo plano.

Cambiaron las formas, pero prevaleció la esencia de los contenidos y la incongruencia como característica de nuestra sociedad y de los individuos. Dos mundos paralelos que hoy conviven, pero que de vez en vez generan corto circuito cuando algún acontecimiento activa la alarma colectiva.

Sin embargo, a lo largo del tiempo, conforme se fue asimilando nuestra integración a la globalización, el contacto con otras culturas nos ha influido, modificando nuestra idiosincrasia de modo imperceptible pero continuo.

Los valores sociales y culturales —propios de otros países— nos llegan por las noticias televisadas, las series de televisión y el cine, así como por el contacto directo y la interacción personal con otros prototipos culturales a través de las redes sociales. Estos valores han magnificado las diferencias que existen entre los dos Méxicos.

Aun siendo acosados por el impacto de la globalización, en el inconsciente colectivo de la sociedad mexicana se mantienen de forma activa, hibernando, patrones antropológicos que responden a la idiosincrasia que se originó durante la época histórica denominada la Colonia, pero que ya no responden a las circunstancias del contexto actual. Sin embargo, estos códigos culturales ancestrales siguen vigentes en el inconsciente colectivo y determinan y condicionan nuestra conducta.

Hasta las comunidades indígenas —aunque no queramos reconocerlo—, en este siglo XXI, han sido influidas por la globalización. Aunque la visión gubernamental pretende rescatar sus tradiciones y preservar sus lenguas y su cultura precolombina, es evidente que las nuevas generaciones resienten el impacto cultural de la globalización. Se sienten seducidas por ese mundo tecnologizado y confortable y por eso se resisten a los intentos gubernamentales por retenerlos en sus comunidades.

## INDIGENISMO

Hoy el indigenismo es más un producto político de muchos significados, que una tendencia que representa las aspiraciones de los grupos étnicos. Ese modo de vida que hoy es idealizado como auténtico, más bien se debe reconocer que está asociado a la pobreza y a la marginación. Por lo tanto, no es raro que un importante sector indígena se esfuerce por que sus hijos se asimilen al estilo cosmopolita del resto de nuestro país para que mejoren su calidad de vida. De este modo se está estimulando la emigración hacia otras regiones que son polos de desarrollo industrial y económico.

En 2010, como parte del proyecto de realización del posicionamiento de la Marca Chiapas, llevamos a cabo un viaje por esa entidad en compañía de Jonathan Tourtellot, fundador del Centro de Turismo Sustentable, de National Geographic.

Visitamos una pequeña comunidad de la Selva Lacandona —del municipio de Ocosingo—, donde fuimos recibidos por una familia originaria del lugar y perteneciente a la etnia "lacandones del Caribe".

Como parte del programa nos llevaron a la isla que se encuentra en el centro de la laguna Metzabok, donde se realizó un ritual religioso según la tradición de este grupo étnico. Don Antonio, el último chamán reconocido de esta tradición mística, presidió este ritual. Hoy, esa riqueza no tiene sucesores que mantengan ese legado.

Cuando don Antonio fallezca se habrá perdido esta visión religiosa.

Desde la época del presidente Luis Echeverría el indigenismo ha sido una imposición cultural de grupos intelectuales y funcionarios gubernamentales que pretenden que las comunidades étnicas se mantengan aferradas a su estilo de vida tradicional, así como a sus usos y costumbres, renunciando a asimilar y a disfrutar de las ventajas y las comodidades de la modernidad, así como sus beneficios.

Esta actitud gubernamental representa una visión autoritaria que condena a esas comunidades a la pobreza y a la marginación, al adjudicarles la responsabilidad de preservar vivo el legado cultural que recibieron de sus antepasados. Esta política gubernamental atenta contra su derecho a elegir si deciden mantenerse arraigados en sus comunidades o si prefieren buscar nuevos horizontes dentro del modelo de vida contemporáneo.

Pretender mantener vivos los usos y costumbres como un modelo de vida cotidiano significa permitir que se mantenga secuestrada a toda una comunidad por caciques que se aprovechan de la marginación y la falta de educación escolar, para mantener aisladas del "Estado de derecho" —vigente en todo México— a las poblaciones indígenas, para poder usufructuar el control político, social y económico en su beneficio.

El indigenismo como estilo de vida representado por el concepto "usos y costumbres" implica el hecho de mantener vigentes los modelos de control social sustentados en condiciones arcaicas que sólo benefician a los caciques, negando a los pobladores de esas comunidades el derecho a beneficiarse del "Estado de derecho" vigente en todo el país y disfrutar de las libertades consignadas en nuestra Constitución.

Estas comunidades rurales de fuerte ascendencia indígena son las que más resienten el impacto del fenómeno migratorio, pues esa marginación social y económica —manifestada como pobreza— impulsa a sus nuevas generaciones a migrar como indocumentados a Estados Unidos.

El indigenismo que sí debiéramos preservar es el de tipo cultural, que es el que rescata el conocimiento prehispánico, las tradiciones y las manifestaciones artísticas, así como sus festividades, su riqueza culinaria, sus historias y el idioma propio de una etnia, para que este acervo permanezca vigente en la memoria de nuestro país, disponible para quien esté interesado en estudiarlo.

## PIGMENTOCRACIA Y DISCRIMINACIÓN

Hoy que la migración de latinoamericanos hacia Estados Unidos ha aumentado y México se convierte en el paso obligado —más el natural flujo migratorio de nuestros connacionales que se desplazan desde el sur y el centro de nuestro país hasta el norte—, este tema se convierte en moneda de cambio en la relación entre los gobiernos mexicano y estadounidense.

Consideremos también que ya no sólo pasan por nuestro territorio centro y sudamericanos, sino también haitianos, asiáticos y africanos, más la llegada de los primeros ucranianos —damnificados de la guerra que libra su país frente a la invasión rusa—, y aunque queramos evadirlo, el tema étnico se convierte en un filtro discriminatorio, practicado por las autoridades migratorias y policiales, pero también por la ciudadanía.

Es cierto que los mexicanos somos solidarios frente a la adversidad ajena y ayudamos a la gente vulnerable, pero también reconocemos que hay sectores de nuestra población que practican la discriminación de acuerdo con el tono de piel y abusan de la vulnerabilidad del migrante.

La discriminación étnica es común en todo el mundo. Ocurre cuando dentro de un país una raza trata de proyectar superioridad sobre a otras.

La discriminación en México no debería existir, puesto que nuestros orígenes son los pueblos precolombinos, de piel morena. Sin embargo, la discriminación existe y es muy fuerte, pero con raíces muy diferentes a la que se practica en Estados Unidos y en Europa.

En Europa occidental, donde la piel clara es predominante, es más probable detectar discriminación sobre personas de otras etnias de piel morena que radican en el país con categoría de minorías raciales.

Sin embargo, ahora que la globalización ha generado movilidad por medio del turismo, del intercambio comercial y de las vinculaciones laborales, observamos que, a partir del éxito que se manifiesta en el nivel socioeconómico de quienes poseen piel morena, este factor neutraliza el sentimiento discriminatorio arraigado de modo inconsciente en el país que la gente morena visita o adopta como residencia.

Es más, los avances culturales educativos en el mundo dan a cualquier tipo de discriminación un significado socialmente incorrecto e inaceptable. Sin embargo, la realidad cotidiana nos muestra que será hasta las próximas generaciones cuando estos nuevos planteamientos socioculturales —considerados hoy socialmente correctos— sean asimilados inconscientemente y de forma plena.

Volviendo al tema de la migración y la discriminación racial en México, constatamos que en el ámbito de la discriminación se conforma un fenómeno psicosocial denominado "disonancia cognitiva", fenómeno identificado por el psicólogo social León Festinger, que nos empuja a pensar de una forma y a reaccionar de modo contrario. De este modo entendemos que asimilar integralmente y de modo emocional los razonamientos sociales es un proceso lento.

Los mexicanos manifestamos públicamente rechazo a la discriminación étnica y socioeconómica —pues la consideramos socialmente incorrecta e inaceptable—, pero la practicamos continuamente.

El concepto "pigmentocracia" nos ayuda a aclarar este fenómeno social. Este término fue utilizado en 1944 por el fisiólogo chileno Alejandro Lipschutz para describir las diferencias etnorraciales que terminan sustentando la discriminación, simbolizadas por el tono de la piel.

Aterrizando este tema en la realidad cotidiana de México, observamos un componente adicional.

Si bien la discriminación es un fenómeno global, sabemos que en casi todo el mundo se caracteriza por tener como detonador que una persona de rasgos étnicos socialmente considerados superiores rechace a una persona de una etnia considerada inferior.

Esto confirma que el primer rasgo que hay que considerar siempre es el tono de la piel, motivo por el cual este fenómeno se denominó pigmentocracia, en alusión a la clasificación tonal de los colores utilizada en las artes gráficas. Después, seguramente los rasgos faciales.

Sin embargo, en México este fenómeno adquiere otros componentes que le dan nuevos significados a la pigmentocracia. En nuestro país la discriminación se puede producir entre dos personas con rasgos étnicos similares, pero una de ellas en posición socioeconómica inferior a la otra.

Por lo tanto, lo único que en México nulifica la discriminación étnica es el éxito, ya sea económico, social o político.

Los indígenas son ensalzados en el discurso demagógico oficialista y gubernamental, pero son discriminados en la práctica de modo cotidiano por la misma sociedad, lo cual termina teniendo grandes significados inconscientes de tipo aspiracional. Entonces podemos entender que, diferenciándonos los mexicanos de piel morena de quienes tienen un tono más oscuro que el nuestro, nos reivindicamos con nuestra autoestima.

De este modo generamos una cadena de resentimientos inconscientes. En el ámbito rural —así como en pequeñas poblaciones o incluso en grandes ciudades— este fenómeno es evidente.

La forma en que discriminamos a los migrantes centroamericanos y los afroamericanos que provienen del Caribe no constituye una conducta similar a la que adoptamos frente a los migrantes ucranianos y los que tienen características étnicas europeas.

Somos un país de castas con una estructura social informal, similar a la India. Observamos cómo estos códigos culturales anidados en el subconsciente de los mexicanos se transportan incluso más allá de nuestras fronteras cuando migramos.

Sin negar el espíritu solidario del mexicano ante la adversidad que enfrentan quienes nos rodean cuando las manifestaciones se vuelven evidentes y desgarradoras emocionalmente, el trato que damos en nuestro territorio a los migrantes es igual o peor al que reciben muchos mexicanos en Estados Unidos.

Una gran cantidad de migrantes mexicanos que se vuelven exitosos económica y socialmente y se arraigan en Estados Unidos, nunca logran erradicar estos prejuicios discriminatorios frente a las nuevas olas de migrantes latinoamericanos que llegan a ese país. Discriminan al recién llegado.

La cultura de "como te ven te tratan" predomina en México.

Las ofertas laborales, cuando se redactan para el cargo básico que sea, invariablemente mencionan la restricción "excelente presentación", lo cual todos entendemos que se refiere a aspectos raciales. Por lo tanto, el aspecto étnico puede ser una ventaja competitiva laboral para quienes tienen la piel un poco más clara, pero una desventaja que sume en la marginación a nuestros pueblos originarios.

Podríamos concluir que la discriminación étnica adquiere características propias en México a partir de que se practica entre iguales y nace de una necesidad inconsciente de restauración de la autoestima a partir de la diferenciación.

## EL IMPACTO DE LA GLOBALIZACIÓN

Hoy vemos que la globalización ha integrado a los países, en los ámbitos comercial, económico y hasta político.

Las economías están interconectadas y se han vuelto interdependientes, aunque se han integrado en bloques para competir comercialmente en el extranjero. De este modo, observamos que la crisis económica que inició en Grecia en 2007, o sea en las fronteras de la Comunidad Europea con los países asiáticos y africanos, dejó sentir sus repercusiones negativas en la totalidad del territorio europeo y hasta en el resto del mundo.

A su vez, la crisis que inició en el ámbito hipotecario de Estados Unidos en 2008 impactó a todo el globo terráqueo, lo cual evidencia que la globalización ha generado interdependencia económica.

Las crisis sanitaria y financiera provocadas por el Covid-19, o coronavirus, de 2020, tuvo efectos globales.

Por otra parte, asistimos al surgimiento de bloques territoriales. De este modo el sudeste asiático compite comercialmente como bloque integrado contra los tres países de América del Norte que conforman el T-MEC, al que ha pertenecido México desde la integración de esta alianza, mientras la Comunidad Europea hace lo propio y el Mercosur engloba a los países sudamericanos.

Mientras tanto, China, por un lado, e India, por otro, sustentados en su fortaleza demográfica y territorial, compiten por el liderazgo comercial.

Esta interconexión económica y cultural, con matices políticos, derivada de la globalización, a finales del siglo XX generó la expectativa de que estábamos presenciando el nacimiento de un nuevo orden mundial, pleno de estabilidad y colaboración, donde los conflictos entre los países serían superados de manera definitiva para consolidarse en un equilibrio global que traería paz y desarrollo. La desaparición de la Unión de Repúblicas Socialistas Soviéticas y la caída del muro de Berlín parecían confirmar esta tesis.

Este planteamiento —descrito por Francis Fukuyama en su libro *El fin de la historia*— se vio superado y rebasado en corto tiempo. Entonces surgieron nuevos contextos que derivaron en rivalidades nunca imaginadas.

Como antecedente podemos anotar que desde la década de 1960 el mundo musulmán volteó hacia Occidente como un modo de sumarse al desarrollo. Las generaciones de líderes del Islam, a mediados de la segunda mitad del siglo XX, fueron enviadas a educarse a las universidades europeas y estadounidenses y muchos de ellos —incluso— se casaron con mujeres occidentales que no formaban parte de su cultura.

Todo predecía la llegada de un mundo ideal.

Sin embargo, en esta integración forzada entre los países, a partir de la globalización, se pusieron en evidencia y se magnificaron las diferencias, pues se dieron las condiciones para la comparación. De ahí surgieron rivalidades entre las naciones y entre los bloques culturales.

Ante la perspectiva de un mundo sin fronteras y de vasta extensión territorial, la gente empezó a sentirse ciudadana del mundo y a perder el arraigo respecto de su comunidad de origen.

Ante este contexto social, al sentirse perdida en un amplio territorio, empezó a gestarse un movimiento de contracultura que buscaba definir su propia identidad natural y sus propias raíces, generando orgullo de pertenencia, lo cual derivó en la competencia y la confrontación entre países.

El rescate de tradiciones que parecían olvidadas y el resurgimiento de usos y costumbres locales impulsó a la gente a integrarse alrededor de sus propias raíces culturales. De este modo, los países islámicos empezaron a alejarse de la Europa Occidental y regresaron a sus tradiciones iniciales, costumbres y valores. Se fortaleció el "fundamentalismo", considerado como el ala radical de los gobiernos, amalgamando tradiciones y cultura con sustento religioso.

Hoy vemos cómo la llegada de los talibanes al gobierno de Afganistán significó un retroceso para las libertades ciudadanas. Un país totalmente occidentalizado en la década de 1970, en el cual las mujeres afganas llevaban una vida caracterizada por las libertades, hoy ha retrocedido casi cincuenta años hasta regresar a lo más salvaje de la cultura machista.

Por instrucciones del gobierno talibán están obligadas a utilizar la "burka" tradicional que les cubre totalmente, incluso la cara, entre otras restricciones que las convierten en rehenes en su propia casa. Si no cumplen con las reglas morales del Islam las mujeres son castigadas con crueldad.

De este modo Afganistán regresa a sus tradiciones ancestrales en plena era de la globalización.

Constatamos que ya sucedió lo que Samuel Huntington denominó "el choque de civilizaciones", caracterizado por la confrontación, a partir de argumentos culturales, históricos y religiosos.

Como un ejemplo evidente, observamos que a partir de la integración de países alrededor de la Comunidad Europea —derribándose fronteras para permitir el flujo de personas y productos al amparo de una identidad continental— las economías se fusionaron por medio de una sola moneda: el euro.

Sin embargo, en la misma proporción y en la misma medida que los países se fusionaban, se evidenciaban más las diferencias culturales, de visión, costumbres y valores. El surgimiento del nacionalismo entre los países de la Comunidad Europea es evidente. Se han levantado fronteras invisibles que separan a la gente.

De este modo, en 2016, Inglaterra decidió abandonar la Comunidad Europea, en lo que se denominó Brexit. Gran Bretaña dejaría de pertenecer a este bloque cuando se consolidara este proceso, a finales de 2020.

Esto significa que este país decidió fortalecer su identidad fuera del bloque europeo y revalorar sus raíces. Mientras tanto, Cataluña hizo un intento fallido para independizarse de España. A su vez, regiones de origen celta como Asturias y Galicia, en España, empezaron a rescatar tradiciones, privilegiando sus raíces étnicas. En este contexto, en México, ha surgido una nueva conciencia de país, como nunca antes se había dado.

Si hasta la década de 1990 aún se sentía el impacto del "síndrome del malinchismo" —como una maldición centenaria de conflicto que se caracterizaba por la fascinación por los productos extranjeros y el desprecio por los de fabricación nacional—, así como la falta de compromiso con nuestras tradiciones, entonces hoy —en la época de la globalización— vemos que se ha producido una revaloración de nuestra identidad cultural, de nuestras tradiciones y del crecimiento del orgullo por lo que somos. Esto significa la superación del malinchismo y el surgimiento de un espíritu triunfador y competitivo que, sin embargo, aún es débil y vulnerable.

Para capitalizar las oportunidades de desarrollo que brinda la globalización y no marginarse respecto del resto del mundo es necesario superar condicionantes psicológicas que limitan y obstaculizan el camino a la madurez emocional de la sociedad mexicana.

# CAPÍTULO II

# LOS ROLES COMUNICATIVOS QUE LOS MEXICANOS JUGAMOS

JORGE OCUPA una gerencia en una empresa multinacional. La noche anterior fue convocado a una junta programada para el día siguiente a las ocho de la mañana. Sin embargo, se desveló viendo una película exhibida por televisión y le costó mucho esfuerzo levantarse de la cama.

Desayunó de prisa con sus hijos pequeños y pasó a dejarlos a la escuela como hacía todas las mañanas, lo cual acentuó su retraso. El tráfico vehicular agravó su impuntualidad.

Cuando entró a la sala de juntas la reunión ya había iniciado.

La exposición se detuvo y el director lo miró con enojo mientras revisaba su reloj de pulso, en clara alusión a su impuntualidad.

"Perdón por el retraso, pero hubo un accidente de tráfico provocado por un autobús, lo cual me retrasó", explicó con tibieza mientras tomaba asiento en el único lugar disponible en la larga mesa de la sala donde generalmente sesiona el consejo de administración.

Su actitud era temerosa, como la de un niño que llega tarde al salón de clase y se escurre con agilidad hasta el lugar más alejado del maestro, esperando ponerse a salvo del regaño.

Quiere evitar que le pidan detalles del accidente y descubran que mintió para justificar su retraso.

"Jorge, debemos cumplir con los horarios", dice Lawrence, vicepresidente y jefe de su jefe, quien es extranjero y detesta las mentiras y las actitudes infantiles de sus ejecutivos, pero habla perfectamente español pues está casado con una mexicana.

María —también gerente— siempre compite con Jorge en todo y no perdió la oportunidad de ponerle una zancadilla, como si estuvieran en la escuela.

"Qué raro... Tú y yo tomamos siempre el mismo camino y yo no vi ningún accidente."

Jorge replica: "María, por favor, no te metas en esto".

Félix, el director, jefe de María y Jorge, asumió el rol de papá que interviene en un conflicto entre hermanos.

"María y Jorge, por favor, compórtense como adultos o me obligarán a tomar medidas disciplinarias. Jorge, cuando termine la junta, quédate en la sala pues tenemos que hablar." Con este tono paternalista Félix hizo patente su autoridad.

Sin inmutarse por altercados domésticos, Lawrence cerró la discusión.

"Por favor, sigamos con la presentación."

De esta forma afloraron tres personalidades que participaron en el desencuentro.

Las de tipo infantil, caracterizadas por María y Jorge, quienes juguetearon y se enfrentaron.

La paternalista de Félix, quien se enganchó con la discusión de sus subalternos y quiso imponer su autoridad, y el papel de adulto, maduro, equilibrado y racional, que ejerció Lawrence. Esto sucede cotidianamente entre las personas. De acuerdo con las circunstancias y la personalidad de quienes nos rodean, ejercemos alguno de estos papeles.

Para entender el modo en que los mexicanos nos comunicamos, recurriremos a este modelo. Ésta es una interpretación de la visión del carácter y la idiosincrasia del mexicano a partir de los conceptos básicos del "análisis transaccional", teoría creada por el psiquiatra Eric Berne.

Los mexicanos somos seres complejos, que jugamos papeles, tal como lo describe la obra de Berne, *Juegos en que participamos*, un análisis de la forma en que nos relacionamos las personas, utilizando guiones estereotipados que de manera inconsciente nos permiten lograr nuestros objetivos.

Los mexicanos hemos creado una cultura "a modo", llena de significados ocultos, codificados, que terminan siendo claros y evidentes sólo para quienes formamos parte de esta sociedad, pues tenemos la "llave" simbólica para interpretar, primero, el juego de las intenciones y, después, las motivaciones de nuestro interlocutor.

## LOS ROLES COMUNICATIVOS

El libro que usted tiene en sus manos pretende analizar algunos de los guiones cotidianos que los mexicanos utilizamos, así como sus motivaciones básicas.

Entender los papeles comunicativos que jugamos los mexicanos es esencial para alcanzar el éxito profesional, empresarial, laboral y social. Para los extranjeros, significa su supervivencia en un contexto hostil, determinado por las apariencias.

El papel de la autoridad, como patrón de referencia en la vida de los mexicanos, nos remite al clásico planteamiento de los tres roles básicos del análisis transaccional: PAN (Padre, Adulto, Niño).

Según Berne, en el inconsciente de cualquier persona conviven tres personalidades a lo largo de su vida: una equivalente a la figura paterna, otra que tiene los atributos de la persona adulta y una tercera que se comporta con la actitud de un niño. Ante cualquier circunstancia que nos exija una negociación con una tercera persona, los individuos dejamos aflorar la personalidad que nos ayuda a resolver la situación de la mejor forma poible. A su vez, el interlocutor actuará igual exhibiendo el papel que le permita dar su mejor respuesta.

De este modo, el papel caracterizado por la personalidad "padre", asumido por quien inicia la conversación, puede estar invitando a que surja la personalidad "infantil" de su interlocutor. De este modo se desarrolla una relación manipuladora y emocional.

Sin embargo, quien asume la personalidad "adulta" podría estar invitando a que se manifieste la "adulta" de su interlocutor, para dar pie a una conversación madura y responsable. Las combinaciones pueden ser variadas.

El papel "adulto" busca conversaciones y vinculaciones caracterizadas por la objetividad, la madurez y el equilibrio.

La identidad "padre" se caracteriza por el intento de ejercer autoridad y dominio, llegando incluso al autoritarismo. También se perfila como tendiente a ofrecer castigos y recompensas según la reacción del interlocutor.

La identidad "niño" es manipuladora por naturaleza, caprichosa, emocional e inestable.

En este juego comunicativo se desarrollan las conversaciones en las que se involucra la autoridad, ya sea en el ámbito laboral, en relaciones de dominio entre las parejas vinculadas emocionalmente; las escolares en profesores y alumnos, padres e hijos, policías y ciudadanos, e, incluso, entre personas iguales —sin vinculación de autoridad—, pero donde pueda haber competencia o dominio, como en compañeros de trabajo, hermanos o compañeros de clase, entre otras posibilidades, así como en el fenómeno del liderazgo. ¿En este contexto no estará atrapado el conflicto que los mexicanos vivimos frente a las autoridades?

Quien ejerce autoridad en nuestro país invariablemente asume la personalidad "padre" y la lleva al extremo, pretendiendo compensar problemáticas personales derivadas de la salud de su autoestima.

Como respuesta al autoritarismo que se deriva del paternalismo, los mexicanos tendemos a responder con la personalidad "niño", evadiéndonos de la imposición ante la primera oportunidad, por lo cual terminamos infringiendo las leyes.

Alfred Adler, psiquiatra vienés contemporáneo de Sigmund Freud —primero amigo y luego distanciado de él por sus diferencias profesionales— señalaba que es fundamental entender cómo la autoestima se convierte en el motor de las motivaciones y determina el modo en que las personas intentamos influir en los demás.

## LA AUTOESTIMA

En las relaciones entre los mexicanos, el papel que desempeña la autoestima como motor y motivación es fundamental, pues ejerce un rol compensatorio. Por eso los mexicanos vivimos de apariencias, cerrándonos en nosotros mismos para preservar nuestra intimidad, pero compensando esta mecánica emocional al proyectar una imagen pública poderosa que nos permita manipular las percepciones de quienes están a nuestro alrededor, con el único fin de hacernos sentir bien y compensar los conflictos de autoestima que nos lastiman.

De este modo, el humilde mensajero de una oficina que recibe un trato peyorativo y se ve forzado a asumir una actitud servil en su función laboral, se esfuerza por verse poderoso ante sus dependientes y familiares. En su vida privada lucha por que sus iguales de condición social lo traten con respeto.

El fenómeno de compensación para equilibrar la autoestima es determinante en la vida pública del mexicano, que siempre aparenta ser más en aquello que es significativo para quienes lo rodean.

Cuando las carencias económicas lastiman la autoestima, el mexicano se vuelve obsesivo para aparentar bonanza y puede endeudarse para festejar los quince años de su hija o su boda, o el bautizo religioso. Agasajar con generosidad a sus invitados se vuelve una oportunidad para demostrar ese poder.

Hoy que la economía globalizada nos ha sumido en una vorágine consumista, esta conducta sustentada en compensaciones inconscientes se convierte en un riesgo para la supervivencia financiera de las familias mexicanas, que se quedan atrapadas por las deudas con tarjetas de crédito y préstamos financieros con empresas comerciales.

## FACTORES DE COMPENSACIÓN
### SOCIAL

Antiguamente las joyas de oro de uso cotidiano, como pulseras, anillos y cadenas con imágenes religiosas, mientras más ostentosas eran más poderosas se volvían como símbolo de bonanza.

Hoy que las joyas son un símbolo decadente, la marca del teléfono celular, el reloj de pulso, la ropa y el calzado de marca cara y reconocida, equivalen a los símbolos de opulencia. Por eso seguramente la piratería de productos de marcas famosas se ha convertido en una industria boyante en México, porque genera símbolos de estatus social y económico.

Las bolsas de buena marca para la secretaria de ingresos modestos, o los zapatos tenis de marca para el joven con aspiraciones, envían un mensaje de éxito que pretende compensar la autoestima, así sea a través de imitaciones o de los denominados "clones". Esto ha generado un gran mercado denominado peyorativamente "pirata".

La marca del auto que compra el joven profesionista que inicia la carrera competitiva hacia el reconocimiento, que terminará generándole ascensos profesionales y oportunidades laborales y, en consecuencia, la oportunidad acceder a buenos salarios, responde al tradicional complejo de clase "a la mexicana", que se compensa de manera aspiracional proyectando una imagen de éxito. Es el juego de las percepciones.

La competencia por las vanidades y las apariencias es una faceta cotidiana del mexicano. Este libro describe este mundo de apariencias y percepciones que envuelven la vida del mexicano, creando alrededor de nuestra vida una coraza que nos aísla de quienes nos rodean y nos impide tener certidumbre respecto de sus intenciones.

## LA MENTIRA Y LAS MEDIAS VERDADES

La mentira es una conducta constante en la comunicación entre los mexicanos. Mentimos por múltiples razones y por eso tenemos una amplia categorización de mentiras. Es socialmente mal vista la mentira desde una perspectiva moral, pero nadie duda en recurrir a ella para resolver un momento incómodo o conflictivo.

Existe una clasificación para identificar a las mentiras por tipos. Hay "mentiras blancas", "mentiras inocentes", las de tipo social, y la lista puede llegar hasta mentiras graves que ocultan corrupción e incluso delitos.

La mentira es fundamental para entender a la sociedad mexicana porque es la fuente de la desconfianza que ha generado una cultura individualista y cerrada, incapaz de generar proyectos compartidos a largo plazo.

La mentira blanca o inocente nos ayuda a resolver pequeños conflictos propios de la vida cotidiana. Justifica una impuntualidad, un pequeño error, una descortesía, o ayuda a no lastimar a alguien cercano.

La verdad asusta al mexicano. Hay circunstancias en las cuales la verdad rompe con las reglas sociales y expresarla hace que la persona se perciba como imprudente e insensible. Por lo tanto, para el mexicano la mentira suaviza la vida, reduce la tensión cotidiana e, incluso, se inserta en un círculo vicioso o virtuoso, como se quiera interpretar.

En consecuencia, quien dice una mentira tiene la seguridad de que su interlocutor no la va a creer y por eso no debe esforzarse en hacerla creíble, pues sabiendo que es un valor sobreentendido entre ambos, el significado moral de la mentira pierde su connotación negativa y de engaño.

La mentira ha estimulado una cultura diplomática, de relaciones formales pero frías. La mentira despresuriza el conflicto, pero no garantiza certeza en las relaciones y en los tratos comerciales, ya sean los de negocios, ni en las relaciones sociales.

## LA AMBIGÜEDAD

Entre las características del mexicano destaca su forma de relacionarse y comunicarse, pues dice las cosas de forma sutil y ambigua para no comprometerse. El modo en que se comunica el mexicano define lo que es.

El temor al compromiso formal es evidente. Evita comprometerse con lo que dice respecto de temas importantes que puedan tener implicaciones. Evade poner fechas en el ámbito laboral o de negocio, pero también responde al temor de no cubrir las expectativas de su interlocutor si es alguien con ascendiente sobre él, o, incluso, siente temor a incomodarlo. Con frecuencia las palabras van en un sentido opuesto al de sus actitudes y su conducta.

Los resultados de la mayoría de las encuestas de las campañas presidenciales de 2006, 2012 y 2018 carecieron de exactitud por falta de compromiso de los encuestados con las respuestas.

La teoría de "la espiral del silencio", que explica la razón por la cual la gente no dice lo que piensa cuando su percepción es diferente a la de quienes lo rodean, confirma lo que es cotidiano en la conducta del mexicano: su desconfianza a expresar lo que realmente piensa.

## LA SIMULACIÓN SOCIAL A TRAVÉS DE SIMBOLISMOS

La cultura mexicana, llena de formalismos lingüísticos, esconde las verdaderas expectativas y motivaciones personales, pero también los temores.

El miedo a la autoridad extralimitada siempre está presente en este país que nació y se forjó en interrelaciones sociales reguladas por el abuso del más fuerte sobre el vulnerable.

El manejo lingüístico del "doble sentido" —o la doble significación— se ha convertido en un arte ligado a la industria del entretenimiento. Sin embargo, es una máscara de uso cotidiano para evadir el compromiso

El ingenio en el manejo del lenguaje tiene tal finura que sólo quienes compartimos los mismos códigos culturales —por haber nacido en este país— logramos descifrarlos y entendernos.

Mientras los comediantes sajones necesitan recurrir al ridículo para arrancar carcajadas estereotipadas, muchas de ellas fingidas, un buen cómico mexicano lo hace simplemente con las palabras; los primeros se van a las formas y los nuestros a los contenidos. Es el recurso del ingenio para jugar con los significados.

Éste es un país donde sobra el talento y pocos espectadores para reconocerlo, disfrutarlo y compensarlo económicamente. Nuestros mejores artistas no tienen público porque el talento natural —espontáneo e improvisado— es un producto que abunda y, por lo tanto, no tiene un valor comercial. Muchos artistas plásticos mexicanos exhiben en las importantes galerías de arte europeas y estadounidenses, pero en su propio país son ignorados.

Éste es un país formado por una sociedad que está a la defensiva porque las reglas nunca garantizan equidad y justicia. Esto se transforma en convivencia de individualidades encerradas en sí mismas, desconfiadas del entorno, por lo cual cada una de ellas se ha tenido que hacer autosuficiente hasta generar una identidad "mil usos", donde preferimos experimentar por nosotros mismos antes que pagar a un tercero por realizar lo que creemos que podemos resolver.

Una idiosincrasia tan compleja, bien merece un análisis profundo.

Es importante entender que, para abrirse a la globalización de modo competitivo, México primero debe reencontrarse a sí mismo en la complejidad de su inconsciente colectivo.

# CAPÍTULO III

# MÉXICO EN EL MUNDO Y EL MUNDO EN MÉXICO...

## EL IMPACTO DE LA GLOBALIZACIÓN

Josefina trabaja como empleada doméstica en Chicago, Estados Unidos. Apenas tiene dieciséis años y hace varios meses dejó a su familia —radicada en la sierra de Oaxaca— para buscar oportunidades que le permitan progresar y acceder a lo que ella considera una mejor calidad de vida.

Logró cruzar a Estados Unidos como indocumentada, siguiendo a su hermana Clotilde, quien es cuatro años mayor que ella. A su vez, Clotilde viajó en compañía de su novio José, que logró emplearse en el segmento de la industria de la construcción de Chicago.

Josefina rápidamente asimiló el cambio cultural y de estilo de vida rodeada del afecto y la solidaridad familiar en el exilio voluntario. Gracias a su corta edad pronto empezó a entender el idioma inglés, aunque fuese de modo básico.

Sus ropas tradicionales oaxaqueñas quedaron guardadas en su vieja maleta y empezó a comprar ropa similar a la que usan quienes la rodean.

A los tres meses de haber llegado logró comprar su primer teléfono celular y aprendió a colgarse de las redes WiFi para comunicarse con la gente que iba conociendo.

Pronto se integró a la comunidad mexicano-estadounidense y conoció a otros jóvenes de su edad, también hispanoparlantes indocumentados.

Sin embargo, la soledad emocional la orilló a vincularse con Roberto —un amigo de su cuñado José—, también oaxaqueño, y empezaron a vivir juntos.

Un día que ambos estaban en un baile del barrio —cuando llevaban casi un año viviendo en Chicago— llegó "la migra" y fueron deportados.

En el albergue donde los alojaron del lado mexicano los ayudaron a comunicarse con su familia en Oaxaca y orillados por la desesperación aceptaron el ofrecimiento de recibir el dinero que sus padres les enviarían para regresar a su pueblo.

Iniciaron el largo regreso en autobús para llegar a la Ciudad de México y de ahí trasladarse a Oaxaca. Al pasar por Querétaro vieron un anuncio en el exterior de una planta ensambladora de autos que ofrecía trabajo. Su novio la convenció de hacer una escala para intentar aprovechar aquella oportunidad. Él fue contratado de inmediato y con esa seguridad decidieron quedarse en la ciudad. Ella no tardó en hallar trabajo de mesera en un restaurante.

Su mayor sorpresa en ese nuevo giro de vida fue que vivir en Estados Unidos —en una comunidad latina— y radicar en una ciudad mexicana altamente desarrollada como Querétaro, no tenía grandes diferencias, más allá del idioma predominante.

Por WhatsApp empezaron a comunicarse con su hermana, su cuñado y sus amigos. Hacían llamadas telefónicas sin costo y se enteraban en tiempo real de lo que sucedía allá, en Oaxaca. Los fines de semana empezaron a encontrar las mismas películas que sus amigos presumían que estaban siendo estrenadas en Chicago.

En la tienda de autoservicio donde compraban —perteneciente a una cadena estadounidense—, el mismo prototipo de edificio les hacía sentir por un momento que aún seguían en Estados Unidos.

Encontraban los mismos productos y descubrieron en los anaqueles una mezcla de marcas mexicanas que competían con las de origen global.

También descubrieron que había más diferencias entre el estilo de vida de su pueblo de Oaxaca y la ciudad de Querétaro, que entre esta ciudad mexicana y el suburbio de Chicago donde ellos habían vivido. El clima, los aspectos étnicos y el idioma fuera de su comunidad constituían las mayores diferencias.

Sin embargo, poder comunicarse en inglés con fluidez a ambos les ofreció grandes oportunidades de desarrollo laboral.

Ese es el México de hoy. Hay más diferencias dentro de nuestro país cuando hay contrastes culturales y socioeconómicos entre las diferentes regiones, que cuando comparamos nuestras metrópolis con las ciudades del resto del mundo.

## MÉXICO GLOBAL

A partir de que la globalización empezó a consolidarse como un hecho irreversible que cambió la estructura comercial, económica y política del mundo —con alto impacto social y cultural en México— se inició un proceso de transculturización que aún no concluye.

Los mexicanos —como parte de la misma experiencia que se está viviendo en todos los países del mundo— hemos estado inmersos en un proceso de transculturización, caracterizado por un intercambio continuo de influencias culturales que influyen en los valores sociales, culturales y morales, así como en los hábitos y el estilo de vida.

A través de productos comunicacionales como la publicidad, las redes sociales, la cinematografía, programas de televisión, fonogramas y otros medios, se recibe este intercambio cultural que influye por igual a todos los países y, con mayor fuerza, a los que están más interconectados con el resto del mundo. A partir de la influencia cultural que nos llega del extranjero, y que ya hemos asimilado, México ya no es el mismo de hace varias décadas.

Los modelos culturales que se intercambian tienden a unificar a todos los países, impulsándolos hacia la adopción de un mismo perfil, de características globales.

Las comidas regionales más representativas de cada una de las naciones hoy son conocidas en el resto del mundo y cada vez se vuelven más populares en el ámbito cotidiano, ampliando las opciones gastronómicas.

No solamente pizzas, pastas, hamburguesas y *hotdogs* han adquirido ciudadanía global, sino también los tacos y las enchiladas se pueden localizar en otros países, igual que la comida libanesa, feijoada y espadas brasileñas, paella y tapas españolas, comida china cantonesa, así como la japonesa y la colombiana, por citar sólo algunas.

Los *jeans* y los zapatos tenis hoy son globales, así como los éxitos musicales que pueden impulsar a algún intérprete de cualquier país siempre y cuando sepa promoverse por las redes sociales.

Los *gadgets* electrónicos y hasta los hábitos y las conductas se vuelven globales.

Problemáticas sociales y políticas —así como conceptos de alta significación— empiezan a ser asimiladas y se vuelven globales; por ejemplo, democracia, derechos humanos, feminismo, igualdad racial, ambientalismo y sustentabilidad, entre otros.

Antes de que se iniciara el fenómeno de la globalización e influyera a México —o sea, en la última década del siglo xx—, temáticas como la responsabilidad con el ecosistema, el respeto a los derechos humanos, la filantropía, la igualdad de derechos entre hombres y mujeres, los derechos de los discapacitados, por ejemplo, no tenían el significado que hoy han adquirido en México, bajo el impacto de la sensibilización que nos llega del exterior.

Solamente recordando la época anterior al efecto globalizador —muy cercana aún en el tiempo— podremos valorar el impacto de la transculturización. El desinterés con la naturaleza era evidente, y nuestra actitud ante ella, totalmente irresponsable.

Los perros que convivían con las familias salían a pasear con sus dueños y dejaban las heces fecales en la vía pública, a la vista de todos, sin que esto fuese mal visto. Desperdiciar agua era considerado un derecho de quien pudiese pagarla. El abuso policiaco era tolerado, aunque se exhibiese públicamente. Los derechos de las minorías no estaban presentes en la mente pública.

Por lo tanto, considerando este efecto globalizador como un detonador del cambio en el México contemporáneo, es conveniente replantear cómo están interactuando los códigos culturales enraizados en el inconsciente colectivo. Quizá así encontraremos las respuestas a la confusión.

Comprender la esencia de la idiosincrasia mexicana es fundamental para plantear nuestra visión de futuro.

## VIEJO PARADIGMA

Desde que el mundo se vio influido por los medios de comunicación
masiva —principalmente por la televisión como antecedente globalizador— surgió el paradigma de la "colonización cultural", así como el
término retórico del "imperialismo cultural".

Estos conceptos evidenciaban una visión defensiva frente a
los impactos culturales provenientes principalmente de la televisión,
porque se consideraba que esta influencia respondía a un plan político de avasallamiento de las grandes potencias políticas, económicas y
militares sobre las economías emergentes, para controlarlas.

Hoy es evidente que, si bien no existe un plan, y menos aún el
liderazgo de alguna potencia extranjera manipulando este fenómeno
de la globalización —porque es espontáneo y rebasa los intereses de
cualquier país—, podemos descubrir que las naciones más vulnerables frente a este efecto transculturizador son precisamente los países
altamente desarrollados, que bajo el impacto de la innovación tecnológica han tenido que abrirse al mundo y asimilar modelos de vida aspiracional que de manera seductora les llegan a través del fenómeno
consumista.

Como ejemplo de este efecto podemos decir que Estados
Unidos ha perdido su identidad, simbolizada por lo que hasta la década de 1990 se denominaba —de forma estereotipada—*American way
of life* (estilo de vida estadounidense).

A partir de haber proyectado al mundo una imagen cosmopolita y de convertirse en una aspiración para los ciudadanos de países
en vías de desarrollo, esta nación hoy está siendo influida por otras
culturas e incluso está afectada por grandes migraciones latinoame-
ricanas y asiáticas.

Este fenómeno genera temores y suspicacia en la élite intelectual de ese país, como lo define el libro *¿Quiénes somos?*, del reconocido autor y académico estadounidense Samuel P. Huntington, quien

se dedicó a interpretar el impacto sociopolítico de la globalización, lo cual queda definido en su libro más simbólico *El choque de civilizaciones (The Clash of Civilizations).*

Huntington, en *¿Quiénes somos? Los desafíos a la identidad nacional estadounidense* (México, Paidós, 2004), define los graves peligros que enfrenta la sociedad anglosajona por la pérdida de su identidad nacional y por el impacto en su idiosincrasia de los fenómenos migratorios. En este análisis destaca la vulnerabilidad cultural de la sociedad estadounidense frente a una cultura fuerte y rica como la mexicana.

Por lo tanto, las experiencias actuales confirman que no existe un plan para impulsar el colonialismo cultural a favor de ningún país y sí un fenómeno global que influye por igual a todas las naciones a partir de su efecto transculturizador.

## ANÁLISIS DE LA MEXICANIDAD: LOS CUATRO PILARES

### Planteamiento metodológico para el análisis de la mexicanidad

Partiendo de un concepto denominado "el hombre cúbico", atribuido a don Enrique Moreno García en una conferencia impartida por él en la ciudad de Veracruz, en 1991, desarrollaremos un planteamiento descriptivo que nos ayude a estructurar un modelo de análisis para entender la idiosincrasia implícita en la mexicanidad.

Iniciaremos definiendo que los atributos —así como los valores morales y sociales que definen la identidad de una comunidad— se agrupan en cuatro dimensiones:

1. Especulativa
2. Funcional
3. Moral
4. Emocional

A su vez, estas cuatro dimensiones —arraigadas en el inconsciente colectivo de cada país, comunidad o región— se convierten en el parámetro de referencia para definir las características de la idiosincrasia significativa de la población de ese lugar.

Es muy importante destacar que este concepto simbólico nos permite comprender el modo de ser de un país. Partiendo de este modelo podemos considerar que si una nación o una región vivieran de modo equilibrado el contexto de estas cuatro dimensiones entonces podríamos descubrir que estamos frente a una sociedad totalmente madura, lo cual aún hoy sigue siendo una utopía, pues las fortalezas de un país siempre traen aparejadas debilidades.

Muchas teorías desarrolladas en las ciencias sociales han tratado de descubrir —visualizando en el futuro— cuándo será el día en que la humanidad —como meta de su evolución— llegue a conformar una sociedad madura y perfecta.

Sin embargo, la experiencia muestra que todas las sociedades —en todos los países— siempre han vivido estas cuatro dimensiones en desequilibrio, teniendo como predominantes quizá dos de ellas y las otras dos como complementarias.

Las cuatro dimensiones siempre están presentes en cualquier sociedad —pues es imposible carecer de alguno de ellos de modo absoluto—, pero nunca integrados en equilibrio.

La identidad de los diferentes países siempre logra definirse a partir de determinar la estructura sociocultural de cada uno de ellos. Para eso es necesario analizar la interrelación entre estas cuatro dimensiones, definiendo cuál o cuáles son predominantes y cómo se realiza la mezcla entre las cuatro.

Cada una de estas variables representa una fortaleza de la sociedad. De esta forma se generan atributos y valores sociales que hacen que una sociedad sea rica en determinado tipo de valores. Sin embargo, cuando esa sociedad no ha desarrollado bien una de estas dimensiones, entonces se genera algún tipo de limitaciones para su desarrollo.

Podemos suponer que quizá en un futuro no lejano el impacto globalizador y su probable efecto integrador estimularán la formación de una sola cultura global que adopte los atributos y lo valores característicos de las principales culturas predominantes en cada una de las diversas regiones del planeta, lo cual llevaría a la humanidad hacia la evolución equilibrando estos cuatro ámbitos. Sólo la fusión de lo mejor de las culturas predominantes podrá permitirnos alcanzar este ideal.

Esto se lograría a través de un proceso espontáneo, mediante el cual cada país o región exportaría sus propios valores positivos y, a su vez, asimilaría los que recibiría de otras culturas.

Quizá si a través de la transculturización derivada de la globalización se diera este fenómeno integrador en el sentido de la evolución social, ése sea el momento cumbre que espera la humanidad.

Sin embargo, al margen de estas posibilidades de impacto global, esta metodología será útil para identificar la esencia de la mexicanidad, con sus virtudes sociales y sus defectos. Habiéndonos convendido de lo anterior, debemos identificar qué necesitamos para evolucionar hacia una sociedad equitativa, justa, educada y capaz de dar el máximo de oportunidades de alcanzar el mayor nivel de calidad de vida para cada uno de los mexicanos.

## Definiciones: las cuatro dimensiones básicas

### La primera (especulativa)

Es la dimensión que experimenta el análisis y la reflexión cotidiana en busca de significados. Representa un marco de espiritualidad que estimula la madurez en una sociedad, en un país o en una región.

Las culturas orientales se caracterizan por este perfil. Mientras más antiguas sean, mayor será su profundidad espiritual.

Los pobladores de países y regiones que tienen como ámbito predominante la dimensión especulativa se integran de modo pleno a su entorno y desarrollan una paz interior que estimula la felicidad.

Los países dominados por esta dimensión son aquellos donde la gente es reflexiva y vive bien adaptada al contexto ambiental y social. Incluso en las valoraciones internacionales del índice de "felicidad" salen bien calificados como pueblos felices. Éste es el caso de México.

Sin embargo, si esta dimensión no está equilibrada con la dimensión funcional, que es la que nos impulsa a alcanzar retos y metas —así como a la acción—, la dimensión especulativa puede llevarnos al conformismo y a la aceptación de la realidad sin intentar mejorarla.

Esta dimensión —la especulativa— nos lleva, incluso, a vivir la religiosidad desde una perspectiva "contemplativa", privilegiando la paz espiritual.

## La segunda (funcional)

Representa la orientación social hacia la acción, la productividad y la competitividad.

El dinamismo de esta dimensión tiende ia la realización de objetivos que influyen en la calidad de vida a partir del desarrollo económico e industrial.

Las principales economías del mundo han crecido porque han desarrollado esta dimensión. Esto ha sido posible porque forma parte de su idiosincrasia natural y de su cultura, o porque —bajo el impacto globalizador— la están desarrollando a partir de un proyecto educativo, o simplemente por la influencia que se deriva del fenómeno de la transculturización. Éste es el caso de muchos países del sudeste asiático, antiguamente atrasados en el ámbito del desarrollo industrial, pero hoy convertidos en potencias económicas.

Esta dimensión implica la no aceptación de las condicionantes de entorno y sus limitaciones y el deseo de mejorar lo que hay. Por eso esta dimensión prolifera de modo natural en territorios donde la naturaleza no es pródiga ni amigable; donde la agricultura y la ganadería no se pueden practicar con los recursos propios del lugar y hoy se apoyan en la tecnología.

Son lugares de clima extremoso, muy secos, de tierra árida, o muy montañosos, entre otras posibilidades.

Este contexto ambiental estimula la inversión de un esfuerzo extra —que incluso debe ser colectivo—, para llevar agua al campo, por ejemplo.

La industria nace en sociedades originarias de este tipo de condicionantes naturales, donde a falta de alimentos se vuelve necesario producir otro tipo de bienes que deben ser intercambiados con quienes viven en otro tipo de clima.

Muchas veces los pueblos oriundos de estos territorios se convirtieron en grandes marinos para comerciar y pescar. Incluso, muchos de estos pueblos se volvieron guerreros, como los vikingos, grandes navegantes y exploradores.

Por eso en el norte de México —donde la tierra no es de buena calidad para la agricultura— se desarrolló la industria manufacturera y un tipo de sociedad más solidaria y, además, ganadería y agricultura tecnificada.

## La tercera (moral)

Abarca el conjunto de normas que el individuo debe cumplir presionado por la sociedad. Esta dimensión condiciona la conducta y guía a quienes son influidos por ella, para ser buenos ciudadanos y mejores personas.

El acatamiento de leyes, normas y reglas sociales conforma el marco ético de esta dimensión.

La dimensión moral estimula a vivir en una sociedad fuerte, donde el orden, la justicia y el Estado de derecho son el eje social.

Conviene destacar que la experiencia nos muestra que en todas las naciones y perfiles de sociedad hay individuos que por naturaleza propia son ambiciosos, agresivos, violentos y tendientes al abuso sobre los demás.

Sin embargo, la sociedad que tiene visión ética canaliza, a través de un sistema educativo fuerte y sólido, el aprendizaje de las normas colectivas.

Por otra parte —contando con el soporte de una familia con valores—, el individuo absorbe las normas que estimulan la disciplina. De este modo la educación temprana condiciona la conducta de todos los niños para que aprendan a ser respetuosos del orden social.

Por eso, cuando la sociedad se relaja moralmente estos individuos se liberan de los condicionamientos sociales y dejan surgir su
verdadera naturaleza, en detrimento de quienes los rodean. Esto es lo
que ha sucedido en México durante los últimos años, destapándose
una espiral de violencia ilimitada, sadismo delincuencial y corrupción generalizada, producto del relajamiento moral.

Tradicionalmente, la escuela ha ofrecido los valores sociales
para formar buenos ciudadanos y la familia los valores morales para
formar mejores personas.

Para entender este modelo que se describe aquí y el modo
de operar de la "dimensión moral", como una condicionante social
y de idiosincrasia, cabe aclarar que el hecho de que existan leyes y
normas no garantiza que éstas sean justas y equitativas y, menos aún,
perfectas.

Más bien nos remite a la forma de ser de una sociedad regida
por la disciplina y el sometimiento de los deseos personales al marco
jurídico colectivo.

La autodisciplina construye un marco moral que genera respeto a las reglas definidas por la comunidad o por el grupo social. De
este modo se soporta el equilibrio de la sociedad.

Los intereses colectivos están por encima de los de los individuos, lo que genera orden, Estado de derecho y desarrollo.

## La cuarta (emocional)

Esta dimensión engloba nuestra subjetividad y nuestra afectividad,
así como la vida pasional, el goce artístico y el modo de encauzar
nuestra vida sentimental.

En este modelo social la intuición se desarrolla más, así como
también lo hace el sentido común. Sin embargo, esta plenitud personal tiene como contraparte el detrimento del racionalismo, que exige
una mente disciplinada.

Las sociedades regidas por esta dimensión —emocional— están conformadas por gente individualista. Esto es lo opuesto a las
condiciones que se viven en las sociedades caracterizadas por la

dimensión moral, donde las normas y las leyes enriquecen la convivencia a partir de que se comparten valores colectivos.

En este tipo de sociedades regidas por el ámbito emocional, la gente es más intensa. Sin embargo, la escasa presencia de la dimensión moral genera las condiciones que propician el abuso de unos sobre otros.

## Los componentes de las cuatro dimensiones

Cada una de las cuatro dimensiones está influida por condicionantes internas —que pueden ser modificadas por la colectividad—, pero también externas o de contexto.

### *Internas*

- La visión religiosa y la concepción teológica.
- El modelo educativo.
- Hábitos alimenticios.
- Los hábitos de higiene colectiva.
- El estilo de liderazgo predominante en la sociedad.
- El modelo de impartición de justicia.
- Las tradiciones colectivas.

### *Externas (de contexto)*

- Condiciones ambientales (naturaleza pródiga y generadora de abundancia, o tierras áridas, desérticas y difíciles para el cultivo).
- Fenómenos ambientales como tornados, huracanes, sismos, actividad volcánica y todas las fuerzas destructivas de la naturaleza que modifiquen los hábitos colectivos —incluido el cambio climático y las contingencias ambientales— y que incluso impulsen migraciones o reubicación poblacional.

- Pandemias y contingencias sanitarias capaces de modificar los hábitos cotidianos y con impacto emocional.
- Condiciones climáticas sistemáticas y previsibles que generan hábitos (clima frío, templado o excesivamente caliente).
- Productividad agrícola, ganadera y pesquera que se derive de las oportunidades o las barreras que genera la naturaleza.
- Factores macroeconómicos de impacto global como las crisis financieras.
- Factores políticos o movimientos sociales de alto impacto de carácter global o internacional como guerras, revoluciones o conflictos internacionales, e incluso actos terroristas.
- Impacto de las redes sociales como generadores de valores y estimuladores de conductas.

Las condicionantes internas son de origen e impacto local, regional o nacional y, por lo tanto, modificables a partir de cambios generados en el seno de la colectividad. Puede lograrse a través de políticas públicas, movimientos sociales locales que influyan en la conducta, valores o, incluso, campañas mediáticas planificadas por los gobiernos o por la sociedad civil.

En contraste con las condicionantes internas —que son modificables—, los factores externos, principalmente vinculados con fenómenos de la naturaleza o provocados por la interacción de fuerzas económicas y financieras, son determinantes e incontrolables y su impacto rebasa la voluntad humana.

Cualquier sociedad es un ente vivo que evoluciona o involuciona. Por lo tanto, las variables internas pueden ser modificadas, ya sea a través de las políticas públicas que se originan en la estructura gubernamental o por medio de una decisión de la sociedad organizada.

Sin embargo, las variables externas se imponen de manera determinante e influyen en el estilo de vida e, incluso, en la conducta colectiva, pues están fuera del control de los pobladores, propiciando oportunidades o constituyendo limitantes para la calidad de vida.

La forma en que una sociedad enfrenta las limitaciones que le imponen las condicionantes externas se deriva del carácter y el temperamento colectivo y su actitud determina su futuro.

## MODELO DE LAS CUATRO DIMENSIONES

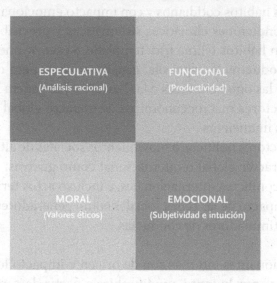

Como podemos identificar en la imagen de arriba, las dimensiones especulativa y emocional representan a sociedades regidas por la individualidad, donde el ciudadano intenta estar por encima, o al margen, de los intereses de la colectividad, escabulléndose siempre que se pueda de las reglas y las normas y buscando no el interés común, sino el personal, aun cuando esto repercuta en detrimento de la colectividad y de la sociedad, o sea, imponiéndose como modelo de conducta la ley del más fuerte, lo que lleva de modo natural a la corrupción. Ese es el contexto en que hoy se desenvuelve la sociedad mexicana.

En contraste, las dimensiones moral y funcional se sustentan en la disciplina y el orden, lo cual constituye la esencia de la fortaleza de la sociedad.

Solamente en una nación regida por las dimensiones moral y funcional puede darse la justicia y el desarrollo social, que invariablemente lleva al desarrollo económico y a la calidad de vida armónica y sustentable.

Los países altamente desarrollados se desenvuelven en este ámbito social, en el cual los individuos entienden claramente que la única forma de sobrevivir es por medio de la unión. Hay conciencia de que los individuos son vulnerables cuando están solos, pero unidos se complementan y se fortalecen. Son sociedades orientadas al trabajo en equipo.

La visión de que el individuo, cuando se integra a una colectividad, se siente protegido, lleva a entender a quienes forman parte de ese modelo cultural que la sociedad es el punto de unión donde convergen los intereses de todos.

Comprenden que sus deseos individuales no deben ser impuestos a los demás, porque al hacerlo se rompe el orden. Esta visión deriva en una actitud conciliadora, a través de la cual el individuo cede parte de sus deseos y sus derechos con la expectativa de que se fortalezca la colectividad y que indirectamente esto se traduzca en protección para él y su familia.

El vehículo para generar equilibrio entre los intereses individuales y los de los miembros de la colectividad, son las normas, las reglas y las leyes, las cuales garantizan que nadie tomará ventaja sobre los demás o sobre alguien en particular. Esta certeza está representada por las autoridades que vigilan el cumplimiento de las leyes, lo cual da seguridad y tranquilidad al individuo.

Podríamos sintetizar lo expuesto aquí en la percepción de que México —como país— tiende a desenvolverse en las dimensiones "especulativa" y "emocional", mientras las sociedades sajonas y nórdicas tienden de forma natural a refugiarse en las dimensiones "moral" y "funcional".

## Impacto geográfico y climático

El contexto ambiental y geográfico determina la idiosincrasia de la colectividad que reside en una región específica.

Los individuos que nacen en entornos geográficos y climáticos adversos tienden a unirse para protegerse mutuamente, lo cual lleva a construir el fenómeno social descrito en el párrafo anterior.

Un clima inhóspito como el del norte de Europa y de América genera un sentimiento de solidaridad grupal que estimula una cultura tendiente a la integración y a la ayuda mutua. Además, ante las escasas opciones productivas que ofrece la tierra inhóspita —para agricultura y ganadería— la gente se inclina hacia la manufactura y la industrialización y genera una mentalidad responsable y previsora. El temor al futuro estimula la ambición de poseer bienes para generar tranquilidad y seguridad.

En contraste, un clima benigno y una naturaleza pródiga —por ejemplo la región del Mar Mediterráneo en Europa, así como la zona norte de África y la región central del continente americano, incluido México— enaltecen la individualidad y acostumbran al individuo a permanecer en su zona de confort.

En estas regiones la gente no necesita de los demás. El clima benigno y la ausencia de peligros la inducen a la reflexión y a la meditación. La productividad moderada hace innecesaria la previsión, pues se sabe que la naturaleza siempre será prodiga y proveerá de los medios de supervivencia. Estas condicionantes determinan el carácter individual, que termina siendo parecido al del resto de la colectividad.

Por lo anterior, los países ricos están ubicados en las zonas geográficas más difíciles y agresivas y su vocación es industrial. La agricultura y la ganadería que se practica es tecnificada.

En contraste, las sociedades relajadas, impetuosas, emotivas y tendientes a la individualidad están en climas benignos y amables, donde hay poco desarrollo social y no es común la vocación industrial.

Por eso México está regido por las variables "especulativa" y la "emocional" y somos gente pasional. Nuestra vocación natural está lejos de las dimensiones "moral" y "funcional", lo cual nos hace proclives a la relajación moral. Quizás éste es el origen de las condicionantes que permiten la corrupción y explican en parte la creciente violencia criminal.

## INTERPRETACIÓN DE ESTE MODELO

La auténtica madurez de una sociedad, en lo particular, surge del justo equilibrio entre estas cuatro dimensiones.

Como lo mencionamos al inicio, hasta hoy ningún país del mundo ha logrado desarrollar de forma natural el equilibrio entre estas cuatro dimensiones para generar una sociedad madura, responsable, sensible y justa.

De este modo logramos entender por qué los países de cultura sajona y nórdica son tan evolucionados en el ámbito industrial y productivo y, además, la sociedad opera con madurez.

Por otra parte, la educación en esos países genera represión emocional sobre el individuo. Una educación moral rígida e intolerante —en los países nórdicos y sajones— puede generar desajustes psicológicos en algunos individuos débiles emocionalmente.

Sin embargo, en ese tipo de sociedades evolucionadas las personas están conscientes de que sacrifican su espontaneidad y su individualidad a cambio de estabilidad social y de su reconocimiento como buenos ciudadanos. La capacidad de cada individuo de adaptarse sin conflicto a este entorno social impositivo llega a ser determinante para acercarse lo más posible a una vida satisfactoria que conduzca a la felicidad.

En contraste, la idiosincrasia natural de los latinoamericanos —y más aún de los mexicanos—, transmitida a lo largo de muchas generaciones, nos conduce a una vida emocional intensa y rica, en un entorno de libertad psicológica. Por eso muchos estudios internacionales sobre la "felicidad" ubican a los mexicanos en el *ranking* como individuos satisfechos con su vida y felices, lo cual aparentemente no es congruente con las condiciones socioeconómicas limitadas y con el incremento de la violencia en el país.

## Los mexicanos y la dimensión emocional

A través de la dimensión emocional nos involucramos afectivamente con el mundo, lo gozamos y lo sufrimos. Disfrutamos un bello amanecer y una obra de arte y nos abatimos por la desilusión que provoca un fracaso.

La dimensión emocional nos ayuda a impregnar algo de nosotros mismos a lo que realizamos. Por eso el artista actúa dentro del esquema emocional y lo hace de modo individualista, pues nunca dos personas perciben el mundo y la vida exactamente de igual manera.

## Los mexicanos y la dimensión especulativa

La dimensión especulativa nos lleva a los mexicanos a cuestionar los momentos significativos de nuestra vida y a reflexionar de modo intuitivo... con los ojos del corazón.

La búsqueda de significados para lo que nos sucede nos acerca a una vida espiritual intensa, individualizada, flexible y relajada en el ámbito moral de la conducta.

Por eso la religión católica juega un papel importante para entender esta faceta. El catolicismo le da mayor valor a las intenciones que nos mueven que a la conducta, y para eso se le ha dado un gran valor al "arrepentimiento" personal y al "perdón" como un rasgo de generosidad de Dios.

No importa la vida que llevemos —aunque sea moramente cuestionable—, siempre y cuando nos arrepintamos de ello antes de morir. Por eso los mexicanos —como parte de la cultura latina, que es esencialmente católica— actuamos de manera emocional y de modo irresponsable, pues estamos condicionados a ser "auténticos", considerando que la sociedad no tiene por qué juzgarnos, siempre y cuando seamos discretos.

Los mexicanos, por lo tanto, consideramos que el único ser que puede juzgarnos es Dios y por eso la moral es un asunto individual que atañe sólo a nuestra conciencia. De este modo entendemos que las leyes "del hombre" —o sea, las que creó la sociedad— no tienen autoridad moral para someternos.

Creemos que tenemos el derecho a esquivar las leyes mientras las autoridades gubernamentales no nos descubran y nos apliquen una sanción. Por ello somos relajados moralmente y complacientes con los demás mientras no nos afecten personalmente.

El mexicano deslegitima la autoridad de las leyes creadas por la sociedad porque considera que están ubicadas en un nivel debajo de la moral religiosa, lo cual lo libera de las ataduras de lo terrenal.

Sólo considera al Dios generoso y paternal del catolicismo como el único con la autoridad para juzgarlo. Por eso el arrepentimiento será el medio para evitar el castigo divino. Éste es el sustento del individualismo acendrado del mexicano.

Por eso la corrupción no es un delito grave en la sociedad mexicana. Lo imperdonable es hacerlo de forma burda y evidente, y que seamos descubiertos.

Grave es ser libertino y no cuidar las "formas sociales". Por eso la discreción es una virtud altamente valorada en la idiosincrasia mexicana, porque permite ocultar la suciedad moral que se nos acumule.

En contraste, el luterano calvinismo, visión religiosa que sustenta la moral protestante, exige congruencia entre las intenciones y la conducta y minimiza el arrepentimiento. Para este tipo de sociedad lo importante son nuestros actos y en eso se funden las dimensiones "moral" y "funcional".

Las buenas intenciones que están anidadas en la dimensión "moral" deben ser llevadas a la práctica en nuestra conducta cotidiana, cobrando vida en la "dimensión "funcional".

El mexicano, en contraste, vive la dimensión "moral" en el ámbito de las buenas intenciones e interpreta la dimensión "funcional" "echándole ganas" a lo que hace. El resultado final no es tan importante como haberlo intentado "con muchas ganas".

## La religión en la dimensión moral del mexicano

Los mexicanos vivimos la religión a nuestro modo, y ése es el origen del sincretismo mexicano, que es la fusión de la liturgia católica, pero interpretada según la sensibilidad del lugar. Las tradiciones y las festividades populares mexicanas nos llevan a una riqueza de gran simbolismo y sensibilidad heredada de la cosmogonía indígena.

Como referencia y contraste vemos que el origen de la Reforma protestante que se produjo en el seno de la iglesia católica durante la era histórica denominada el Renacimiento, en el siglo XVI, la cual generó la separación de las sociedades sajonas y nórdicas respecto del liderazgo vaticano, para crear la visión "protestante", se originó en la visión moral del fraile católico alemán Martín Lutero, así como en la del teólogo francés Juan Calvino, quienes cuestionaron el relajamiento de las costumbres de la alta jerarquía católica latina del siglo XVI, que rayaban en el libertinaje.

Ambos se separaron del catolicismo para promover una visión religiosa puritana y rígida, acorde con la sensibilidad social del norte de Europa, caracterizada por la disciplina y la congruencia.

Por lo tanto, debmos entender que en el ámbito sajón y nórdico existen sociedades fuertes e individuos vulnerables y, en contraste, en el ámbito latino prevalecen individuos indomables que intentan imponer su voluntad personal por encima de los condicionamientos sociales y de las leyes, así como dominar a las instituciones.

Sin embargo, el precio que hay que pagar por esta riqueza emocional y por la libertad individual sin límites se traduce en sociedades débiles que son manejadas a su antojo por los individuos poderosos que se apropian del liderazgo social y político para servirse de él en su beneficio, estimulando la corrupción y generando inequidad e injusticia social. Líderes autocráticos que pretenden doblegar a las instituciones. Son las dos caras de una misma moneda.

La vida satisfactoria y rica emocionalmente —propia del mundo latino— genera indisciplina, derivada del individualismo.

El continuo filosofar respecto de la vida —tan característico de la idiosincrasia mexicana— implica el ejercicio de la dimensión. También la observación y el análisis estimulan la búsqueda de sentido o explicación a lo que sucede a nuestro rededor.

Por otra parte, sujetar nuestra conducta a los esquemas sociales, convencionalismos, normas, reglas y leyes involucra la dimensión moral, propia de sajones y nórdicos. El hombre bien integrado socialmente por lo general es un hombre ético.

## El mexicano y la dimensión funcional

La acción desde una perspectiva objetiva y escueta corresponde a la dimensión funcional. Una forma clara de entender por qué en la actualidad los sajones y los nórdicos son grandes potencias industriales y económicas, mientras los latinoamericanos —en particular los mexicanos— no hemos logrado despuntar en el mismo nivel. Descubrimos que este factor se origina en una mala interpretación de la productividad que genera riqueza, lo cual tiene un origen religioso.

Max Weber, filósofo alemán, en su libro *El capitalismo y la ética protestante*, publicado en 1905, afirma que la visión religiosa define el significado de la riqueza material y cómo ésta se justifica como resultado del "trabajo" honesto que recompensa el esfuerzo invertido.

En tanto que para los católicos la riqueza es un obstáculo para la salvación del alma, mensaje que queda muy claro con la frase atribuida a Jesús: "Es más fácil que pase un camello por el ojo de una aguja que un rico ingrese al reino de Dios" (Mateo 19:24), para los protestantes luterano-calvinistas la riqueza derivada del trabajo es legítima y limpia, pues el trabajo es el vehículo para llegar a Dios.

El hombre nació para ser productivo en la tierra que Dios nos dio y el trabajo es el vehículo de la productividad. En contraste, el trabajo para los católicos se vincula con la maldición de Dios sobre Adán y Eva al haber sido arrojados del paraíso por haberse dejado seducir por el demonio disfrazado de serpiente y al aceptar ella la manzana (Génesis 3,1-13; 22-24).

Es evidente que los pueblos que legitiman moralmente la riqueza generada por medio del trabajo son más productivos que quienes estigmatizan la riqueza y consideran denigrante el trabajo por ser un castigo de Dios.

Por eso los países nórdicos y sajones —donde predomina el luterano-calvinismo— son más productivos. Para administrar la riqueza y poner freno a la ambición que desemboca en el abuso de los poderosos en contra de los débiles estos países han creado todo un sistema de leyes y normas que se engloban en la dimensión moral.

En cambio, los latinos, católicos tradicionalistas —como somos los mexicanos—, estigmatizamos la riqueza y menospreciamos el trabajo. En contraposición, nos volvimos contemplativos y místicos —que es una actitud pasiva—, perteneciente al ámbito de la dimensión especulativa, en la cual el destino —como una fuerza intangible de origen divino— es determinante para conseguir lo que queremos.

Por eso, a través del individualismo mexicano le negamos a la sociedad el derecho de poner límites a nuestra conducta personal cuando ésta afecta a quienes nos rodean, lo cual significa restarle importancia a la dimensión moral.

Aunque también países como Japón y algunos del sudeste asiático se han convertido en grandes potencias económicas e industriales, debemos considerar que responden a orígenes culturales y sociales muy diferentes al mundo occidental, a los que pertenece México. Por eso no hemos considerado a esos países como una referencia en este esquema sociocultural que analizamos en este capítulo.

## INTERPRETACIÓN PRÁCTICA DE ESTE MODELO EN LA VIDA COTIDIANA

El mexicano es individualista e independiente. Generalmente crea sus propios parámetros de evaluación y, por lo tanto, se aleja de la dimensión moral. La flexibilidad de criterio propia del individualista es la negación de la ética y de los valores que se sustentan en las instituciones creadas por la sociedad.

En contraste, el hombre guiado por la moral acepta como suyas las reglas impuestas por la sociedad y el individualista crea sus propias reglas e intenta que los demás las acepten. El mexicano —por lo tanto—, al ser individualista, es flexible, alejado de la dimensión moral.

El hombre regido por la moral está condicionado para actuar en el espacio de libertad que le permiten las normas que le fija la sociedad, pues es consciente de que su propia adecuación y la de sus conciudadanos será un beneficio colectivo: "El bienestar de toda la sociedad repercute en mi bienestar individual".

Por lo tanto, quien se guía por las normas morales acepta ceder a la sociedad parte de su libertad de decisión para preservar un orden colectivo preestablecido, que, a su vez, lo protege de las ambiciones de los más fuertes y más poderosos que él.

En cambio, esta distancia que el mexicano fija respecto de la dimensión moral lo vuelve pragmático y objetivo, dispuesto a negociar todo desde el punto de vista de la rentabilidad y el beneficio.

Al hacer que los valores morales se ajusten a su conveniencia, se vuelve proclive a la corrupción; tanto a corromper como a ser corrompido.

En el ámbito político mexicano, la ausencia de ideales e ideologías es evidente en el ejercicio de la vida democrática. Las ideologías se sustentan en valores colectivos. En contraste, hoy observamos que los partidos políticos en México utilizan las ideologías simplemente como si fuesen una etiqueta que los diferencia de los demás con los que compite.

Por lo tanto, durante las campañas electorales el mexicano no se siente cercano a las propuestas de los candidatos. Por una parte, porque no cree en su sinceridad y ni siquiera considera que representen un compromiso. Por eso está dispuesto a negociar su voto a cambio de un beneficio específico para sí mismo o para su familia.

En las campañas políticas y electorales mexicanas, el tema de los recursos económicos se vuelve fundamental, pues permite obsequiar artículos que permitan comprometer el voto, e incluso pagar por él, no obstante que esto constituya un delito electoral.

La política se convierte así en un intercambio de favores porque la ideología no tiene un significado real para el mexicano y por eso éste no asume un compromiso con las ideas.

Este pragmatismo genera una actitud permisiva —moralmente relajada— que garantiza al prójimo el hecho de actuar de forma reprobable sin ser molestado, porque a su vez esto genera un compromiso de reciprocidad, disfrazado de una imagen pública de amplitud de criterio y respeto, cuando en realidad se trata de un intercambio de complicidades.

El "hacer y dejar hacer" es la esencia del equilibrio en la convivencia cotidiana en el seno de la sociedad mexicana.

## IMPACTO DE LA DIMENSIÓN MORAL
## EN LA IMPARTICIÓN DE JUSTICIA

El tema de la justicia es una herida siempre abierta.

Aunque existe un importante legado jurídico con base en leyes que siempre representan una referencia, generalmente la impartición de justicia no sigue el camino de los valores morales para inclinar la balanza a favor de quien lo merezca. Más bien representa una transacción en el más puro sentido de una subasta o, en el mejor de los casos, una negociación entre las partes en disputa que tiene como réferi a las autoridades para mediar entre los intereses de las partes en conflicto.

Desde una perspectiva jurídica el papel de las autoridades debiera ser privilegiar y proteger a quien le asista la razón. Sin embargo, en la vida cotidiana descubrimos que la intervención de la autoridad generalmente concluye en una negociación que favorece al más fuerte, o al que pueda generar más daño si no obtiene lo que pretende.

Cuando el conflicto se produce entre dos particulares, como sucede en los diferendos laborales entre un trabajador y su empresa, la autoridad no pretende favorecer a quien tiene la razón, sino que somete a las partes a una negociación de la cual se mantiene al margen y simplemente da fe de los resultados.

El mexicano no actúa guiado por valores morales, sino por intereses personales. Entender esto define la posibilidad de comprender la principal de sus motivaciones.

## IMPLICACIONES PRÁCTICAS EN LA VIDA LABORAL

El mexicano —ser individualista— actúa siempre desde la dimensión emocional. Todo lo hace a su modo, en forma autosuficiente. En su faceta productiva, en la búsqueda del mejoramiento de su calidad de vida. El mexicano actúa sin ajustarse a normas, guiándose creativamente por su finísima intuición.

En contraste, sajones y nórdicos trabajan ajustándose a los lineamientos que les marca la institución (o la empresa) para la que se trabaja, o a los esquemas grupalmente aceptados por la comunidad profesional en que se desenvuelven.

El soporte de motivos que tiene uno y otro es diferente.

El mexicano, cuando se siente motivado emocionalmente por su actividad productiva, es detallista, dedicado y creativo, porque está impregnando su sensibilidad en el reto que tiene por delante.

El compromiso de sacar adelante su cometido es consigo mismo. Cuando no logra involucrarse afectivamente con su actividad —principalmente si ésta se realiza simplemente por recibir una remuneración— se vuelve irresponsable... Asume la actitud clásica de "ahí se va", con lo cual aporta el mínimo suficiente de su atención y su empeño.

En contraposición, en el perfil de sociedad en la que el individuo es guiado por los principios morales, éste asume su responsabilidad laboral como la manifestación de un compromiso adquirido con esa sociedad, la cual está representada por su empleador. Por eso, su desempeño es disciplinado y, por lo tanto, programable.

En contraste, el individuo emocional —como es el mexicano— labora para procurarse satisfacción a sí mismo, y si no la encuentra, se desmotiva y no rinde lo que debe. Por eso su rendimiento se vuelve inestable. De este modo podemos concluir que la gran fortaleza y el compromiso que posee el mexicano cuando está motivado y se siente comprometido con un reto o un objetivo, constituyen su gran talento, que se puede capitalizar si se logra estimular su interés.

## EL MEXICANO Y LA INTUICIÓN

La dimensión funcional —dentro de la cual se realiza la faceta productiva de cualquier sociedad— puede ser enfocada desde dos perspectivas: la moral o la emocional.

Un ejemplo fácil para entender la diferencia es un equipo de futbol. Éste actúa de manera integrada como un solo jugador, con estrategias grupales, creando circunstancias favorables a su meta (meter más goles), mediante la fuerza que imprimen el grupo y su organización, o el equipo podrá desempeñarse como once individualidades en la cancha que portan el mismo uniforme, once oportunidades de gol, once individuos que tendrán que reaccionar intuitivamente ante las circunstancias y aprovecharlas, pero también once oportunidades de error.

En la primera opción deducimos que no puede haber trabajo de equipo sin integración y esto implica la aceptación de reglas y la planeación. Todos los jugadores tendrán que sacrificar su propio estilo personal a favor de alcanzar un desempeño grupal de alto rendimiento. Este tipo de juego encaja totalmente en la mentalidad guiada por valores morales.

Así observamos que, en el ámbito social de la vida cotidiana —en los países sajones—, por tener conciencia de grupo, los individuos sacrifican su individualidad y se ajustan a las reglas grupales. Esto implica, a su vez, que no sólo aceptan esas reglas, sino que hacen suyos esos objetivos trazados por la sociedad, las instituciones públicas, los partidos políticos, las empresas el grupo al que estén afiliados.

Lo anterior conlleva la necesidad de utilizar los métodos, los sistemas y la programación institucional, con el fin de que el individuo se integre al grupo.

Ambas perspectivas tienen aspectos favorables y puntos débiles.

La mejor alternativa para el mexicano de ningún modo será sacrificar su valiosa intuición, ni la autosuficiencia derivada de su individualismo. Más bien es necesario inyectar una buena dosis de disciplina a esa intuición, para que ésta fluya a voluntad del sujeto y no se asuma como producto de una inspiración caprichosa y errática, que se hace presente de modo inconsciente.

La entrega afectiva al trabajo —apoyada por la intuición y el individualismo— llevaría al mexicano al perfeccionismo y a la genialidad. El reto consiste en canalizarla y hacerla dominable a través de un proceso educativo.

De este modo podremos motivar al individuo para que ceda —cuando las circunstancias lo requieran— parte de su capacidad de decisión para integrarse al grupo, pues el beneficio grupal repercutirá en el individual.

La detección oportuna de las vocaciones también es importante para optimizar el desempeño de los recursos humanos.

El mexicano, cuando está ubicado en la actividad laboral que le permite autorrealizarse, es comprometido, brillante y eficiente.

El desempeño grupal en las comunidades sajonas garantiza seguridad y consistencia, lo que significa aumentar las posibilidades de éxito. No hay genialidades, pero tampoco se producen errores garrafales. Los errores individuales serán detectados a tiempo por el equipo, ya que cada uno de los jugadores se siente corresponsable por la actuación de sus compañeros.

En este esquema la disciplina es fundamental.

Seguramente ésta es la razón por la cual México siempre destaca en deportes individuales como box, taekwondo, nado, clavados, atletismo. Sin embargo, en los deportes de equipo es inconsistente.

El desempeño individual —característico de México— es inconsistente y difícil de planificar. Es de grandes contrastes, pues está influido por la dimensión emocional.

El juego del primer equipo —de características sajonas— será frío y racional, efectivo, pero sin emoción, carente de vida, mecanizado, como todo lo perfectamente programado.

El del segundo, será emocionante e intuitivo, pero riesgoso y desgastante.

Si la ofensiva del primero es prolongada y consistente y no se resquebraja, seguramente las once individualidades del segundo equipo se desgastarán porque falta la disciplina.

En el segundo equipo, mientras las cosas salgan bien, los jugadores se comportarán como once alegres compañeros de viaje... pero, ante el fracaso, se convertirán en feroces enemigos.

En nuestro país el éxito ajeno nunca es admirado, aunque es envidiado. Opera la máxima que dice: Nadie se suba al pedestal, ¡porque lo bajamos!

## LA PERSPECTIVA MORAL Y SU IMPACTO EN EL EJERCICIO DE LA AUTORIDAD

Mientras la autoridad no se justifique con principios morales, el mexicano no la aceptará por convicción, sino que la tolerará con resignación, buscando siempre la oportunidad de evadirla. Por eso, en México la aceptación de las normas generalmente se logra a través de la imposición —como resultado de un proceso de lucha desgastante y doloroso—, en que se genera una confrontación para medir fuerzas. Por eso de este proceso surgirán un vencedor y un vencido... un opresor y un oprimido.

Así constatamos que la dimensión moral rige y regula la integración del sujeto a la sociedad. En contraste, la dimensión emocional da vida a la actividad individualista.

## ANATOMÍA DE LA AUTORIDAD Y EL PODER

La autoridad se relaciona con la dimensión moral y sólo vive en ella. En contraste, el poder pertenece a la esfera de la dimensión emocional, pues está implícito en el ámbito de las ambiciones personales y la lucha individual por tener el control sobre los demás.

En esta búsqueda de la congruencia entre el ser y el deber ser, el mexicano vive la autoridad de modo emocional, ejerciéndola como si fuese poder. Intenta darle un sustento racional de legalidad, pero, en el fondo, imponiéndola según sus propios intereses.

En los países donde prevalece la cultura sustentada en valores morales, la autoridad se ejerce como una función reguladora para conciliar los intereses de los individuos hacia la consecución de un orden y unos objetivos comunes. Por lo tanto, quien ejerce la autoridad no puede disponer de ella más que para los fines para los que le fue conferida.

En cambio, en una sociedad regida por la fuerza emocional —que predispone al individualismo— el orden no se logra por acatamiento de normas y leyes, sino por la concertación derivada de una lucha de intereses que se da entre los individuos.

De ahí que las leyes en México generalmente sean interpretadas de manera flexible, con un amplio margen de decisión que tiene a su disposición quien debe hacerlas cumplir.

Este gran margen de decisión personal del que dispone un funcionario público para aplicar las leyes genera poder para él —porque es quien debe vigilar su cumplimiento—, ya sea un juez que debe sancionar los hechos, o un simple policía de calle que vigila el acatamiento de dichas leyes.

Una pareja que es sorprendida por un policía besándose en la boca está en las manos de éste, pues la interpretación de lo que son "actos deshonestos" es muy amplia. En ese momento, el policía se convierte en un ser poderoso que, según su criterio, puede detener a la pareja o dejarla en libertad. La autoridad sin límites genera poder.

Así es México —país de ricos matices y radicales contrastes—, lleno de vida, emoción y color... conformado por millones de individualidades, movilizado por las leyes de la naturaleza y por las leyes del azar que equilibran todo a nivel macro, pero desintegrado en lo específico por los intereses personales de sus pobladores, incapaces de ceder espacios personales en beneficio de la colectividad.

En cambio, la sociedad sajona, regida por valores morales, no sólo tiene leyes sino también normas no escritas que ajustan el detalle de la conducta. Para dar certeza a la ciudadanía, el gobierno de esos países conduce los asuntos públicos cumpliendo una función social.

El ámbito moral genera autoridad, mientras que el emocional ofrece poder. El ámbito emocional genera poder porque rinde culto a la individualidad y, por lo tanto, mitifica al líder y al poderoso.

En contraste, en el ámbito moral la autoridad tiene un límite. En el emocional, en cambio, no hay restricciones, pues la autoridad potenciada como poder convierte al individuo en un ser omnipotente.

El individuo —a través de su influencia frente a los demás— marca la dimensión de su poder. Por eso el poder es autocrático.

Por su parte, la autoridad generalmente está respaldada por una institución y quien la recibe la toma prestada y acotada para ejercerla con fines específicos. Una de las fuentes de poder es la organización, entendida como una institución.

La organización transmite a los individuos, que dependen de ella, parte de su influencia.

Para precisar aún más este punto podemos afirmar que la institución u organización delega autoridad y no poder. Es precisamente el individuo —cuando se extralimita en las atribuciones que le han sido delegadas por una institución— el que adquiere poder.

En el México moderno el poder proviene de una institución que delega autoridad —que luego se ejerce discrecionalmente— en beneficio personal de quien la recibe.

Así pues, el gobierno; las instituciones educativas, religiosas, sindicales y empresariales, y la familia, generan autoridad que sirve de punto de partida para establecer una influencia sustentada en la represión y el temor de los subordinados a recibir un castigo por desacato si no se someten.

El poder en México se sustenta en la represión y, por lo tanto, lleva implícita una agresión a los derechos humanos de los individuos sometidos a la voluntad del poderoso. La autoridad, en cambio, se sustenta en valores y principios que incuestionablemente tienen como fin el beneficio colectivo.

La justicia solamente se puede dar de forma auténtica en la dimensión moral. Para lograr conformar una sociedad justa y bien integrada, los mexicanos debemos fortalecer nuestra presencia en el ámbito moral, que es el que da sentido y significado a la aplicación de la justicia.

## LOS PAÍSES LATINOS ALTAMENTE DESARROLLADOS

¿Qué ha impulsado a los países latinos de Europa a desarrollarse social, industrial y económicamente y hacerse de un lugar entre las potencias globales? Ésta debe ser una pregunta obvia que tiene una razón práctica.

Por una parte, podríamos acreditar que la cercanía y el intercambio comercial, económico y migratorio —propiciado por los medios de comunicación y por las facilidades de transporte que ha generado la globalización— ha propiciado que los países latinos sean influidos culturalmente por el resto de las naciones con raíces sajonas y nórdicas y eso los ha impulsado a desarrollarse en las dimensiones ética y funcional.

De este modo, Francia, Italia y España tienen un modelo de estructura social equitativa que les permite obtener mejores índices de desarrollo. Sus niveles de pobreza son bajos, la clase media es muy fuerte y con un alto estándar de calidad de vida, y la certeza jurídica es incuestionable.

La integración de la Comunidad Europea, a la cual pertenecen estos tres países, ha agilizado el fenómeno de transculturización y la formación de valores éticos que se manifiestan en la dimensión moral y en el Estado de derecho.

También debemos considerar que la democracia ha empujado a la sociedad a crear estructuras punitivas para la aplicación de las leyes, lo que moldeó la percepción y los valores del individuo, quien terminó aceptando la necesidad de validar las normas impuestas por la sociedad.

Las ambiciones son una tendencia humana que nos impulsa a perseguir el beneficio personal. Sin embargo, en esos países la conformación de una estructura jurídica que está sustentada en el Estado de derecho desestimula y neutraliza la corrupción. La autoridad moral, a su vez, es la esencia del sistema jurídico.

Para lograr este objetivo se requirió, por una parte, la voluntad política de las estructuras gubernamentales, así como la aprobación consensuada de los ciudadanos y de la sociedad en general.

## IMPLICACIONES COTIDIANAS

¿Qué nos puede enseñar este modelo, conformado por las cuatro dimensiones, para entender el presente y el futuro de la sociedad mexicana?

Primero, debemos entender que México se encuentra inmerso en el fenómeno de la globalización, y esta comunidad global —caracterizada por ser de "puertas abiertas"— exige a nuestro país congruencia en el ámbito moral, en el que ha sido cuestionado.

En la dimensión moral se engloba la problemática de la impartición de justicia, la delincuencia y la corrupción. Tortura y respeto a los derechos humanos forman parte del ámbito de la impartición de justicia.

De una insuficiente alineación entre la idiosincrasia mexicana y la dimensión moral se deriva también un grave deterioro en la aplicación de la justicia, que tiene un gran impacto en el alto nivel de impunidad.

La aplicación de las leyes en México está sustentada en una visión funcional y pragmática, muy alejada del ámbito moral. Nuestras leyes representan la legitimización de un modelo de impartición de justicia sustentado en la práctica del poder, ejercido por el más fuerte.

El principio universal de la impartición de justicia —desde el ámbito moral— se debe sustentar en el hecho de otorgar la razón a quien le corresponde legítimamente. Por lo tanto, el Estado se debe poner a favor de quien moralmente le corresponde ser beneficiado por ella.

En contraste, en México se ha privilegiado la negociación como una forma de resolver diferencias e impartir justicia. Esta visión estimula la impunidad, pues siempre el más fuerte logrará inclinar la balanza de la justicia a su favor, utilizando quizá recursos no éticos para conseguirlo.

La impunidad que se deriva de librar la acción de la justicia estimula en quien cometió el acto delictivo la expectativa de que puede repetir la conducta con plena conciencia de que no habrá consecuencias punitivas en su contra. El Estado mexicano, al actuar en este sentido, esquiva su responsabilidad, lo cual es una falla moral que estimula el delito.

La necesaria obligatoriedad de que una víctima demande la existencia de un delito y exija justicia, y sólo a partir de ese momento empiece a moverse la maquinaria jurídica y se finquen responsabilidades al presunto culpable —aunque el delito sea evidente— es otra práctica del Estado mexicano para evadir sus compromisos.

Esquivar la responsabilidad de perseguir de oficio el delito también es otra causa del alto nivel de impunidad en la impartición de justicia. La simple evidencia de que existe un delito —si no va acompañada de una acusación directa de las víctimas o de quien haya sido afectado— estimula y justifica que las autoridades no intervengan.

Poner a negociar a una víctima con su agresor, o sustentar la responsabilidad de un delincuente en la acusación directa, aunque el delito esté perfectamente configurado, significa que el Estado mexicano evade su responsabilidad de impartir justicia, poniéndose al margen y trasladando esa responsabilidad a la víctima, quien podría estar en posición vulnerable y de riesgo frente a su agresor.

Respecto de la pregunta: ¿los mexicanos podemos cambiar nuestra conducta?, efectivamente tiene una respuesta.

El mexicano, apenas cruza la frontera norte, se acopla a los valores de la sociedad estadounidense y respeta leyes y reglas, asumiendo ese nuevo rol de conducta. Por eso es obvio que las personas asumimos roles según las circunstancias.

En caso inverso, los extranjeros que llegan a México a hacer negocios relajan su contexto moral, se adecuan al modelo de usos y costumbres de nuestra sociedad, y actúan igual que los mexicanos, incluso modificando su percepción original de la corrupción.

Entonces podríamos preguntarnos: ¿nuestra predisposición a la corrupción está predeterminada? Un análisis simple nos lleva a considerar que no, pues las ambiciones constituyen una debilidad propia de la condición humana, y cuando se produce una relajación moral, como cuando se obtiene un poder ilimitado, las personas cambian su conducta y sus valores. Esto sucede incluso en sociedades más evolucionadas y éticas que nuestro país. Por eso la corrupción se puede presentar en cualquier país del mundo, principalmente en los niveles más altos del poder político, donde se supone hay impunidad.

Silvio Berlusconi, quien fue presidente del Consejo de Ministros de la República Italiana —el cargo político más alto en el país, abajo del presidente de la república— terminó en la cárcel en 2013 por cometer fraude fiscal.

A su vez, el caso de Iñaki Urdangarin, yerno de quien era rey de España, Juan Carlos de Borbón, y cuñado del actual rey Felipe VI, por ser esposo de la infanta Cristina de Borbón, hija y hermana de ambos monarcas, dañó la imagen de la Casa Real.

En 2011 Urdangarin fue involucrado en un caso de corrupción a través de la fundación Nóos, que él presidía, por lo que en la actualidad cumple una condena en una cárcel española.

Algunos políticos estadounidenses —como el gobernador de Illinois, Rod Blagojevich— son un ejemplo de que la corrupción puede darse en cualquier país si las condiciones lo permiten. Este hombre fue obligado a dejar el cargo en 2009 y sentenciado a 14 años de prisión por intentar vender la senaduría de ese estado que dejó vacante el presidente Barack Obama.

Sin embargo, su predecesor como gobernador de Illinois, George Ryan, también fue enviado a prisión, con una condena de seis años, por corrupción, aunque fue liberado en 2015.

El gobernador de Nueva York, Elliot Spitzer, fue obligado a renunciar por un escándalo que involucraba a una prostituta, lo cual se convirtió en un caso vinculado con los valores morales.

Estos ejemplos muestran que cuando las personas sienten que están por encima de las leyes, cambia su conducta y aprovechan las oportunidades que se les presentan. El refrán "Con el arca abierta hasta el más justo peca" define con claridad esta conducta popular vinculada con la corrupción, que no tiene fronteras.

Sólo cuando el Estado crea un sistema blindado contra la corrupción y los excesos de poder prevalece el orden. Una ojeada al mundo contemporáneo nos demuestra que la corrupción no es exclusiva de nuestra idiosincrasia, como siempre hemos creído los mexicanos. Sin embargo, la respuesta de las instituciones gubernamentales de los países donde ocurrieron los casos de corrupción mencionados antes confirma que es la fortaleza institucional y el respeto a la autonomía de las instituciones judiciales, lo que garantiza el marco ético del Estado de derecho de esos países que permite el control y el freno de la corrupción.

Otro mito socialmente aceptado —como si fuese un dogma religioso— es que la corrupción sólo se combate en países altamente evolucionados e industrializados, ubicados en Norteamérica y en Europa y que Latinoamérica es tierra fértil para la corrupción y la impunidad. Sin embargo, los hechos demuestran lo contrario.

En 2015 el presidente de Guatemala, Otto Pérez Molina, y la vicepresidenta de ese país, Roxana Baldetti, cuando estaban en funciones, fueron acusados de corrupción, retirados del cargo y sujetos a la justicia.

En la República de El Salvador han sido juzgados tres ex presidentes también por corrupción: en 2016 Mauricio Funes enfrentó a la justicia, después de Francisco Flores, quien murió durante el arresto domiciliario del proceso judicial. Elías Antonio Saca también fue cuestionado jurídicamente.

Estos ejemplos no cosntituyen casos aislados, pues se suman a lo que ha sucedido en Brasil, donde personajes muy cercanos a la presidenta Dilma Rousseff han sido llevados a juicio por corrupción, relacionada con contratos otorgados por la empresa petrolera nacional Petrobras.

En Brasil, el ex presidente Michel Temer, quien gobernó hasta 2018, fue arrestado por corrupción, así como el ex presidente más popular de ese país, Luiz Inácio Lula Da Silva, quien fue condenado a 12 años de prisión, también por corrupción.

Además, el mandatario de Brasil, Fernando Collor de Mello, fue presionado para que renunciara al cargo en 1992, acusado de corrupción, y en 2015 —cuando era senador de la república— también enfrentó a la justicia por corrupción junto con otros altos funcionarios.

Igual ha ocurrido en Argentina con funcionarios del gabinete de la presidenta Cristina Fernández, e incluso en Chile, donde el hijo de la presidenta Bachelet, Sebastián Dávalos, fue acusado de "tráfico de influencias y uso de información privilegiada" en negocios inmobiliarios de su esposa, mientras su madre presidía el gobierno chileno.

Por lo tanto, la corrupción no es una condicionante determinada por la idiosincrasia mexicana, sino por la estructura gubernamental que tiene vicios de origen, y no ha habido voluntad política para combatirla a fondo sin excusas ni pretextos.

El escándalo Odebrecht sorprendió a toda Latinoamérica.

En Perú, el ex presidente Alan García se suicidó cuando iba a ser detenido. Éste no es el único personaje peruano a quien se le sigue proceso por estas acusaciones de soborno, ya que los ex presidentes Ollanta Humala y Pedro Pablo Kuczynski, quien gobernó Perú hasta 2018, han estado en la cárcel. Alejandro Toledo también ha sido denunciado.

A su vez, el ex presidente de ese país, Alberto Fujimori, cumple una condena de 25 años de prisión por crímenes de lesa humanidad y por corrupción.

## CONCLUSIONES

La transculturización derivada del fenómeno de la globalización debe influir positivamente en la asimilación de valores morales y, de ese modo, afectar positivamente la conducta de la sociedad mexicana, hasta integrar a México en la comunidad globalizada, lo cual podrá suceder dentro de pocas generaciones.

Esto significará que, por el efecto de la globalización y de la presión de la comunidad internacional, México asimilará paulatinamente valores de las dimensiones moral y funcional, hasta alcanzar, en algunos años, un grado de madurez social que supondrá que la justicia sea una realidad cotidiana.

Este fenómeno de transculturización que está influyendo a todos los países, dentro de algunas generaciones estimulará a la mayor parte del mundo, para evolucionar hacia el equilibrio perfecto entre las cuatro dimensiones: especulativa, emocional, moral y funcional.

# Atributos de la mexicanidad y su origen

BLOQUE II

Atributos de la mexicanidad
y su origen

# LA MEXICANIDAD

L**A MEXICANIDAD** parece estar sustentada en seis pilares que apuntalan su identidad:

1. El lenguaje sustentado en códigos locales, como vehículo de integración social.
2. El ejercicio de la autoridad y el poder y su impacto en el modo en que se ejerce el liderazgo social.
3. La intuición y no el raciocinio como eje de conocimiento y vinculación con el mundo que nos rodea.
4. La desconfianza crónica y su impacto en el ánimo social.
5. La visión religiosa y su impacto en el ámbito moral y los valores que rigen la conducta social.
6. La familia como estructura básica de la sociedad.

Estos seis pilares —apuntalando la estructura de códigos culturales que determinan la mecánica que rige la conducta social desde el inconsciente colectivo— son fundamentales para entender la idiosincrasia mexicana.

A partir de esta estructura de análisis desarrollaremos las reflexiones que nos permitirán comprender la mexicanidad y sus retos.

Sin embargo, es muy importante destacar que, en el mundo de hoy, en el cual la globalización ha generado intercambios culturales y una tendencia hacia la conformación de una cultura global —homogénea— en México ha surgido un fenómeno particular.

Las clases alta y media alta, que son una minoría en nuestra estructura social —de tipo piramidal, como es la sociedad mexicana—, están totalmente alineadas y estandarizadas con las clases medias y alta de los países más desarrollados del mundo, compartiendo valores, hábitos y estilo de vida, y por lo tanto, estos segmentos de población pudieran no verse reflejados de modo contundente en las descripciones que se hacen aquí.

Sin embargo, nuestras clases alta y media alta urbana están totalmente distanciadas de las clases media baja y baja, como si estos dos bloques poblacionales perteneciesen a países y culturas diferentes.

La clase baja de México actualmente representa 52% de la población y está fielmente representada en las descripciones antropológicas y culturales que se ofrecen aquí, lo mismo que la clase media baja, conformada por 15% de la población, lo que nos da una suma de 67% del total de la población mexicana. Por lo tanto, esta última cifra muestra el peso de la descripción representada en este análisis psicosocial.

# CAPÍTULO IV

# ORIGEN: ENCADENADOS AL PASADO

## MITOS Y LEYENDAS:
## LA LEYENDA NEGRA ESPAÑOLA

A LA VINCULACIÓN con nuestro pasado remoto, principalmente el que se refiere al periodo durante el cual fuimos parte de la Colonia española, se le adjudican todos nuestros traumas y complejos. Este pasado forma parte de la denominada "leyenda negra española", creada por los enemigos de esa nación ibérica.

Durante los siglos XVI y XVII, cuando España era la más importante potencia política y comercial de Occidente, sus enemigos naturales, Francia e Inglaterra, construyeron una narrativa que culpaba a aquel país de abusos y crueldad en contra de los habitantes de sus colonias.

Sin embargo —concediendo como muy probable que en la práctica cotidiana sí se produjeran abusos por parte de los colonizadores ibéricos—, no se puede atribuir a la Corona española que hubiese instrumentado una política de Estado represiva y los abusos fueran legales, como en contraste sí ocurrió en lo que hoy es territorio de Estados Unidos por parte de los primeros colonizadores ingleses, durante los inicios de la colonización del Oeste.

La población sajona que se lanzó a colonizar la costa oeste de ese país fue apoyada por el ejército para despojar a las tribus indígenas de su territorio, lo cual sucedió en pleno siglo XIX, cuando Estados Unidos ya era una nación independiente de Inglaterra.

De este modo se realizó el robo de tierras en contra de la población indígena, para que tomaran posesión de ellas los nuevos colonizadores, de origen europeo.

En contraste, la actitud del gobierno español quedó manifestada en un conjunto de normas jurídicas y reglas de aplicación obligatoria que se fueron instituyendo a lo largo de los siglos XV y XVI, las cuales terminaron integradas en lo que se denominó "Leyes de Indias", editadas en 1680.

La primera muestra de esta visión de la justicia española quedó asentada en 1495, a partir de la llegada a Sevilla de un buque con 500 esclavos indígenas provenientes de la isla La Española enviados por Cristóbal Colón, quien en ese momento era gobernador y virrey del territorio conocido como las Indias Occidentales.

La reina Isabel La Católica —su patrocinadora— reprobó este hecho y devolvió a estos indígenas a sus lugares de origen antes de que fueran vendidos por Colón y sus hermanos en un mercado de esclavos. Además, declaró que todos los habitantes de los nuevos territorios bajo dominio español eran personas libres y prohibió tajantemente la esclavitud de los nuevos vasallos de la Corona española.

Los mismos reyes católicos, Isabel y Fernando, protectores de Colón, terminaron reprobando la conducta del almirante, quien no sólo fue destituido sino también apresado para ser enjuiciado en España por malos tratos a los pobladores originarios de los nuevos territorios.

La reina Isabel determinó que la propiedad de las tierras seguiría siendo de los indígenas que las poblaban antes de la llegada de los españoles. Hernán Cortés, después de la derrota del imperio mexica, entregó a los pueblos originarios la propiedad de sus tierras para que sus comunidades las administrasen según sus usos y costumbres.

En 1542 Carlos I —conocido también como Carlos V de Alemania— abolió oficialmente la esclavitud para los indígenas y creó las "leyes nuevas", cuyo objetivo era proteger los derechos de los pueblos originarios.

En 1549 prohibió el trabajo forzado y legisló para que fuera voluntario y para que los indígenas que laborasen tuvieran derecho a un salario, que su jornada laboral no excediera de ocho horas diarias, así como para que el descanso dominical fuera obligatorio

El primer tomo de las Leyes de Indias es la recopilación de las Leyes de Burgos y de las Leyes Nuevas que otorgaban derechos a los indígenas y protección frente a algunos abusos que, en la práctica, se estaban cometiendo en su contra. El libro seis de las Leyes de Indias está dedicado completamente a los derechos de la población indígena. Aunque fray Bartolomé de las Casas denunció públicamente y ante la Corona española los tratos inequitativos contra la población indígena, debemos reconocer que se refiere a abusos de encomenderos realizados al margen de la ley, de la misma forma que hoy en día, en pleno siglo XXI, aún hay mexicanos que no respetan los derechos de sus trabajadores, ignorando la legislación laboral mexicana, que es de aplicación obligatoria y contiene sanciones para los patrones infractores. Por lo tanto, no se puede acusar al Estado mexicano de los abusos laborales, sino directamente a las personas que infringen la ley.

La legislación española durante la Colonia siempre asumió un espíritu humanista, de protección a los pueblos originarios y a sus derechos.

## AFERRADOS AL PASADO

Por lo anterior podemos afirmar que cuando calificamos a México como un país aferrado al pasado, nos referimos a nuestra tendencia a reaccionar de manera estereotipada, apelando a valores enraizados en nuestra historia.

Hay sectores de la sociedad mexicana que por su desarrollo académico muestran apertura al cambio e independencia de criterio, flexibilidad y hasta cierta actitud innovadora. Sin embargo, la mente colectiva de los mexicanos aún nos lleva a interpretar nuestra realidad de modo tradicional. Si nos remitimos a la simple observación, concluiremos que somos un pueblo orientado al pasado, aunque nos esforcemos por proclamar nuestra modernidad.

Limitémonos por ahora a encontrar tendencias.

Por coincidencia, los países orientados al futuro son aquellos que no tienen tradiciones profundas, como sucede con esas familias que surgieron de quién sabe dónde —sin conciencia de sus orígenes—, que terminan siendo esforzados, ambiciosos y no reparan en medios para lograr sus objetivos y actuando así llegan a la cima del éxito monetario y social.

Para ejemplificar esta situación podríamos mencionar a Estados Unidos, Canadá, Brasil, Argentina, Australia, Nueva Zelanda y Sudáfrica, por mencionar a algunos países.

Podemos deducir que en estos países, al momento del contacto entre los pueblos originarios y sus colonizadores, no había una cultura aborigen rica social, cultural o económicamente.

La estructura fundamental de esas naciones recae en inmigrantes que un día llegaron cargados de ilusiones y ambiciones, quizá porque no tenían otra alternativa mejor en sus países de origen. En esos casos la estructura social parte de cero. No hay pasado que preservar en la memoria colectiva y todo el futuro está por delante. Como ejemplo podemos citar a ciudades como Brasilia, que parten de un proyecto iniciado donde no existía nada y todo se construyó de modo planificado.

En contraste, podemos citar a las ciudades antiguas, donde el crecimiento se produce añadiendo parches a la estructura central, como si fuese un pulpo al que le crecen nuevos tentáculos. En el centro calles estrechas, originalmente planeadas para transitar a pie o a caballo, donde los automovilistas de hoy se sienten como intrusos.

Por su parte, países como México, Perú, Japón, Egipto, la India y toda Europa arrastran una rica herencia que deben cuidar.

El continente americano transitó por una transculturización radical a partir de la llegada de los europeos, pues la civilización importada era radicalmente diferente a la local u originaria. Fue diferente en cultura, religión, filosofía de la vida, hábitos y costumbres, alimentación y hasta en el perfil étnico.

La naciente España descubrió América mientras buscaba nuevas rutas para llegar a Oriente y establecer vínculos comerciales. La incipiente España aún no estaba totalmente libre de los efectos de una tiranía de más de siete siglos, como fue la árabe.

Una cultura rica que es sojuzgada y hasta evangelizada deja huella de esa transculturización forzada.

## LA COLONIZACIÓN

A los colonizadores de América podemos dividirlos principalmente en dos grandes grupos: sajones e ibéricos.

En los sajones incluimos únicamente a los ingleses, y en los ibéricos a españoles y portugueses. Como grupos independientes y minoritarios debiésemos considerar a los franceses y a los holandeses que dominaron algunos territorios.

Los franceses, no obstante que dominaron parte de Canadá y de la costa atlántica de Estados Unidos, ya no eran fuertes políticamente, sobre todo en el siglo XIX, cuando se produjo la mayor parte de la colonización del interior de Canadá. Su mayor influencia en las zonas dominadas fue de tipo cultural. La muestra es que actualmente Canadá es miembro del Reino Unido.

Los holandeses —fuera del pequeño territorio de la Guyana, en Sudamérica, y Curazao— no tuvieron mayor trascendencia, pues abandonaron la pequeña zona de Brasil que tenían dominada.

Los ingleses y sus descendientes norteamericanos aniquilaron a las tribus indígenas y las que sobrevivieron fueron confinadas en reservaciones, que casi eran campos de concentración. Los indígenas norteamericanos fueron tratados como rehenes de guerra. En cambio, españoles y portugueses convivieron con los pueblos originarios y formaron familias con la gente local, con lo cual dieron origen al mestizaje (el mestizaje es parte del conflicto latente en la conciencia colectiva del mexicano). Sin embargo, las familias que surgieron de la fusión étnica crearon lazos fuertes.

Como ejemplo tomemos la historia de Gonzalo Guerrero, explorador y soldado español que, junto con Jerónimo de Aguilar, naufragó en 1511 frente a las costas de Yucatán. Ambos fueron hechos prisioneros y esclavizados por los mayas. Como ya se mencionó antes, Gonzalo Guerrero se casó con la hija del cacique maya, con quien tuvo tres hijos, hecho que simboliza el nacimiento de la primera familia mestiza. Por lo tanto, a este hombre simbólicamente se le considera el padre del mestizaje.

Sin embargo, la vinculación del mexicano con la raíz indígena presumiblemente se origina en un mecanismo psicológico de defensa, que debió darse entre los primeros mestizos, mediante la revaloración de la única parte de su origen reconocida por la comunidad en que vivían.

Esta revalorización de la grandeza cultural precolombina creó un modo de ser caracterizado por la nostalgia de tiempos gloriosos. A través de las generaciones quizá se formó esa actitud de arraigo en el pasado, el cual dio como resultado un tradicionalismo acendrado, que aún rige el presente.

No es lo mismo tener conciencia de origen —lo cual no es más que un proceso informativo— que vivir en el pasado, indiferente al futuro.

Hoy, que la globalización está generando un fenómeno de contracultura, este factor se vuelve importante para entender el México contemporáneo del siglo XXI.

La globalización está integrando a los países en los aspectos económicos, comerciales y políticos, pero está generando la sensación de desarraigo por el hecho de integrarnos en un mundo sin fronteras que no es el nuestro.

Es tan vasto el mundo en que hoy vivimos que nos sentimos perdidos en él. Esto, a su vez, propicia el surgimiento de un fenómeno contracultural de compensación que estimula el rescate de la identidad cultural propia de nuestro país y de nuestras raíces, para darnos un lugar de origen y de pertenencia. Este fenómeno global se repite por todo el mundo, tanto en América como en Europa y Oriente. Se fortalece el orgullo de pertenencia y el reconocimiento de las tradiciones, de la cultura propia y de los símbolos de identidad, como el rescate gastronómico, la historia y todo lo que hoy se comparte.

En este contexto, los mexicanos estamos rescatando el orgullo por nuestro pasado precolombino y revalorando tradiciones populares, platillos típicos, nuestros productos y nuestras marcas tradicionales y todo aquello que nos infunde orgullo.

De forma similar ocurre en países de fuerte cultura y larga tradición, como el mundo musulmán, que hoy se ha empeñado en romper los lazos afectivos que tejió con Occidente en las décadas previas al inicio de la globalización.

Hasta finales del siglo xx la aristocracia del mundo musulmán se mostró fascinada con la vida occidental. Los gobernantes y la oligarquía enviaban a sus hijos a estudiar a Oxford, Cambridge, Yale y la Sorbona, sólo por citar algunas de las más prestigiadas universidades del mundo. Estos aristócratas dominaban los idiomas inglés y francés y se casaban con muejers europeas. Sin embargo, ellos hoy entran en conflicto con el mundo que antes idealizaron.

## LA EVANGELIZACIÓN

La evangelización es uno de los factores más cuestionados por los detractores de la presencia española en nuestro territorio. Se acusa a los misioneros de haberse apoyado en la represión religiosa para llevar a cabo la evangelización apoyada por las autoridades españolas. Y se utiliza como símbolo de esa represión a la Santa Inquisición.

Sin embargo, con base en estudios del Instituto Nacional de Antropología e Historia, a partir de una exhaustiva investigación sobre el papel que tuvo el Tribunal del Santo Oficio en la Nueva España, la historiadora Consuelo Maquívar derribó algunos mitos que han rodeado a esa institución religiosa, entre ellos, la percepción de que envió al patíbulo a cientos de personas, cuando en realidad, según consta en expedientes del Archivo General de la Nación en México, sólo fueron ajusticiados 43 individuos durante los tres siglos que duró la Colonia. El periodo de vigencia de la Inquisición en nuestro territorio abarcó de 1571 a 1820.

Por lo tanto, el símbolo de la represión religiosa no tuvo la representatividad numérica que generara una presión psicológica sobre la población originaria de nuestro territorio. En contraste, el rey Carlos I de España —más conocido en México como Carlos V de Alemania—, preocupado por la faceta ética de la misión evangelizadora, en 1540 encomendó a los juristas de la Universidad de

Salamanca que hicieran un dictamen para determinar si era moralmente aceptable —desde la perspectiva jurídica— imponer la religión católica a las comunidades indígenas de América.

Los académicos que recibieron la encomienda concluyeron que debía respetarse la libertad de conciencia y ,por lo tanto, que la religión católica no debía imponerse por la fuerza, sino a través de la persuasión que genera el convencimiento. En consecuencia, la aceptación de la nueva fe debía derivarse de la voluntad del converso. A partir de lo anterior, el rey Carlos I produjo legislación que prohibía la violencia por motivos religiosos.

## EL IMPACTO DE LA GLOBALIZACIÓN

En la actualidad observamos que los conflictos que se producen en este mundo globalizado tienen que ver más con aspectos de rivalidad cultural y religiosa que con argumentos ideológicos, como ocurrió en la posguerra, cuando inició la "guerra fría", al final de la Segunda Guerra Mundial.

La guerra fría comenzó después de 1945, cuando los aliados —que es el nombre que durante la Segunda Guerra Mundial tuvo la alianza entre Inglaterra, Francia, la Unión de Repúblicas Socialistas Soviéticas (URSS) y Estados Unidos—, al final de la conflagración bélica, se distanciaron.

Los antiguos aliados se alinearon en dos bandos antagónicos: uno formado por Estados Unidos, Inglaterra y Francia, más otros países que simpatizaban con ellos, los cuales crearon el bloque capitalista, y otro formado por el bloque socialista, integrado por la URSS y otros países de la Europa oriental.

La guerra fría representó un conflicto latente que tuvo razones ideológicas. Cuando la URSS se desintegró, en diciembre de 1991, también concluyó la guerra fría, que fue un periodo de tensión que nunca llegó a la agresión física.

En cambio, hoy, en plena globalización —que supuestamente representa la integración mundial—, estamos presenciando el resurgimiento de los fundamentalismos de tipo religioso y de rivalidades sustentadas en diferencias étnicas. Atestiguamos cómo reviven usos y costumbres que parecían olvidadas.

La desoccidentalización del Islam está en marcha.

Samuel Huntington, en su libro *The Clash of Civilizations* nos alerta del choque de civilizaciones que cada vez es más evidente.

Hoy el mundo islámico y el occidental cada vez destacan más sus diferencias culturales, religiosas y étnicas y se distancian en conflictos que nos alertan del peligro de eventuales choques bélicos.

Para los mexicanos, la tendencia a la revalorización de nuestras raíces indígenas significa el orgullo de pertenecer a una cultura precolombina.

## EL INDIGENISMO COMO POLÍTICA PÚBLICA

El indigenismo se ha convertido en un estereotipo que nos recuerda nuestras raíces. Sin embargo, hoy es más una bandera que enarbolan los intelectuales incrustados en el aparato gubernamental que una preocupación de la ciudadanía.

Sin medir consecuencias se ha pretendido dignificar a los grupos étnicos de México restituyéndoles un modelo de gobierno de "usos y costumbres", que en esencia es autoritario.

El indigenismo estimulado desde la infraestructura gubernamental —con visión retórica— apela al respeto a las tradiciones. Sin embargo, desde el punto de vista práctico, condena a las minorías étnicas al retraso y a la marginación cultural, social y económica y, sin pretenderlo, favorece a los caciques que, amparados por la "patente de corso" que significa el indigenismo, les permite sojuzgar a los individuos vulnerables de su comunidad con el respaldo de la infraestructura gubernamental que transfiere su autoridad jurídica al modelo de "usos y costumbres".

El modelo indigenista de usos y costumbres pretende preservar un modelo de vida y de gobierno que representa un alto costo para esas comunidades. El objetivo del discurso oficialista es conservar la riqueza cultural de los pueblos indígenas, impidiendo que los miembros de esas comunidades se integren por voluntad propia al México progresista, lo cual les permitiría acceder a modelos de calidad de vida caracterizados por el confort, el desarrollo económico y la salud.

El indigenismo solapado desde las instituciones gubernamentales fomenta la pobreza y discrimina a los grupos étnicos, apartándolos del resto de la sociedad mexicana.

# CAPÍTULO V

# FUSIÓN
# DE CIVILIZACIONES

## 500 AÑOS DE IDENTIDAD

**M**ÉXICO NACIÓ de la fusión de dos civilizaciones, acontecimiento que simbólicamente inició hace poco más de quinientos años.

El centro del complejo de inferioridad del mexicano se deriva principalmente de un conflicto existencial, de disgusto consigo mismo.

Por una parte, de modo racional existe orgullo por pertenecer a una cultura precolombina altamente desarrollada, pero al llevar el asunto al ámbito étnico resurgen los conflictos aún no digeridos en el inconsciente colectivo.

Conviene recordar que partimos de la base de que la mexicanidad está representada simbólicamente por el mestizaje.

La pureza étnica —tanto indígena como europea— en nuestro país representa una minoría. De ahí que el mexicano no se siente indígena ni europeo.

Al indígena puro lo menosprecia como grupo étnico inferior, como pueblo vencido. Por el europeo siente una mezcla de rencor-respeto, pues representa al intruso que cambió el orden del mundo cotidiano. Desde esta perspectiva, surge con fuerza inusitada uno de los aspectos centrales del conflicto de identidad.

## HERNÁN CORTÉS

Entender el significado de la caída de Tenochtitlan en 1521 es fundamental para darle sentido a la historia de nuestro país.

La historia comienza a partir de la fundación del ayuntamiento de la Villa Rica de la Vera Cruz, encabezado por el alcalde Alonso Hernández Portocarrero y el vicealcalde Francisco de Montejo. Esta comuna otorgó a Hernán Cortés el grado de capitán general y justicia mayor, lo cual le confirió la autoridad para encabezar la marcha hacia el altiplano. Las habilidades políticas de este hombre fueron decisivas para tramar alianzas con las tribus que se rebelaron contra el imperio azteca.

De este modo, Cortés logró conformar una coalición de guerreros proveniente de Cempoala, Tlaxcala y Cholula, además de otros pueblos que a lo largo del camino se les sumaron y que fueron capaces de enfrentar y vencer a un ejército conformado por más de 100 000 experimentados guerreros aztecas.

Sin embargo, la narrativa de la historia oficialista confiere a Cortés el éxito total de la conquista sobre el imperio mexica, sin considerar que éste llegó a las costas de nuestro territorio años atrás sólo con 500 soldados españoles que lo acompañaron en la expedición iniciada desde Cuba, más 15 cañones y 16 caballos.

Lo justo es replantear si la caída de Tenochtitlan fue una victoria militar española —como asegura la cultura popular— o una insurrección indígena realizada por vasallos del imperio mexica —instigada por Hernán Cortés— para que los pueblos indígenas sojuzgados se liberasen del yugo azteca.

Es importante entender este proceso —al que comúnmente denominamos conquista— como un movimiento político liderado por Cortés, pero consolidado por las tribus enemigas del imperio azteca, las cuales, en agosto de 1521, lograron una victoria militar sobre Tenochtitlan.

Si se reconociera esta interpretación de uno de los acontecimientos históricos de mayor simbolismo para los mexicanos, nos permitiría eliminar el doloroso significado de una derrota nacional a manos de una potencia extranjera. En su lugar, deberíamos darle el sentido de una revuelta en el interior del mundo indígena, lo cual está más cerca de la realidad. Tan mexicanos eran los pueblos sublevados como los aztecas.

De este modo —a partir de esta interpretación— nos liberaríamos de un doloroso estigma y estaríamos preparados para conmemorar la fusión de dos civilizaciones, lo cual simboliza el nacimiento de nuestra nación.

## EL MATRIARCADO

Si nos ubicamos en la mentalidad prevaleciente en los primeros años del colonialismo español en América, tendremos que reconocer que aquélla era una época bárbara y sanguinaria.

Mientras los sajones exterminaron a las tribus originarias de lo que hoy es el territorio de Estados Unidos, los españoles convivieron con los nativos del lugar y se mezclaron con ellos.

Debemos entender que, después de haber convivido varios siglos con los moros que dominaron todos los reinos de la península Ibérica —quienes también eran morenos debido a su origen africano—, para los españoles el aspecto étnico no fue un obstáculo en su coexistencia con los pueblos originarios de nuestro territorio.

Sin embargo, con el tiempo se produjeron nuevas formas de relación familiar y la imagen de un padre distante y poderoso propició entre los mexicanos la mezcla de sentimientos encontrados —odio-respeto— en relación con la figura paterna.

El fuerte instinto maternal de la mujer mexicana —que es protectora por naturaleza— tiende a crear una familia alrededor de la figura femenina, quien asume las funciones de madre y padre y da lugar al sistema matriarcal.

El proceso evolutivo del niño criado en esas condiciones va desde la admiración total, absoluta e irrestricta por la madre, hasta el resentimiento hacia el padre ausente.

En su etapa adulta el varón asume que —sin perder el amor por su madre—muy en el fondo admira la soberbia de su padre, aunque continúe reprochándole su olvido. Además, intenta emularlo en su desparpajo para seducir mujeres. De esta actitud se deriva el machismo y la paternidad irresponsable, que va de generación en generación hasta llegar en nuestros días al grave problema de la violencia de género y la discriminación de la mujer.

Este conflicto de no aceptación de nuestro origen puede considerarse como básico para entender el rechazo de sí mismo, que conlleva el complejo de inferioridad aún prevaleciente en la actualidad en la conciencia colectiva de muchos grupos de la sociedad mexicana.

## LA TRANSCULTURIZACIÓN

La fusión de dos civilizaciones, la indígena y la europea, supuso la creación de un nuevo orden social y cultural.

Llegar a una tierra semipoblada —o poblada por salvajes— nunca había sido problema para ningún conquistador en ninguna parte del mundo, pues privaban las reglas de la guerra: muerte o cautiverio para el vencido.

Sin embargo, en nuestro caso específico, los españoles optaron por su única alternativa: la coexistencia, y propiciaron una nueva idiosincrasia: compartieron religión y cultura.

Sin pretender abundar en el papel que desempeñó la religión católica en la colonización, en este capítulo hablaremos del cambio de estructuras sociales.

Es innegable que el imperio azteca, al que consideramos el eje de este análisis cultural, era un avanzado sistema social, tan estructurado como el europeo en la misma época del encuentro entre ambos mundos.

Lo anterior implicaba que no se partía de cero. No nació una nueva cultura, sino que se fusionaron ambas, aunque esta vinculación estuvo cargada de manera predominante hacia la civilización occidental. Sin embargo, el espíritu y los valores de las culturas indígenas no desaparecieron, sino que se preservaron con todo y sus tradiciones, lo cual es un legado que ha llegado hasta nuestros días.

Hablar de una civilización, como la de los pueblos originarios de nuestro territorio, implica destacar un legado de valores sociales, idiosincrasia, concepción teológica, reglas morales, filosofía de la vida, sensibilidad para la creación artística, tradiciones, estereotipos, prejuicios... En fin, todo un conjunto de factores psicosociales que influyen en el modo de ser del individuo.

Es innegable la existencia de frailes que, por méritos propios e individuales, pueden ser considerados "santos varones" que predicaron la religión de Cristo con un alto espíritu humanista y solidario y dedicaron su vida a la educación de indígenas y mestizos.

Sin embargo, la explosiva fusión dio como resultado que se reforzara en el indígena su deseo de preservar sus tradiciones religiosas mientras simultáneamente convivía con las cristianas, creando un fenómeno psicosocial denominado "sincretismo religioso".

En nuestro país este proceso conocido como "evangelización" concluyó en la asimilación de la fe católica, pero mezclada con manifestaciones culturales locales que dieron origen a tradiciones y rituales que aún sobreviven hasta nuestros días.

Es lógico pensar que con el paso de las generaciones se perdió el origen de la relación paganismo-catolicismo, pero de ahí surgió un nebuloso y epidérmico concepto de religiosidad. Sus manifestaciones aún subsisten en los rituales de infinidad de pueblos diseminados en todo el país.

Por eso aún hoy sobrevive el México mágico y pagano que ahora se viste de modernidad.

# CAPÍTULO VI

# ÁNGELES Y DEMONIOS: EL ORIGEN DEL CONFLICTO

## ¿CONQUISTA O REBELIÓN INDÍGENA?

L A PERCEPCIÓN de que el gran imperio mexica fue doblegado y conquistado por las armas de los invasores españoles, es una herida que sangra al primer raspón. Esta idea de la gran derrota parece ser el símbolo de nuestro conflicto emocional respecto de nuestra historia.

¿En qué momento se tergiversó la historia para adjudicar la victoria de la toma de la Gran Tenochtitlan a un puñado de casi 800 soldados, con unos cuantos caballos y unos pocos cañones?

Esta fue la interpretación histórica simplista que nació en la era posrevolucionaria.

Era imposible que una ciudad magnífica —como era la capital del imperio mexica—, protegida por más de 100 000 guerreros aztecas, se doblegase ante un número tan pequeño de soldados, ni aunque hubiera de por medio la profecía de la llegada de los hombres blancos y barbados, que seguramente sólo era conocida por la élite ilustrada de la clase gobernante y no por los guerreros aztecas. Por lo tanto, es necesario identificar la dimensión y la significación de este acontecimiento esencial, simbolizado en la fecha del 13 de agosto de 1521.

## EL FIN DEL IMPERIO AZTECA

Para entender este hecho, simbolizado en la capitulación de Tenochtitlan, tenemos que esbozar el contexto real, extraído de fuentes como las denominadas "cartas de relación" que Hernán Cortés dirigió al emperador Carlos I de España, quien, a su vez, era el rey Carlos V de Alemania. En esas cartas Cortés realiza la crónica detallada de su expedición en nuestro territorio, desde sus inicios hasta su consolidación como posesión de la Corona española, y, por supuesto, narra el asedio y la captura de esta gran metrópoli.

Además, lo descrito en las "cartas de relación" de Hernán Cortés se complementa con la crónica atribuida a Bernal Díaz del Castillo, quien participó como miembro de la expedición. Del Castillo redactó la *Historia verdadera de la conquista de la Nueva España* más de 50 años después, la cual concluyó en 1575, cuando ya era un anciano.

Es importante destacar varios hechos.

Inicialmente Cortés llegó a las costas de la que sería la Villa Rica de la Vera Cruz con 500 hombres y fundó el cabildo de esa ciudad. Este hecho fundacional tuvo el objetivo de deshacerse de la subordinación que le debía a su socio Diego Velásquez, gobernador de la isla de Cuba.

En realidad, el viaje de Cortés era una expedición con objetivos comerciales, financiado entre ambos. Compraron las naves, las avituallaron y contrataron a quienes se embarcaron con Cortés. Por lo tanto, era un viaje de exploración con fines económicos y no una invasión militar sobre un territorio que desconocían.

No obstante, al llegar a las costas de lo que hoy es Veracruz y recibir a los enviados de Moctezuma —quienes, con regalos valiosos, pretendieron convencerlos de retirarse—, se despertó la curiosidad de Cortés por conocer la capital del imperio.

La interacción con las etnias autóctonas de esa región totonaca le permitió descubrir el contexto político de conflicto entre los pueblos sojuzgados y un imperio poderoso que cobraba tributo con extrema rudeza y crueldad, lo que le ofreció la oportunidad de capitalizar a su favor esas rivalidades.

Sin embargo, para modificar sus planes y encabezar la rebelión necesitaba desembarazarse de su socio incómodo Diego Velázquez.

Por eso, para evitar una insubordinación por parte de la gente leal a su socio, Cortés ordenó desmantelar las naves para que nadie pudiera desertar y huir.

La historia oficial creó la leyenda de que las naves fueron quemadas. Sin embargo, está documentado que las encalló para que no pudieran zarpar. Tiempo después, cuando construían en Tlaxcala los 13 bergantines que utilizarían para el ataque por agua sobre Tenochtitlan, mandó buscar los herrajes y los aparejos de las naves abandonadas, que fueron muy útiles en esa nueva meta.

De este modo, una expedición inicialmente comercial se replanteó frente a las oportunidades recientemente descubiertas y adquirió un significado histórico, que 500 años después sigue requiriendo mejores interpretaciones.

## EL ORIGEN

Durante su estancia en la recién fundada Villa Rica de la Vera Cruz y su acercamiento con Xicomecóatl, quien fue conocido con el sobrenombre de Cacique Gordo de Cempoala, el cronista Bernal Díaz del Castillo describe que Cortés descubrió el resentimiento de este pueblo totonaca en contra de los mexicas.

Los aztecas exigían como tributo bienes y productos, así como la entrega de jóvenes para ser sacrificados en Tenochtitlan, en honor a sus dioses.

Mientras eran sus huéspedes, Cortés fue testigo de la llegada de cinco cobradores de tributo, quienes trataron con prepotencia al cacique Xicomecóatl. Cortés, para congraciarse con sus anfitriones, apresó a estos enviados, aunque luego los liberó, no sin antes prometer al cacique que protegería a su pueblo de la furia azteca.

Por eso Cortés, quien tenía estudios de jurisprudencia, buscó el modo de desvincularse del gobernador de Cuba para convertir su expedición, inicialmente comercial, en un nuevo proyecto de carácter político. La creación de un nuevo ayuntamiento, acto protocolario realizado el 22 de abril de 1519, representó esa oportunidad de replantear su posición frente a la Corona española, pues el cabildo encabezado por el recién nombrado alcalde Francisco Hernández Portocarrero lo nombró capitán general y justicia mayor.

De este modo, Hernán Cortés partió hacia la gran metrópoli mexica con un contingente compuesto por 500 soldados de infantería, 15 caballos, 200 cargadores y 1 000 guerreros totonacas, además de guerreros pertenecientes a tribus que se sumarían a lo largo del camino.

## TLAXCALA

El 02 de septiembre de 1519, al llegar el contingente liderado por Cortés a Tlaxcala, se libró la primera batalla contra un gran ejército conformado por los caciques locales, quienes decidieron frenarlos. Cuando entraron en acción los cañones, los mosquetes y la caballería, los tlaxcaltecas huyeron despavoridos.

Tres días después, el 5 de septiembre, los tlaxcaltecas volvieron a atacar a los invasores, pero los bravos guerreros huyeron de nueva cuenta después de este intento.

Cuenta la tradición que los tlaxcaltecas, al pretender identificar de una vez por todas si los extranjeros eran dioses, decidieron secuestrar a un soldado español y a su caballo para asesinarlos.

Después de ver morir de manera separada al jinete y a su caballo abrieron los cadáveres de ambos y llegaron a la conclusión de que si habían muerto entonces no eran dioses y, además, no constituían una unidad, sino que se trataba de dos seres diferentes. En consecuencia, conscientes de que los españoles eran humanos, dedujeron que podrían hacer una alianza con ellos en igualdad de condiciones.

De este modo Xicoténcatl, el más respetado de los cuatro caciques tlaxcaltecas, visitó a Cortés, le ofreció disculpas por los ataques y le propuso una alianza para acabar con el imperio azteca. Para sellar su alianza, varios señores poderosos entregaron a sus hijas en matrimonio a oficiales de Cortés. Entre ellos, el capitán Pedro de Alvarado desposó a una de ellas, a la que bautizó y llamó doña Luisa, con la cual tuvo un hijo y una hija.

Esto refleja el modo en que México se forjó como una nación.

Culturalmente cosntituyó la fusión de dos civilizaciones, la europea y la indígena, pero, más importante aún, el nacimiento de una nueva fusión étnica que creó una identidad a partir del mestizaje.

Precisamente en Tlaxcala empezó a consolidarse la estrategia que derrotaría al imperio mexica, pues con la ayuda de los tlaxcaltecas se construyeron 13 bergantines, un tipo de embarcaciones marítimas muy ágiles de dos velas, ideales para realizar un ataque por agua sobre Tenochtitlan. La gran metrópoli, construida como una isla en el centro del lago de Texcoco, se conectaba con tierra firme a través de tres calzadas: la de Tacuba al poniente, la de Tepeyac al norte y la de Iztapalapa hacia el sur.

El ejército tlaxcalteca transportó, a través de las montañas, estas naves que sirvieron para atacar la ciudad deseada.

## CHOLULA

De caamino a Tenochtitlan, al pasar por Cholula, Cortés y sus aliados fueron abordados por los caciques del lugar, quienes se presentaron como amigos y les ofrecieron hospedaje en el poblado. Sin embargo, habían actuado por instrucciones del emperador Moctezuma con la encomienda de esperar a la noche para exterminarlos sorpresivamente. Mientras los españoles se encontraban en Cholula, los tlaxcaltecas permanecieron en el exterior, protegiéndolos.

Malintzin, o Malinche, descubrió el complot y lo exhibió ante Cortés, quien ordenó una matanza que acabó con la vida de 5 000 o quizá 6 000 guerreros cholultecas.

Derrotados, los caciques de este lugar decidieron rendirse y establecer una alianza con Cortés para sacudirse a los aztecas.

## EL ASEDIO A LA GRAN TENOCHTITLAN

Durante 75 días la Gran Tenochtitlan permaneció sitiada por los aliados de Cortés, un ejército conformado quizá por 136 000 guerreros indígenas, que se enfrentaron a un número similar de guerreros mexicas, o sea, aztecas.

Sin embargo, Cortés debió regresar a las costas de la Villa Rica de la Vera Cruz con un contingente de gente leal para combatir a Pánfilo de Narváez, quien había sido enviado por el gobernador de Cuba, Diego Velázquez, para apresarlo y llevarlo con el objetivo de que fuera juzgado. Para su fortuna, muchos oficiales que acompañaban a Narváez eran viejos amigos.

Cortés derrotó a Narváez y convenció a los sobrevivientes de que se sumaran al ataque contra la Gran Tenochtitlan, con lo cual pudo sustituir a los soldados que había perdido en los enfrentamientos con pueblos indígenas ocurridos en su camino y por el impacto de las enfermedades originarias de aquel territorio desconocido.

De ese modo logró conformar un grupo de casi 800 soldados españoles, que de todos modos eran insuficientes para conquistar la gran capital mexica.

Los testimonios de la época consignan que por cada español los aliados indígenas de Cortés habían aportado entre 100 y 200 guerreros. Por lo tanto, es creíble la cifra que consigna Cortés en las "cartas de relación", de 136 000 guerreros aliados que enfrentaron a los mexicas.

Estos guerreros tenían la responsabilidad de realizar las primeras cargas durante las batallas, edificaron fortificaciones, se hicieron cargo de los prisioneros y cubrieron las retiradas de los españoles en sus derrotas. Por los tanto, esos pueblos originarios llevaban el peso de la confrontación militar.

A su vez, los exploradores indígenas buscaban caminos confiables y sabían evitar rutas peligrosas que podrían facilitar las emboscadas. Además, se encargaban de proveer alimento y refugio en los pueblos que visitaban.

Una estrategia decisiva de Cortés para derrotar al imperio mexica fue cortar el suministro de agua. Para lograrlo envió un contingente para que inhabilitara la fuente que desde Chapultepec abastecía a la ciudad de Temixtitán, que era el nombre original de la capital mexica y como Cortés denominaba a esta metrópoli.

Para conseguir su propósito, sus enviados quebraron los caños, que eran de madera, cal y canto.

El nombre de Temixtitán quedó asentado en las "cartas de relación" que Cortés enviaba al rey de España.

## EL EJÉRCITO QUE DERROTÓ AL IMPERIO MEXICA

Es muy importante discernir la conformación numérica de ese ejército que derrotó al gran imperio azteca para definir si fue una invasión extranjera o una insurrección indígena.

En la tercera "carta de relación" que Cortés envió al rey, el conquistador describe la conformación del contingente español.

Antes del ataque final sobre Tenochtitlan, Cortés envió tres contingentes para controlar las tres calzadas que unían a esta capital con tierra firme. La forma en que describe la conformación de cada uno de los contingentes nos permite deducir el tamaño de todo el ejército español. Veamos la descripción.

A Pedro de Alvarado le asignó la calzada de Tacuba y así describe sus instrucciones: "Y de la una guarnición hice capitán a Pedro de Alvarado y dile treinta de caballo y dieciocho ballesteros y escopeteros, ciento y cincuenta peones de espada y rodela y más de veinticinco mil hombres de guerra de los Tlascaltecal..."

Para cerrar la calzada ubicada en Coyoacán nombró como comandante en jefe a Cristóbal de Olid, apoyado por el siguiente personal: "De la otra guarnición hice capitán a Cristóbal de Olid, al cual di treinta y tres de caballo y dieciocho ballesteros y escopeteros y ciento y sesenta peones de espada y rodela y más de veinte mil hombres de guerra de nuestros amigos".

Para controlar la calzada de Iztapalapa: "De la otra, tercera guarnición, hice capitán a Gonzalo de Sandoval, alguacil mayor y dile veinticuatro de caballo y cincuenta peones de espada y rodela —los cincuenta de ellos mancebos escogidos que yo traía en mi compañía— y toda la gente de Guaxocingo, Chururtecal y Calco, que había más de treinta mil hombres".

Además, Cortés asignó 300 españoles para tripular los 13 bergantines que fueron construidos en Tlaxcala y que permitirían, por única vez, realizar una batalla naval en el Lago de Texcoco.

La suma de las cifras anteriores nos indica que para defender Tacuba asignó 198 españoles, 211 para Coyoacán y sólo 74 para Iztapalapa, lo cual da un total de 483 hispanos. A esta cifra añadimos los 300 que participaron en el ataque naval y la suma nos da 783 efectivos, más los que pudieron haber estado cerca de él al ingresar a la capital, que pudieron ser no más de 100.

¿Habrán sido 850 españoles los que participaron en el asalto a Tenochtitlan?

Sin embargo, el propio Cortés asignó 75 000 guerreros indígenas para resguardar las tres calzadas, bajo la responsabilidad de sus tres allegados.

Por lo anterior, podemos suponer que, si como lo consigna Cortés, tuvo el apoyo de un total de 136 000 guerreros indígenas, en el asalto final a Tenochtitlan participaron 61 000 guerreros aliados.

Una epopeya como la derrota del imperio mexica, protagonizada por 136 000 guerreros de etnias enemigas de los aztecas, quienes pretendían librarse del yugo de este pueblo guerrero, más, quizá, 850 soldados españoles en busca de fortuna, ¿cómo debemos considerarla? ¿Una insurrección indígena en contra del pueblo opresor o una conquista realizada por un ejército extranjero?, que es el modo como siempre la ha interpretado la historia oficialista mexicana.

Tan mexicanos son los descendientes de los 136 000 guerreros que se aliaron con Cortés para derrotar a los aztecas, como los descendientes de los mexicas que fueron derrotados.

Además, es importante preguntarnos: ¿por qué después de la caída de Tenochtitlan los caciques que habrían aportado los 136 000 guerreros no se voltearon en contra de los 850 soldados españoles que constituían el ejército de Cortés y tomaron el control político del recién derrotado imperio mexica? De haberlo hecho, habrían masacrado a Cortés con toda su gente, muy fácilmente. ¿Qué vieron en Cortés los caciques victoriosos que, en lugar de deshacerse de él, lo respetaron como su líder militar y político?

Los tiempos posteriores a la caída de Tenochtitlan se caracterizaron por el respeto mutuo entre Cortés y sus aliados indígenas.

Cortés promovió las encomiendas como un sistema de autogobierno propio de las comunidades indígenas y siempre abogó por ellos ante la Corona española. Incluso, decidió que sus restos mortales fuesen sepultados en nuestro territorio.

## EL SIGNIFICADO

Suponer que el imperio azteca era un pueblo integrado étnica y culturalmente, homogéneo y con identidad de nación, como la que hoy tenemos los mexicanos, es totalmente falso.

La identidad mexica, o azteca, no es capaz de representar a la totalidad de lo que hoy es el territorio que conforma México.

Los pueblos originarios que encontró Hernán Cortés desde su llegada a las costas de nuestro territorio nacional eran de diverso origen étnico, cultural e idioma, pero tenían en común que estaban sojuzgados por el imperio azteca.

Los totonacas, los tlaxcaltecas y, en general, todas las etnias que habitaban cada región, poseían su propia cultura e identidad y veían a los aztecas como enemigos a los que debían pagar tributo.

Por lo tanto, la derrota de los aztecas y la caída de la Gran Tenochtitlan fueron infligidas por una coalición de pueblos originarios de nuestro territorio que pretendían liberarse del dominio mexica y que habían negociado con Hernán Cortés para que fuese él quien encabezara este ejército conformado en su gran mayoría por bravos guerreros indígenas y un puñado de españoles.

En consecuencia, ¿qué tan significativo en el ámbito emocional colectivo puede ser reconocer que quien venció a ese gran ejército azteca fue una coalición indígena, compuesta por pueblos originarios de nuestro territorio?

Ésta era una coalición de pueblos sojuzgados, cansados de pagar tributo en alimentos, e incluso con personas, a ese gran imperio que tenía por sede la Gran Tenochtitlan. El papel que desempeñó Hernán Cortés en este significativo acontecimiento histórico fue el de un líder que logró conciliar e integrar a los pueblos sojuzgados para que juntos buscaran liberarse de la tiranía mexica.

A 500 años de distancia debemos reconocer que, con mentalidad actual, tan mexicanos son los aztecas como los tlaxcaltecas, los

totonacas, los cholultecas y, en general, todos los pueblos sublevados. Por lo tanto, lo que sucedió fue una insurrección de pueblos
originarios.

Los aztecas eran un pueblo guerrero que había construido un
gran imperio, sojuzgando a sus vecinos y, por supuesto, ganándose
su animadversión. Recordemos que, además, eran muy crueles con
los vencidos.

Los españoles, en menor número, se ganaron la confianza incondicional de los pueblos rivales al imperio, quienes vieron en su
alianza con los españoles la oportunidad de reivindicarse a través de
la venganza. Sin la fortaleza de los pueblos sojuzgados hubiera sido
imposible que los españoles llegasen simplemente a las puertas de la
Gran Tenochtitlan.

Evidentemente, Cortés y su gente perseguían sus intereses
personales.

Por lo tanto, debemos reconocer dos momentos históricos, li-
gados, pero que no son lo mismo. Primero, el acontecimiento militar
que concluyó en la derrota de la Gran Tenochtitlan, y segundo, la
gestión política de Hernán Cortés, quien negoció el control de los
territorios liberados.

Los caciques reconocieron el liderazgo de Cortés y su poder
de convocatoria, dejando en sus manos el establecimiento del nuevo
orden, con lo cual le facilitaron la subordinación del territorio a la
Corona española. Lo que ocurrió después fue un avasallamiento cultural pacífico, a través de educación y evangelización.

Debemos reconocer que la llegada de los españoles con el fin
de asentarse en nuestro territorio y colonizarlo, beneficiándose de
la riqueza que encontraron, fue el origen de esta fusión que hoy es
México.

Para entender el gran significado de la caída de Tenochtitlan,
que marca el nacimiento de nuestra nación, es preciso reconocer que:

- Era imposible que Hernán Cortés hubiese logrado derrotar al ejército mexica, que era la base del imperio azteca, y
  tomar control de una ciudad de más de 100 000 o 250 000
  habitantes, sólo con 850 soldados y algunos caballos.

- Si no hubiera sido por el ejército indígena, compuesto por totonacas, tlaxcaltecas, cholultecas, además de guerreros provenientes de otros pueblos, que veían en Cortés al líder que derrotaría a los aztecas y los liberaría de su yugo, no se hubiese podido aniquilar al imperio mexica.
- Por tanto, es necesario replantear al proceso al que se denomina "conquista". La derrota del imperio azteca se debe interpretar como una sublevación de los pueblos indígenas en contra de un imperio poderoso.
- Debemos comprender que, neutralizando el estigma de la derrota a manos del ejército español, se eliminaría una huella dolorosa para la autoestima del mexicano y se eliminaría el concepto "derrota crónica", a la cual se le adjudican importantes efectos de nuestra idiosincrasia.
- El papel ejercido por el pequeño ejército español deberá ser reconocido como el liderazgo político que entretejió las alianzas entre diversos pueblos indígenas.
- Hernán Cortés, además de haber sido un brillante militar, fue un gran político, conocedor de las motivaciones emocionales de los pueblos y quien logró integrar a ese poderoso ejército.

## IRONÍAS

Por ironía del destino, la invasión española en nuestro país tuvo similitud con la conquista árabe de España.

En el año 709 de nuestra era, el conde Julián, gobernador de Ceuta, entregó sus dominios a los moros y los ayudó a invadir la península ibérica en represalia de que el rey visigodo don Rodrigo había violado a su hija, Florinda la Cava.

Ésta había sido enviada a la corte, ubicada en la ciudad de Toledo, para ser educada según las costumbres de la nobleza. Seguramente don Julián también consideró que era un buen lugar para que ella encontrara marido, lo cual le permitiría emparentarse con otros nobles.

El rey visigodo don Rodrigo estaba enfermo de sarna y a Florinda se le encomendó atenderlo y quedó a su servicio, como se acostumbraba en esa época con las hijas de los nobles.

Don Rodrigo se prendó de ella y, dominado por sus instintos, abusó de la joven.

Ella avisó a su padre de lo ocurrido y éste fue a Toledo a retirar a su hija de la corte, sin externar el sentimiento de venganza que lo dominaba. Don Rodrigo no desconfió y devolvió a Florinda con su padre para que regresara a Ceuta con su familia.

Don Julián, a su regreso a Ceuta, planeó su venganza y realizó una alianza con Musa ibn Nusair para invadir la península ibérica.

Además, los árabes también tuvieron la ayuda de los hijos de Vitiza, a quienes don Rodrigo había usurpado el trono a la muerte de su padre, el rey.

De este modo, al igual que Cortés tuvo la ayuda de totonacas, zempoaltecas, tlaxcaltecas y cholultecas, entre otros, los moros lograron conquistar la península ibérica apoyados por nativos de las tierras que pretendían invadir.

## ¿QUIÉNES ERAN LOS COLONIZADORES?

El descubrimiento de América se produjo el mismo año de la reconquista de España, cuando los Reyes Católicos hicieron capitular al último bastión árabe: la ciudad de Granada.

Durante casi ocho siglos, cada uno de los reinos independientes que ocupaban la península ibérica estuvo bajo dominio árabe. Casi 800 años de lucha interna dieron como resultado un pueblo guerrero de soldados que estaban acostumbrados a vencer o morir, pues los árabes invadieron la península bérica en el año 711 y en el 718 el héroe don Pelayo y su ejército iniciaron lo que se conoció como la Reconquista de España, al vencer a los árabes en la célebre batalla de Covadonga, Asturias.

Precisamente poco tiempo antes del descubrimiento de América, los Reyes Católicos, Fernando e Isabel, habían logrado unificar los reinos independientes y constituir un solo país.

Integrar a pueblos tan diferentes entre sí debe haber constituido una odisea. Eran pueblos de distinto origen étnico y cultural, poseedores, cada uno, de su propio idioma y de sus tradiciones. Aún en nuestros días cada provincia de España conserva resquicios de su propia individualidad.

Para entender a la España de inicios del siglo xvi debemos reconocer la existencia de una idiosincrasia guerrera, de gente orgullosa de sus logros. Eran los primeros años de un país joven y libre después de siglos de opresión. Añadamos a este análisis la descripción de los colonizadores.

## PERFIL DE LOS COLONIZADORES

Los colonizadores fueron aventureros, gente dura que no tenía otra opción que emigrar; miembros de la nobleza baja, con títulos nobiliarios, pero sin fortuna.

Carmen Martínez Martínez, autora del libro *Veracruz 1519: los hombres de Cortés*, publicado en España por la editorial de la Universidad de León, en 2013, exhibe un documento que comprueba que 350 de los 500 hombres que originalmente acompañaron a Cortés en su odisea sabían leer y escribir, y, por lo tanto, firmaron como testigos de la constitución del cabildo de la Villa Rica de la Vera Cruz.

Esta circunstancia define su perfil de hombres educados según las condiciones sociales de la época. Sin embargo, eran buscadores de fortuna, pero no delincuentes ni gente marginada de la sociedad, como generalmente se dice.

¿Quiénes podrían enlistarse para correr riesgos desconocidos, cruzando un mar ingobernable?... No cualquiera.

Debían ser hombres dispuestos a matar o a morir, pues si hubiesen sido derrotados seguramente habrían sido sacrificados.

De por sí, el carácter español es de grandes contrastes. El suyo es un país de grandes místicos y pecadores. De artistas de delicada sensibilidad y de individualidades inflexibles; unos ciudadanos de refinada cultura y otros de limitada visión; agudos filósofos que conviven con materialistas ambiciosos; humanistas dispuestos a servir y crueles guerreros. Pero, ante todo, hombres de un carácter fuerte que nunca se dan por vencidos.

Con todo lo que podamos decir de los españoles, los otros pueblos europeos no hubieran hecho nada diferente. Ingleses, franceses y holandeses también partieron hacia América con espadas y cañones en busca de su parte del botín.

La gran diferencia fue que mientras los ingleses asesinaron a los indios que se interponían en su camino, los españoles convivieron con los pueblos originarios e, incluso, crearon un grupo étnico: el mestizo, símbolo de la mexicanidad.

Los árabes no deben haber sido más complacientes con los iberos que lo que los españoles fueron con los indígenas. Los mismos aztecas fueron muy duros y crueles con los pueblos sojuzgados. La historia consigna las guerras floridas, que se llevaban a cabo con el único fin de capturar víctimas para sacrificarlas en honor del dios Huitzilopochtli.

Las guerras son crueles, aún en nuestros días, y cinco siglos atrás no podrían haber sido benignas. Podríamos concluir que si bien deben haber existido abusos y excesos por parte de particulares españoles, éstos se produjeron al margen de la ley, pues la política de Estado de la Corona española siempre privilegió la protección del indígena, lo cual está documentado en los libros de historia.

Sin embargo, las huellas de la época colonial aún están presentes en el México moderno, del siglo XXI, como una úlcera que sangra con cualquier pretexto.

El México de hoy tiene urgencia de sanar la herida que envenena nuestra idiosincrasia por medio de graves complejos y resentimientos. Sin embargo, esto no implica sugerir que se olvide el pasado, sino sólo que se reinterprete con visión constructiva.

## LA MEMORIA HISTÓRICA

El impacto del pasado ha quedado plasmado en la "memoria histórica" de nuestro país y tuvo su más importante manifestación en la visión de tres ilustres mexicanos: Carlos María Bustamante, Lucas Alamán y José Vasconcelos.

En el México independiente de la segunda mitad del siglo XIX hubo dos visiones encontradas: la de Lucas Alamán, quien buscó la reconciliación desde la perspectiva de las aportaciones hispánicas, y la de Carlos María Bustamante, que tuvo una perspectiva indigenista.

Lucas Alamán fue historiador, escritor y político vinculado al partido conservador, lo cual le ha valido el escarnio en nuestra historia. En contraste, Carlos María Bustamante, oaxaqueño de nacimiento, abogado, historiador y periodista, aportó la visión indigenista respecto de la Colonia española, con resabios de reproches y resentimientos, lo cual es entendible por parte de alguien que apoyó la guerra de independencia.

Por su parte, José Vasconcelos, oaxaqueño, creador de la visión de la "raza cósmica" y de la obra *Ulises criollo*, aportó una perspectiva de reconciliación mediante la cual valoraró la fusión de las civilizaciones y la riqueza que ésta representó para el México de hoy.

# CAPÍTULO VII

# LAS TRAMPAS DEL LENGUAJE Y EL SURREALISMO LINGÜÍSTICO

UN AMIGO CUENTA que quienes hoy son sus suegros, de nacionalidad cubana, al poco tiempo de haberse ido a radicar en México quedaron de verse con unos amigos recientes. Con la pretensión de integrarse a su nuevo país de residencia, pretendían socializar.

Al despedirse durante un encuentro fortuito acordaron verse nuevamente para cenar en fecha próxima, fijándose con precisión día y horario.

Al definir el lugar de la cita, la pareja mexicana tomó la iniciativa y propuso: "Los esperaremos a cenar en su casa", lo cual fue tomado con reservas por la familia cubana, quienes interpretaron como falta de delicadeza el acuerdo, pero suponiendo que se debía a "usos y costumbres", aceptaron de buena gana y con entusiasmo esa oportunidad de consolidar una nueva amistad.

Llegado el día los cubanos se prepararon para recibir a sus nuevos amigos y a la hora acordada éstos no se presentaron. Suponiendo un retraso y la fama de impuntualidad que identifica a los mexicanos, decidieron esperar pacientemente, hasta que dos horas después la otra familia llamó por teléfono para saber si había sucedido un imprevisto.

Sólo hasta esa conversación los cubanos descubrieron que habían interpretado erróneamente el lugar del encuentro y que sus anfitriones mexicanos los estaban esperando en su propio domicilio pues el manejo lingüístico hacía referencia a una habitual costumbre mexicana de demostrar hospitalidad.

Es frecuente que, al llevar el auto a un taller mecánico o eléctrico, quien recibe nuestro vehículo, al preguntársele por la fecha de entrega, nos responda: "Llámeme el jueves para ver si ya está listo". En esa respuesta los mexicanos sabemos que no hay un compromiso de entrega.

Más bien de modo ambiguo el mecánico nos dijo lo que nosotros deseábamos escuchar, no obstante que él sepa que en esa fecha no estará listo y nosotros, en el fondo, también intuimos que no será así.

Cuando recibimos una invitación para asistir a una boda todos sabemos que el horario en que se llevará a cabo la ceremonia religiosa no es el que se nos indica, sino 30 minutos más tarde. Quien fijó la hora también sabe que nadie la asumirá como un compromiso y todos llegarán 30 minutos después.

El lenguaje generalmente no refleja con precisión nuestras intenciones ni nuestras actitudes y por eso no nos remite a un compromiso asumido con responsabilidad. El lenguaje desempeña un papel fundamental en la vida del mexicano. Es el eje de la cohesión social entre los mexicanos y responde a los códigos culturales que dan vida al inconsciente colectivo.

La falta de compromiso del mexicano con su palabra es sintomática. Los mexicanos no damos importancia a lo que decimos y somos capaces de ignorarlo o de desdecirnos sin ningún remordimiento. Para el mexicano la palabra no tiene connotaciones morales ni éticas, sino simplemente funcionales.

Otras culturas respetan los compromisos que se derivan de lo que se dice. En contraste, el mexicano no lo considera relevante y siente que no lo compromete, pero tampoco quien escucha considera que lo dicho genera compromisos. Los estudios y sondeos de opinión pueden fallar en México porque la gente da respuestas manipuladas.

## EL PAÍS DE LAS INTENCIONES

Nada proporciona más significado a la conducta del mexicano que las "intenciones". Los resultados pasan a segundo plano frente a las intenciones que motivan la conducta. Aun el fracaso y la falta de resultados se justifican con "echarle ganas".

La vida cotidiana del mexicano transcurre encajada en una dualidad: hacer su voluntad, pero sin reconocerlo ante los demás y escudándose siempre en su intención de hacer lo correcto y culpando al destino porque se interpuso.

Hay una tendencia humana a realizar lo que dicta la voluntad y conjuntamente reivindicar el derecho a hacerlo. Sin embargo, para la mayoría de las culturas extranjeras la palabra es el recurso que sella compromisos.

En contraste, los mexicanos, debido a una malformación cultural, estamos condicionados a ser dependientes del entorno y de quienes nos rodean... pero sólo en apariencia.

Decir "yo quiero" —destacando la primera persona— es considerado un acto de soberbia y por eso nos escudamos en la colectividad y decimos "nosotros quisiéramos... ". El uso del plural nos protege del "qué dirán".

Aun la palabra que se originó para insultar, ofender o provocar, el uso corriente y la costumbre generalmente le amplía connotación, para que la intencionalidad emocional con que se expresa sea la que le defina el significado correcto con que debe ser interpretada.

Las palabras no son autónomas ni autosuficientes para generar significados. Por eso siempre deben ir arropadas de connotaciones emocionales que definan el código con que deben ser interpretadas.

Incluso la palabra "puto", que nació con una connotación peyorativa de representación homofóbica, en los estadios de futbol se convirtió en un grito festivo para provocar la participación grupal y se estrenó en la Copa Mundial de Futbol de la Federación Internacional de Futbol Asociación (FIFA) realizada en 2014 en Brasil, provocando polémica por su significado semántico, pero, a la vez, creando expectación en los asistentes a los estadios.

Sin embargo, la FIFA, la organización global que regula el balompié, siguiendo las connotaciones lingüísticas predominantes, determinó que debía ser excluida de los estadios y sancionó con rigor su utilización colectiva.

Por otra parte, llegar tarde a una cita deja de ser una grave descortesía si se blinda con una disculpa que se sustente en el esfuerzo y la intención de haber sido puntual.

Esta cultura de las intenciones se sustenta en el manejo del lenguaje, el cual se convierte en el vehículo para dejar constancia de éstas.

Sin embargo, en tiempos recientes, el uso irresponsable del lenguaje para enmascarar las verdaderas intenciones ha desacreditado el valor de la palabra.

Cabe decir que en el ámbito rural —del México antiguo— los compromisos entre la gente honorable se sellaban "a la palabra", cuando el analfabetismo impedía la redacción de documentos. Sin embargo, la frivolización del lenguaje en el ámbito urbano llevó a su deterioro y falta de credibilidad.

Un rasgo fundamental de la idiosincrasia mexicana, que fue ampliamente descrita por Octavio Paz en *El laberinto de la soledad*, es "la desconfianza crónica" que prevalece en nuestra sociedad y se deriva de la falta de un instrumento de uso cotidiano confiable, como debiera ser el valor de la palabra.

Por eso, el compromiso escrito y firmado se ha vuelto el eje de la certidumbre legal, por lo que se ha llegado a la práctica, usual en México e inusual en el extranjero, de firmar hoja por hoja cada documento para evitar el riesgo de que se desconozca alguno de los acuerdos.

El burocratismo caracterizado por el "papeleo" tiene su origen en la necesidad de dejar constancia legal de cualquier tipo de compromiso asumido.

## LOS CÓDIGOS CULTURALES DEL MEXICANO

El lenguaje utilizado por el mexicano está estructurado con base en códigos que deben ser descifrados para poder entender no sólo el significado de lo que se dice, sino también su intencionalidad.

Estos códigos culturales, insertados en el inconsciente colectivo, sólo pueden ser abiertos con la llave correcta, que es la intuición, pero educada en el contexto sociocultural de este país.

La razón y el sentido común no son suficientes para descifrar a plenitud estos códigos, que son heredados de generación en generación y responden a experiencias grupales que han sido de alto impacto para la sociedad mexicana.

Tratar de entender el humor rebuscado y pleno de ingenio del payaso "Brozo" (Víctor Trujillo) pone en evidencia cómo se pueden romper las reglas de los convencionalismos sociales de la moral mexicana, sin proferir una palabra que pudiese ser cuestionable por cualquier autoridad. Sin embargo, en cada *sketch* se rompe el pudor y se describen situaciones que si hubiesen sido expresadas con el lenguaje cotidiano habrían ofendido la moral pública.

Sin embargo, al escuchar el *sketch* humorístico nadie puede darse por ofendido, pues el sentido de esta comicidad exige del televidente o del público participar del mismo código, lo que compromete a quien escucha.

Para descifrar los códigos humorísticos se parte de la premisa de que cada quien entiende lo que quiere entender, lo cual genera un sentimiento de complicidad horizontal entre el mismo público, y, además, del público con este comediante.

Sin embargo, en el México contemporáneo hay muchos comediantes que desarrollan su comicidad bajo este principio de "humor encriptado".

## LA FUNCIONALIDAD DEL LENGUAJE EN EL MEXICANO

En nuestra cultura el lenguaje cumple simplemente con el objetivo de externar nuestras aspiraciones o nuestros deseos, que queremos que sean conocidos por la colectividad. Cuando decimos a un conocido, a quien nos encontramos casualmente, "a ver cuándo nos vemos", pretendemos dejar por sentado formalmente una intención de continuidad de la relación, porque es lo "socialmente correcto", pero en sí misma está sobrepuesta de modo no verbal la otra interpretación: "Dejemos al azar nuestro próximo encuentro porque ahora no es relevante... No te haré perder tu tiempo ni invertiré infructuosamente el mío".

Utilizamos el lenguaje lo para hacer público lo que es "socialmente correcto", no para concertar acuerdos ni compromisos. Decir lo "socialmente correcto" es interpretado como lo esperado de una persona educada, lo cual habla bien de quien lo dice.

Representa el principio básico de que "reconozco tu derecho personal de actuar como tu conciencia te dicte —e incluso romper de hecho las normas—, siempre y cuando lo hagas de la forma socialmente correcta... cuidando las apariencias para no contravenir usos y costumbres".

Sin embargo, nuestro uso del gerundio nos protege del compromiso y califica nuestra conducta en la indefinición. "Ya voy saliendo" puede significar que ya tomamos la decisión de salir para acudir a una cita o a nuestro trabajo, o ya subimos al auto, o estamos en camino, y "ya voy llegando" podemos utilizarlo para indicar que estamos a la mitad del camino o realmente estamos muy cerca de nuestro destino. De la misma forma, la indefinición que manejamos en el lenguaje pretende evadir responsabilidades.

Cuando alguien tuvo un accidente que culminó en el destrozo de un artículo simplemente dice "se cayó", como si el objeto hubiera caído al piso por voluntad propia. Del mismo modo, la frase "se rompió" define de modo ambiguo la destrucción. Difícilmente decimos "se me cayó", o "lo rompí", lo cual implicaría aceptar la responsabilidad de lo ocurrido.

El lenguaje nos protege del compromiso y de la responsabilidad.

## LA DISONANCIA COGNITIVA

Este principio, muy importante en el estudio de la comunicación —definido por el psicólogo León Festinger—, describe el fenómeno de la incongruencia entre lo que se dice o se piensa y la conducta.

Este autor afirma que generalmente las personas tenemos la intención inicial de respetar la congruencia que debe existir entre el pensamiento (y el lenguaje) y la conducta.

Nuestra conciencia siempre nos indicará lo que es racionalmente correcto, pero nuestros deseos pueden tomar un camino diferente, y si esto sucede, se producirá el fenómeno de la incongruencia o "disonancia cognitiva".

Sin embargo, aun así, ante la sensación de no haber hecho lo correcto, la persona siempre tratará de alinear o hacer confluir el significado de su conducta hacia las directrices racionales que definen su conciencia y que se derivan de los valores inculcados durante su educación.

Al mexicano el lenguaje le permite rescatar la congruencia moral entre lo que pensamos que debiera ser nuestra conducta y lo que en la práctica realizamos.

Cuando un agente de tránsito nos detiene en flagrancia cometiendo una falta administrativa y trata de provocar el ofrecimiento del soborno, en general nos ofrece un discurso moralista reprobando lo que hicimos e indicando lo que debiésemos hacer la próxima vez. Este discurso le permite sentir menos grave su pretensión de obtener una dádiva por parte del infractor sin traicionar a su conciencia.

Cuidando las formas sociales a través del discurso, se libera del impedimento de actuar según le convenga. La incongruencia (o disonancia cognitiva) la resolverá justificando a sí mismo su conducta como un acto de solidaridad generosa ante un ciudadano emproblemado que le pide ayuda para no invertir tiempo en resolver la infracción a través de los canales formales y no pagar el costo real, que debe ser más elevado.

## EL ORIGEN DE LA COMPLEJIDAD LINGÜÍSTICA

Seguramente detrás de este uso funcional y operativo del lenguaje se halla una realidad traumática arraigada en el inconsciente colectivo, desde que nuestro país tuvo conciencia de ser una nación.

Con toda seguridad muchos indígenas fueron bautizados y aceptados como parte de la nueva Iglesia a partir de su consentimiento verbal. Sin embargo, posiblemente esta respuesta no estaba respaldada por una actitud comprometida, de convencimiento, lo cual generó una fusión religiosa que hasta nuestros días se conoce como sincretismo, o sea, la fusión de dos religiones diferentes. Por eso se considera que el sincretismo religioso sigue vigente y permanece viva la cosmogonía indígena a casi 500 años del inicio de la evangelización.

El sincretismo religioso persiste en el México contemporáneo y da testimonio de que en alguna parte del inconsciente colectivo mexicano el espíritu indígena está latente.

La cosmogonía que representa la forma en que las religiones autóctonas interpretan el origen del universo, la vida y el sistema teológico, aún vigente hoy, también da testimonio de que, en tiempos de la Colonia española, con toda seguridad, nuestros antepasados indígenas habían encontrado el modo de integrar a su vida una nueva religión, asumiéndola públicamente como propia, bautizándose como católicos y adoptando un nuevo nombre. Sin embargo, también siguieron rindiendo culto a sus deidades prehispánicas.

La forma de evitarse conflictos y evadir el riesgo de caer en manos de la Inquisición española acusados de herejía y, sin embargo, seguir guardando fidelidad a su propia esencia religiosa, fue el uso pragmático del lenguaje: jurar lealtad a la nueva religión a través de la palabra, sin dejar de rendir culto a las deidades prehispánicas.

Este manejo del lenguaje, carente de compromiso con el contenido, terminó integrándose al ámbito cotidiano para protegerse de la imposición de los hombres poderosos, pero reservándose la libertad interior de pensar, guardando fidelidad a las propias convicciones.

Presumiblemente, éste es el origen del manejo cotidiano del lenguaje que hoy día es la esencia de la mexicanidad.

## EL METALENGUAJE

¿Cómo es posible que los mexicanos nos comuniquemos sin necesitar de las palabras?... O, más bien, a pesar de ellas.

La respuesta está en la conformación de un sistema lingüístico paralelo, entendible sólo para quienes formamos parte de esta cultura y conocemos los códigos que nos permiten comprender los auténticos significados.

Un metalenguaje es una herramienta lingüística que está por encima o detrás del lenguaje cotidiano. Por eso podemos decir que el lenguaje cotidiano que utilizamos no es el que nos comunica, sino el metalenguaje que está detrás aportando todos los significados que definen nuestras intenciones. Es el lenguaje no verbal que nos conecta intuitivamente.

Los mexicanos no experimentamos la riqueza de la comunicación a través del significado semántico de las palabras, sino en el contexto no verbal, en la intención de la voz, en los gestos y, principalmente, por medio de la intuición altamente desarrollada.

Es frecuente que las palabras se alineen con las expectativas de lo "socialmente correcto", pero la intención comunicativa que el emisor pretende transmitir sea totalmente opuesta.

De esta desalineación entre forma y contenido de los mensajes, o sea, el significado de las palabras y las intenciones que se desean transmitir, surgen las incongruencias lingüísticas que desconciertan a los extranjeros, aunque dominen el idioma español.

Por eso nuestro lenguaje cotidiano está conformado por una gran cantidad de arquetipos lingüísticos, o sea, frases prefabricadas y "dichos populares" que utilizamos como "muletillas" funcionales para cubrir con el formalismo de una conversación, a sabiendas de que nuestro interlocutor —al margen de este recurso comunicacional— también sabrá descifrar la intención real de lo que queremos expresar.

Frases como "¿gusta sentarse?", que habitualmente decimos "por compromiso" pero deseando que no sea aceptada como invitación cuando nos encontramos con un conocido en un restaurante, significa lo "socialmente correcto" como intención, pero en la práctica lleva el mensaje opuesto y el deseo de no comprometerse.

Sin embargo, esto no constituye un engaño grave, sino un valor sobreentendido entre las partes. Lo mismo sucede con las disculpas. Cuando una de las partes llega con retraso a una cita, con toda seguridad dará una explicación poco creíble de esa circunstancia, que será escuchada sin dársele crédito, y del mismo modo quien la ofrece está consciente de que el interlocutor dará por sentado que esa explicación es falsa y por eso no se esforzará por lograr credibilidad.

El objetivo es ofrecer un testimonio de arrepentimiento, considerando que, si no lo hace, se proyecta una imagen de irresponsabilidad o de cinismo.

## EL LENGUAJE DE LA IMAGEN PÚBLICA
## Y SU IMPACTO EN LA AUTOESTIMA

El lenguaje no sólo se construye con palabras, las cuales representan la semántica, sino que las acciones terminan comunicando con mayor fuerza y persuasión por medio de la semiótica.

Los símbolos, los mitos y las leyendas, entre otros modelos semióticos, construyen una narrativa de alto impacto y recordación.

La actitud sumisa que caracteriza al mexicano frente a la autoridad en realidad es aparente y responde a la presión y al temor, y no al convencimiento. Debajo de la aparente aceptación de la imposición ejercida por los poderosos, vive latente el carácter indómito del mexicano, lo cual influye el modo de asimilar emocionalmente su autoestima.

En general el mexicano se resiste a poner en evidencia, ante quienes lo rodean, sus carencias y sus limitaciones. Trata de proyectar públicamente la imagen que representa la identidad que desea que los demás perciban de él mismo.

De este modo, construye alrededor de sí mismo toda una simbología que proyecta lo que realmente quisiera ser. Por eso vive generando apariencias, lo cual se convierte en un lenguaje semiótico que proyecta símbolos de bonanza, poder y éxito.

Antiguamente el uso de joyas de oro como cadenas, pulseras y esclavas en los brazos intentaba proyectar una bonanza que quizá no existía. Hoy vemos que los medios para proyectar una imagen pública deseable ya no son los mismos; sin embargo, las motivaciones persisten. El efecto es el mismo, aunque hayan cambiado los símbolos para adecuarse al contexto actual.

La ropa de marca sustituye a las joyas de antes, que hoy están pasadas de moda. Si alguien no puede pagar la marca famosa en su versión original, entonces obtendrá la imitación "pirata".

El gran crecimiento del mercado ilegal de productos "pirata" se debe a esta necesidad de mostrar una apariencia de éxito y buen gusto.

Los títulos universitarios también responden al mismo principio: proyectar una imagen aspiracional de inteligencia y conocimientos, lo que puede interpretarse como autoridad y poder. Colgar en las paredes diplomas y exhibir títulos escolares, así como colocar al nombre propio un título universitario, es parte del lenguaje del éxito.

El conocimiento por sí mismo no es relevante, sino lo que significa el título universitario o el grado académico ante la sociedad. En muy pocos países del mundo es tan relevante utilizar el título universitario como lo es en México. Ser denominado licenciado, ingeniero, doctor o contador es muy relevante.

Cuando alguien adquiere conocimiento en la práctica cotidiana profesional, es una costumbre que quienes lo rodean lo empiezan a nombrar con el título universitario correspondiente, como símbolo de respeto y reconocimiento.

Los símbolos que comunican lo que el mexicano quisiera ser en la vida cotidiana son variados, pero siempre están orientados a mostrar éxito y poder y a despertar la envidia de quienes lo rodean. Es su forma de levantar su autoestima.

Gasta mucho en las fiestas familiares, como bautizos, el festejo de los quince años de edad de las hijas, las bodas y otros acontecimientos sociales. Sin embargo, también miente para mantener esa imagen de éxito.

Al describir sus gustos y sus predilecciones menciona las que le harán parecer de un nivel social y cultural más alto. Y ante personas que considera en un nivel superior al suyo, utiliza un lenguaje complicado que parece ser más refinado.

Esta aspiración cultural de parecer más instruido y refinado fue la esencia del personaje Cantinflas, el cual representaba al mexicano ignorante pero creativo y audaz, de perfil urbano, que suplía su falta de educación y de cultura con un lenguaje abundante pero carente de contenido.

En sus monólogos decía mucho, pero sin significado, y ante ese espejo el mexicano típico se veía atrapado a sí mismo, deseando proyectar ser lo que no era y terminaba siendo una caricatura tragicómica.

La autenticidad del personaje fue tan poderosa que se convirtió en un referente en toda Latinoamérica y España —incluido Brasil— durante varias décadas. Tan poderoso fue que Charles Chaplin quiso conocerlo y don Mario Moreno, Cantinflas, viajó a Londres para reunirse con él.

## EL DOBLE SENTIDO

Esta necesidad de comunicarse de forma cifrada e inaccesible para extraños dio sustento a un estilo comunicacional que estimula la competencia en broma: el doble sentido.

La ingeniosidad del mexicano se pone a prueba en un duelo amistoso frente a un conocido, para deleite de los espectadores o de los amigos de ambos.

El doble sentido implica hacer que con palabras comunes surja la picardía y alguno de los contendientes termine atrapado en su propia trampa y acorralado en sus propias palabras.

## LA COMEDIA Y EL HUMOR EN LA INDUSTRIA
## DEL ENTRETENIMIENTO

Del humor ingenioso cotidiano surgió la rama más importante de la comicidad que hoy es esencial en los programas humorísticos de la televisión en nuestro país.

La comicidad sajona y nórdica, que representa al mundo occidental del entretenimiento, se sustenta en la burla de sí mismo y el talento del comediante se reconoce en el modo de expresión facial o corporal, de hacer el ridículo.

En contraste, el comediante mexicano compite por atrapar a su adversario en el ámbito de las palabras con base en ingenio y creatividad, o sea, a través del contenido. Muchas veces este juego se realiza interactuando con el público como contraparte.

## EL HUMOR COMO CATALIZADOR
## DE FRUSTRACIONES

Cuando un hombre poderoso con fama pública y ubicación lejana ya no cuenta con la confianza del pueblo, se le ridiculiza con bromas o "chistes", ahora denominados "memes", sobre su persona o sus habilidades. Muchos presidentes de la República —poderosos al inicio de su mandato y con gran liderazgo— terminan decepcionando al pueblo y entonces su periodo concluye con burlas y memes.

El humor es la válvula de escape del mexicano para superar la frustración. Sin embargo, el humor también invade otros ámbitos y ayuda a superar el temor, relativizando las tragedias.

La muerte es el temor supremo en cualquier cultura e infunde respeto. Sin embargo, el mexicano la ha banalizado, convirtiéndola en un personaje cercano y cotidiano. Las calaveritas de azúcar en la conmemoración del Día de Muertos, los juguetes con su imagen, e, incluso, las tradicionales momias de Guanajuato, convertidas en un atractivo turístico realizado con cadáveres momificados, nos habla de una idiosincrasia. Las catrinas ya son el símbolo representativo de la cultura mexicana en el exterior.

El mexicano relativiza sus temores y sus frustraciones perdiendo el respeto a la muerte a través del humor.

## INTENCIONES Y CONDUCTA

En México se da prioridad a las intenciones por encima de los resultados. Valoramos el esfuerzo, aunque concluya en un fracaso. Seguramente, el origen de este rasgo de idiosincrasia en parte sea una interpretación de la visión religiosa de la Iglesia católica.

Mientras el protestantismo, o sea, la visión luterano-calvinista, privilegia los actos y la conducta como el medio para lograr la salvación del alma, la religión católica, por su origen contemplativo, da prioridad a las intenciones, a través de las cuales se logra el perdón de Dios y, con eso, la salvación.

La parábola del "hijo pródigo" (Evangelio de san Lucas, capítulo 15, versículos del 11 al 24) relata la historia del hijo que pide a su padre su parte de la herencia para abandonar la casa familiar; cuando la dilapida, y queda en la pobreza absoluta, decide regresar con su padre a pedirle trabajo como un peón más y éste —valorando su arrepentimiento— lo perdona y le vuelve a dar su lugar como hijo. Ejemplos como el que ofrece esta parábola privilegian las intenciones por encima de los hechos, las acciones y la conducta.

La visión protestante y la católica representan dos medios diferentes para llegar al mismo fin, y en ambos casos, el lenguaje, ya sea verbal (semántico) o el que se infiere de la significación de los actos (semiótico), es fundamental.

La vida moral del mexicano gira alrededor de significados que se vinculan con intenciones.

Para justificar el fracaso e inmunizarse frente a él, el mexicano cuenta con un arsenal de frases estereotipadas que lo protegen ante un eventual riesgo de no lograr la meta fijada.

"Lo voy a intentar"... "hay que echarle ganas"... "lo que vale es el esfuerzo"... "jugaron como nunca, aunque perdieron"... "se defendieron como leones boca arriba"... y otras más dan cuenta de esta cultura nacional.

La filosofía del esfuerzo está sustentada en el lenguaje.

## ENMASCARANDO LA REALIDAD

El lenguaje también sirve al mexicano para enmascarar la realidad y generar la percepción de que es posible cambiarla.

La vejez es el lugar al que la mayoría de la gente llega en contra de su voluntad. Sin embargo, para quitarle los significados difíciles, desde hace tiempo se le han cambiado las denominaciones y a los sujetos que han arribado a esa etapa de la vida se les ha rebautizado como "personas de la tercera edad", "adultos mayores", "abuelitos", entre otras formas de nombrarla de modo ligero y hasta cariñoso.

El agresivo nombre tradicional de prostituta ha sido sustituido por el de sexoservidora.

A las personas con algún tipo de invalidez hoy se les denomina discapacitadas o minusválidas para disminuirles los atributos negativos que se les han acumulado a lo largo de varios siglos.

En el ámbito político se acostumbra renombrar términos difíciles de manejar ante la opinión pública, ya sea para suavizarlos y hacerlos pasar inadvertidos; en caso contrario, los opositores los renombran adjudicándole significados de alto contenido emocional para el inconsciente colectivo, generalmente recurriendo a viejos y arcaicos dogmas.

## MENSAJES ENCUBIERTOS

En la comunicación del mexicano lo que tiene menos valor es el contenido semántico de las palabras, o sea, el aparente. Éstas pueden ser expresadas por compromiso o por convencionalismo social. Son frases estereotipadas, carentes de significado, no obstante que el mensaje real permanece oculto, listo para ser descifrado por la intuición.

Los mexicanos cuidamos mucho las formas y por eso somos excesivamente diplomáticos. Evitamos decir de modo directo aquello que es incómodo. Por eso preferimos expresar lo que suponemos que la otra persona quiere escuchar. Sutilmente deslizamos una llamada de atención para que nuestro interlocutor interprete lo que en realidad desearíamos responder y no nos atrevemos a hacer.

Comúnmente manejamos un mensaje formal o "de compromiso", y simultáneamente, el mensaje real, sugerido, o, de plano, oculto.

La identificación de la intencionalidad de la respuesta puede indicarnos que ésta es negativa: "déjame ver si puedo" quiere decir "es imposible que lo haga", o simplemente "no quiero hacerlo". "Trataré de acompañarte" significa "¡no iré!"

Lo imperdonable es la falta de delicadeza, herir la susceptibilidad o la dignidad del interlocutor, aunque lo que se le diga sea verdad. La intencionalidad de las respuestas siempre deberá ser descubierta por nuestro interlocutor.

Los mensajes no verbales, derivados del tono de voz, de los gestos faciales y de otros indicadores, sólo reconfirman lo que la intuición indica respecto del sentido en que debe ser interpretado el mensaje.

A través del lenguaje también pretendemos modificar la realidad, como si el orden establecido pudiera transformarse con un conjuro nuestro.

Cuando a una cocinera se le calcinan los frijoles, simplemente se justifica diciendo "se quemaron", con lo cual está negando cualquier responsabilidad en el error. "Se me olvidó" significa que el asunto se escabulló de nuestra mente, que no es lo mismo que "lo olvidé". El lenguaje se convierte, así, en el vehículo liberador del mexicano.

# CAPÍTULO VIII

# AUTORIDAD, PODER Y LIDERAZGO EN LA SOCIEDAD MEXICANA

E L IMPACTO del ejercicio de la autoridad y del poder ha dejado una huella determinante en la conformación de la idiosincrasia de la sociedad mexicana. El estilo de conducción social que prevalece en nuestro país ha determinado la conformación de los valores que rigen la interrelación entre las instituciones y la ciudadanía, así como las relaciones entre los ciudadanos.

La distorsión en el ejercicio de la autoridad en México ha propiciado graves problemas, como la corrupción, el abuso del poderoso sobre el vulnerable y la venta de los beneficios de la justicia al mejor postor. Por lo tanto, es imprescindible hacer un análisis de los significados de la autoridad y el poder en la idiosincrasia mexicana.

Según John Kenneth Galbraith, en su libro *Anatomía del poder*, tradicionalmente el poder se ejerce bajo alguno de estos tres estilos posibles: condigno, compensatorio y condicionado.

El *condigno* es aquel de tipo de poder coercitivo que funciona cuando se amenazan con un castigo a quien se rehúse a someterse a los mandatos de quien lo ejerce.

Un cacique que a punta de pistola impone su voluntad a una comunidad o un líder sindical que hace sentir a sus agremiados que quienes no acepten su mando serán despedidos de la empresa, están ejerciendo el poder condigno. El "poder condigno" es el más elemental porque se sustenta en la fortaleza personal de quien lo detenta.

Por otra parte, el poder *compensatorio* es aquel que se practica cuando se compra el apoyo de terceros. El funcionario público que a través de dinero negocia el apoyo de un periodista, ejerce el poder compensatorio, lo mismo que un político que durante su campaña electoral negocia la ayuda y el apoyo del líder de una comunidad con la promesa de otorgarle un cargo importante. También el candidato que ofrece a sus seguidores cargos públicos ejerce poder compensatorio.

En contraste, el poder *condicionado* es el más civilizado, pues se deriva de la persuasión. De este modo, un líder estudiantil carismático, que no tiene recursos ni soporte económico y que aún no logra hacer alarde de fuerza para imponer su voluntad, con su capacidad persuasiva ejerce el poder condicionado; lo mismo que un comentarista de televisión que utiliza su carisma se convierte en un líder de opinión.

La característica del poder es que quien lo detenta lo utiliza en su beneficio y la ayuda de sus seguidores la canaliza para consolidar sus ambiciones personales.

En cambio, la autoridad proviene de una institución que delega su influencia en un individuo que se convierte en depositario de ella. La autoridad se sustenta en principios y valores socialmente aceptados, pues fueron creados para beneficio de la colectividad.

De este modo, los funcionarios públicos reciben la encomienda de vigilar el cumplimiento de las leyes y, para ese fin, como herramienta de trabajo, se les entrega la autoridad necesaria para cumplir sus funciones.

La autoridad, pues, es un poder que está regulado y tiene el objetivo de servir de apoyo al cumplimiento de una encomienda específica; por lo tanto, podemos afirmar que está circunscrito a un ámbito de actividad muy limitada en su alcance.

Además, la autoridad conlleva la responsabilidad de respaldar la acción apoyándose en un liderazgo moral. En consecuencia, debe haber coherencia entre lo que el líder exige a los demás utilizando la autoridad y lo que se exige a sí mismo al vigilar el cumplimiento de una norma.

Quien detenta autoridad debe ser el primero en poner el ejemplo en el acatamiento de lo que él mismo exige a terceros. De este modo, cuando observamos que una patrulla de la dirección municipal de tránsito y vialidad ignora un semáforo con la luz roja, pierde credibilidad y respeto. ¿Cómo le exigirá al ciudadano que lo respete si él no lo hace?

Un funcionario público del ámbito fiscal sólo tendrá autoridad para ejercer la actividad que se relaciona con su cargo público. De este modo, un auditor sólo tendrá autoridad para exigir a los ciudadanos seleccionados por el Sistema de Administración Tributaria su documentación contable y las comprobaciones de pago de sus impuestos.

A su vez, un juez tendrá autoridad sólo para dictaminar respeto a la presunción de existencia de un delito, y un policía podría detener a un ciudadano sólo con una orden girada por un juez.

De este modo, todo lo que exceda a la encomienda recibida constituye un abuso de autoridad y una agresión a los derechos de un ciudadano. Por lo tanto, cualquier exceso es un delito.

Lo anterior es fácilmente identificable por cualquier mexicano, ya que por costumbre el abuso de autoridad, o el uso de poder en la función pública, constituye la realidad cotidiana.

Sin embargo, ¿qué se puede decir en el ámbito laboral cuando un jefe exige a un subordinado que realice una actividad extralaboral, o una función que excede las funciones para las que fue contratado el individuo… o del jefe que presiona a su secretaria o empleada para establecer una relación íntima… el profesor que reprueba a los alumnos que le son antipáticos…? Esto también es abuso de autoridad o uso de poder.

Cualquier autoridad extralimitada para apoyar los fines particulares de quien la ejerce se convierte en ejercicio de poder. Se vuelve uso de poder porque en el ámbito extralimitado ya no existe el respaldo de la institución a la que representa el dominador.

Por lo tanto, el abuso de autoridad con fines personales —o uso de poder— rebasa el ámbito de la administración pública y de la política. Sin embargo, está presente en la vida diaria de todos los mexicanos.

## DOMINADORES Y DOMINADOS

México es un país de castas, aunque proclamemos en todo el mundo que creemos y vivimos en la igualdad. Por ley, somos un país de iguales, con una Constitución visionaria que se adelantó a su tiempo cuando fue concebida. Sin embargo, esta Constitución siempre ha terminado siendo un arma de dominación en manos de quien tiene el poder.

El propio Porfirio Díaz durante varios lustros utilizó la Constitución para mantener la paz social, en su beneficio.

Con la ley en la mano actualmente se siguen cometiendo atropellos. El policía que intercepta a un transeúnte que a medianoche se dirige a su casa se justifica diciendo que aplica su autoridad en beneficio de la comunidad, deteniendo a cualquier sospechoso, no obstante que al final su objetivo sea extorsionarlo para dejarlo libre.

La ley ha terminado siendo usufructuada en su propio beneficio por quien tiene poder, convirtiéndose en un arma de extorsión.

El abuso del débil existe en todo el mundo. La diferencia es que en el exterior quien lo lleva a cabo queda fuera de la ley, y cuando un gobernante es el que propicia el abuso se queda solo, pues el pueblo le retira su apoyo. Cuando ese gobernante cae, se acaba el problema.

En contraste, en México, la mayor parte de la población desea a su vez tener poder para usufructuarlo. La frase "conoces realmente a alguien hasta que le das poder" es sumamente descriptiva de lo que sucede en nuestra realidad.

Con excepción un pequeño porcentaje de la ciudadanía —que por convicción no se interesa en detentar el poder ni sus beneficios—, la gran mayoría de la población practicaría el tráfico de influencias si se le diese la oportunidad, aunque mientras no la tiene critique este sistema. Definitivamente nuestro problema es de tipo social, por una desubicación del concepto de autoridad, arraigado en nuestra idiosincrasia.

Es incuestionable que las conductas muy frecuentemente son producto de condicionamientos sociales. De este modo podemos afirmar que los roles de dominador y dominado son aprendidos y estimulados por la sociedad mexicana y no nacemos con esa predisposición.

En la actualidad, cuando quien es oprimido considera que no tiene ninguna oportunidad de llegar a usufructuar el poder, se rebela y, confiando en la impunidad, busca construir una plataforma en la que pueda ejercer algún tipo depoder. De este modo mucha gente se integra a la delincuencia organizada, en espera de llegar a tener riqueza y poder.

## DE DOMINADO A DOMINADOR

En términos administrativos, subir en la escala laboral implica hacerse cargo de la responsabilidad de lo que hacen los subordinados. La variable que mide el éxito es el número de subordinados. Un supervisor tiene sólo un número limitado de colaboradores y varios niveles jerárquicos a los cuales subordinarse. De aquí se deriva la satisfacción que proporciona el tomar decisiones cada vez más complejas conforme se logra escalar el organigrama.

Sin embargo, el mexicano generalmente es un pésimo jefe. No funge como guía y ejemplo para el subordinado ni asume una responsabilidad de tipo tutorial ante él. Más bien se vale de su cargo y de la autoridad que se deriva de él para satisfacer su vanidad y fortalecer su autoestima. De este modo da órdenes apoyado únicamente en una autoridad de hecho que le fue delegada por el sistema organizativo de la institución a la que pertenece.

Difícilmente el mexicano se gana el derecho a ejercer autoridad moral sustentada en el convencimiento por parte de quien debe ejecutar sus órdenes.

En estricto sentido lógico, la autoridad efectiva y valedera es la autoridad moral, que se deriva del reconocimiento y la admiración que el jefe despierta en su subordinado, con base en el significado de sus cualidades.

El auténtico jefe, respetado como tal, es aquel que logra tener ascendiente sobre sus subalternos por ser el primero en poner en práctica lo que predica, lo cual es usual en el mundo sajón.

Tiene que haber coherencia entre lo que el jefe exige a los demás y lo que se exige a sí mismo. Si exige puntualidad, él debiera ser el más puntual de todos. Si exige honestidad de sus subalternos, entonces debiese ser muy escrupuloso en el manejo de sus cuentas ante sus superiores. Si exige lealtad, debiera hacer evidente y sincera la suya respecto de sus propios jefes.

Sin embargo, el jefe mexicano manda, ordena y espera de su subordinado obediencia incondicional y absoluta, aunque la autoridad no esté respaldada en el convencimiento auténtico de quien ejecuta sus órdenes.

La autoridad en el mexicano se sustenta en el sometimiento del subordinado y no en la aceptación tácita de la necesidad de preservación de un orden establecido que se traduzca en beneficio colectivo.

El jefe que exige puntualidad a sus subordinados, y sin embargo él llega tarde al trabajo, se justifica diciendo: "Para eso soy el jefe... Me esforcé para ser jefe y ahora tengo todo el derecho de disfrutar de las canonjías de mi jerarquía. Los subalternos deben obedecer y callar".

Desde la niñez el mexicano acumula resentimientos por ofensas a su dignidad, derivadas del abuso de autoridad: en la familia, en la escuela o en los grupos de amigos. Esto da como resultado una personalidad herida y una visión distorsionada del concepto de autoridad.

Cuando por capacidad y habilidades, o por una oportunidad fortuita, el individuo asciende jerárquicamente, ya sea dentro de una organización o socialmente, se vuelve prepotente y exhibicionista; hace alarde de su influencia sobre los demás. Se vuelve intolerante con los errores ajenos.

Pongamos como ejemplo el caso de un vendedor muy habilidoso y de carácter independiente. Éste logra ascender hasta llegar a ser gerente de ventas. Su actitud ante sus subordinados llegará al extremo de la vanidad. Creará ciertos rituales de respeto, estableciendo diferencias entre él y sus subordinados. Si le es posible, a veces obligará a algunos subordinados (si éstos lo toleran y la empresa lo permite) a realizar favores personales, como la ejecución de servicios de mensajería para asuntos particulares.

Si su secretaria es guapa podría excederse en piropos, abusando de su ascendiente sobre ella y del temor de ella a perder su trabajo. Con ésta y otras actitudes similares estará reivindicando su orgullo herido. Su visión de la autoridad será la de una conquista personal y el derecho a usar a quienes se le subordinan, en lugar de verse a sí mismo como el guía responsable de un grupo, al cual se debe, pues sin subordinados no hay líder.

## PSICOLOGÍA DEL PODER Y LA AUTORIDAD: LA LEALTAD CONDICIONADA

Douglas McGregor, reconocido autor especializado en temas de motivación, al analizar los sistemas de las organizaciones descubrió dos tendencias opuestas en la relación autoridad-subordinado. A la relación clásica, en que, para ejercerse, la autoridad presupone imposición, la llamó teoría X. En contraposición, cuando la autoridad se utiliza simplemente como una guía para estimular en los subordinados el descubrimiento de sus propias motivaciones, para que asuman responsabilidades por su propio convencimiento, la llamó teoría Y.

Mientras la teoría X describe al jefe tradicional mexicano que sustenta su autoridad en la imposición, la teoría Y describe a quienes ejercen liderazgo y la autoridad se deriva del respeto y el convencimiento.

En la sociedad mexicana prevalece el estilo X, el clásico, por medio del cual quien tiene autoridad simplemente ordena, y quien debe obedecer, obedece. Esto sucede en el trabajo, la familia, escuela, las disposiciones gubernamentales, la aplicación de la ley, las normas religiosas y de moralidad, etcétera.

Por esta razón, cuando quien ordena no tiene modo de supervisar la aplicación de lo que dispone, el mexicano se rebela sistemáticamente, pues no existe el convencimiento ni la decisión de someterse a la disciplina por convicción. En la sociedad mexicana la única forma de control social se produce por el temor.

Nuestra estabilidad social es producto de la represión, manifestada a través de infinitas y sutiles formas. Más que hablar de represión política debemos definir esta situación como un sistema social.

Los grupos de poder en nuestro país no son exclusivos y cerrados, sino excesivamente permeables y renovables, ya que cada cabeza que se acomoda en los niveles de poder se rodea de su propio equipo de confianza, el cual perderá el control cuando decline la fuerza de quien está a la cabeza protegiéndolos.

Sólo quienes tengan la habilidad para establecer alianzas con otros grupos e integrarse a ellos cuando van en ascenso (abandonando a su vez al que declina) se mantienen por más tiempo.

Para actuar con base en convicciones se requiere una mentalidad disciplinada y con conciencia de los objetivos del grupo social al que se pertenece.

La imposición es la principal fuente de control social y político en el país. Por eso la imposición no genera lealtad ni compromiso. Es una relación de estímulo-reacción.

El uso de la autoridad para beneficio personal de quien la detenta impide la creación de espíritu de equipo y propicia la existencia de individualidades que nunca se integran en proyectos comunes de gran envergadura, pues falta fe y confianza, lo cual les impide asumir un compromiso. Esto inhibe el surgimiento del auténtico liderazgo motivador.

Por imposición en los sistemas productivos la autoridad genera únicamente el esfuerzo mínimo para evitar la sanción punitiva y por eso generalmente no se invierte ese esfuerzo adicional que se origina en la automotivación. Esto tiene como consecuencia que los proyectos comunes de un sistema productivo (institución o empresa) tiendan a considerarse "proyectos ajenos", propiedad de quien detenta la autoridad y no "proyectos grupales" adoptados por quienes los realizan. A su vez, esta perspectiva inhibe que el individuo se involucre efectivamente en el trabajo y lo vea como un medio de lograr la propia realización personal.

El sistema ejidal, que cuando fue concebido pareció ser un acto de justicia social que indudablemente sería coronado por el éxito, hoy vemos que ha sido un rotundo fracaso. El campo cada vez está más abandonado y las tierras, otrora productivas, se deterioran por falta de atención, haciendo que, aunque contemos con gran una extensión territorial, no seamos autosuficientes en producción de alimentos. La culpa, más que del sistema ejidal, es de nuestra idiosincrasia, ya que estamos inhabilitados para trabajar mancomunadamente por motivación propia.

La existencia de un patrón se ha vuelto una necesidad en los grupos sociales. Por una parte, como resultado de la desconfianza recíproca del mexicano y, por otra, por un condicionamiento social que inhibe en el individuo, desde pequeño, su espíritu emprendedor, sustituyéndolo, en quienes tienen un carácter más débil, por un conformismo que sólo responde a la presión ejercida por un líder o un jefe.

Cuando quien detenta la autoridad inspira confianza y convence, la actitud del subordinado se modifica.

En un sistema jurídico, la autoridad por imposición genera el cumplimiento y el acatamiento de leyes únicamente mientras existe supervisión y control.

La motivación del acatamiento radica en evitar la sanción punitiva, mas no la autodisciplina que predisponga conscientemente al individuo a actuar con el fin de preservar el orden social, lo cual debe producir un beneficio colectivo.

Podemos decir que el abuso de la autoridad, encauzada hacia fines personales de quien la detenta, pulveriza a la sociedad. Es el caso de la sociedad mexicana, desconfiada por naturaleza. Todos desconfiamos de todos y todos nos cuidamos de todos. Carecemos de auténticos líderes, con autoridad moral. Líderes que utilicen su autoridad como instrumento de orden para beneficio grupal.

## LIDERAZGO

Nos atrevemos a afirmar que la autoridad del liderazgo es relativa, ya que sólo existe en la medida en que lo permitan los subordinados. Mientras que la autoridad y el poder pueden ser delegados, heredados o negociados, el liderazgo sólo puede construirse de modo personal. El liderazgo presupone el deseo de una colectividad o grupo de ser representado por alguien que goza de credibilidad y confianza.

Por eso, en el mundo de hoy, caracterizado por la transparencia que garantizan las redes sociales y la tecnología, hay una crisis de liderazgos públicos de tipo tradicional, pues en la actualidad no se puede ocultar el lado oscuro del poder.

## LA ERA DE LAS REDES SOCIALES

Antes de que existiera la web, que se ha convertido en la más poderosa memoria colectiva, el lado oscuro del poder era protegido por quienes rodeaban a la gente poderosa y sólo trascendía lo que favorecía el mantenimiento de la autoridad. De este modo, tradicionalmente los gobernantes fueron respetados y su credibilidad se conservó.

Hoy la web se ha convertido en la más sutil red de espionaje que podríamos haber imaginado y todos vamos dejando huellas imborrables a lo largo de días y años y eso, en el caso común de los usuarios, lo capitaliza el mercado.

A través de las páginas web que visitamos, los productos o servicios que compramos, los lugares donde vacacionamos y luego compartimos con nuestros amigos en las redes sociales, las causas sociales o políticas en las que participamos, entre otros actos que quedan plasmados en ese entorno digital, vamos dejando una huella invisible para nosotros, pero no para "la nube". Mediante el uso de algoritmos en los sistemas de inteligencia artificial se va perfilando una tendencia que define nuestra identidad, gustos, preocupaciones, aficiones, poder adquisitivo, nivel cultural y otros rasgos personales que luego se integran en diversas bases de datos.

De este modo los proveedores de productos o servicios, los partidos políticos e muchos otros de organismos llegan a conocernos para ofrecernos de modo personalizado lo que venden u ofrecen, o las organizaciones políticas, religiosas y otras identifican a quienes pueden ser susceptibles de convencer por sus propuestas propagandísticas.

Si el común de los ciudadanos nos volvemos vulnerables ante intereses comerciales simplemente por la huella que dejamos cada vez que navegamos en la web, visitamos páginas o compramos a través de portales comerciales, imaginemos el seguimiento que tiene el ciudadano sobre la vida de la gente pública.

Hoy el ciudadano ha tomado el control social y político por medio de las redes sociales y los líderes y las personalidades públicas se han vuelto vulnerables porque su historia privada se vuelve pública.

De este modo terminan siendo vigilados ellos y la gente cercana que los rodea, como su familia, y eso puede afectar su imagen pública si se detectan condicionantes susceptibles de generar escándalos. Los viajes y los lujos publicados por los miembros de la familia en sus páginas de Facebook pueden propiciar cuestionamientos públicos. Antes el lado oscuro de los hombres poderosos permanecía oculto. Actualmente, a partir de esta conectividad, los indicadores de conductas no éticas o simplemente incongruentes o insensibles ante los ojos de la colectividad generan cuestionamientos que influyen en su reputación.

En cada campaña política puede salir a relucir información privada de los candidatos, filtrada a las redes sociales por sus adversarios. Así se revela quiénes son sus amigos y si entre ellos existe gente de mala reputación, dónde vacacionan sus hijos, qué autos poseen —principalmente deportivos de gran precio—, conversaciones comprometedoras, su vida amorosa —fundamentalmente si puede generar morbo—, las marcas de lujo que compra su familia, sus aficiones o adicciones, así como otros aspectos de su vida que pudieran generar desconfianza y debilitar la intención del voto a su favor.

Sin embargo, en el caso de las personas públicas dedicadas a la política estas huellas, que incluso involucran la vida privada, se convierten en un capital de credibilidad si la conducta ha sido honorable, o, en la peor de los casos, vulnerabilidad si hay conductas éticamente cuestionables.

Por lo anterior, en la actualidad el liderazgo se sustenta en la reputación que genera credibilidad y confianza; en contraste, su ausencia debilita el poder y la autoridad. Por eso hay muchos gobernantes vulnerables e incongruentes, pues lo que dicen o prometen hoy puede ser contrastado con lo que expresaron años o simplemente algún tiempo atrás.

El liderazgo personal hoy legitima la autoridad moral, indispensable para tener influencia pública. Para poder hablar de liderazgo, debemos definirlo.

El liderazgo se cimenta sobre una capacidad de persuasión. Sólo de este modo el líder puede influir sobre sus seguidores. La persuasión implica el reconocimiento, por parte de quien se subordina, de que el líder lo supera en algunas habilidades.

El liderazgo se fundamenta en un doble principio:

- El de afirmación y autovalorización por parte del líder.
- El de subestimación de sí mismo y de sumisión de quien reconoce el liderazgo de la persona que lo encarna (Raúl Rivadeneira Prada, *La opinión pública*, Trillas).

Las consideraciones anteriores nos llevan a concluir que no es lo mismo la autoridad detentada por imposición, que la que se deriva del auténtico liderazgo.

Es incuestionable que para ser líder sea necesario tener carácter fuerte y firme y debemos aceptar que seguramente la persona no está exenta de defectos, pues, como dice Kimball Young, "los líderes pueden manipular los anhelos de las masas en su propio beneficio" (*Psicología social y de la propaganda* y *Psicología social de la opinión Pública,* Paidós). Sin embargo, el auténtico líder debe tener una incuestionable confiabilidad que le permita ser creíble.

## LIDERAZGO A LA MEXICANA

En nuestra sociedad mexicana tradicionalmente la autoridad se ha ejercido como un derecho o una propiedad temporal de quien la detenta, mientras la persona se mantenga en el cargo público, y así la utiliza para su beneficio.

En cambio, la autoridad que se deriva del liderazgo se sustenta en el servicio que el líder debe prestar a sus seguidores, convirtiéndose en el guía que los conduce al cumplimiento de sus objetivos y en el portavoz de sus deseos. De este modo el líder obtiene la autoridad por convencimiento y voluntad de quien se le subordina libremente.

Por lo anterior, podemos concluir que en México carecemos de líderes, pues quien detenta autoridad termina intentando servirse de sus representados en lugar de servirlas a ellos. Esta actitud resta credibilidad y confiabilidad. Entonces la sumisión se da por temor y no por el convencimiento que debe generar el liderazgo.

¿Cómo puede un campesino creer en la honestidad de un líder que organiza una marcha de protesta hacia la capital, lo cual representa un gran sacrificio e incomodidades como tener que dormir en la carretera, mientras su "guía" viaja en una cómoda y lujosa camioneta climatizada?

La única explicación de estos supuestos fenómenos de liderazgo es que la desesperación de algunos grupos desprotegidos y vulnerables los obliga a intentar, como último recurso, creer en quien les promete algún beneficio. Es la "sumisión que se deriva de la esperanza".

Más que fe en nuestros líderes, se produce una lealtad condicionada; una confiabilidad expectante y reservada.

La función social de los líderes es generar motivación que impulse a luchar por alcanzar objetivos comunes. Sin embargo... de la presencia de auténticos líderes depende que una sociedad sea "activa", y de su ausencia depende la conformación de una sociedad "pasiva", como la nuestra.

## AUTORIDAD Y PODER

Podemos concluir que no es lo mismo la autoridad utilizada como el "poder" de controlar a los demás, que la autoridad derivada del liderazgo, la cual se utiliza como un recurso de concertación y equilibrio para conciliar intereses y subordinar esfuerzos a un objetivo común.

A través del uso y el abuso del poder el mexicano se reivindica ante sí mismo y se purifica, resarciendo su autoestima. Mientras más individuos sean controlados por el individuo y a su vez disminuyan los eslabones de la cadena que lleva al poder absoluto, éste se sentirá libre y realizado existencialmente.

México es un país estable porque el respeto al hombre poderoso existe mientras éste sea invencible. Ésta ha sido la norma y la virtud social que ha propieciado estabilidad social y política.

La permanencia y la vigencia de todo nuestro sistema político se deriva de la concesión de fragmentos de poder en todos los niveles sociales. Esta versatilidad y esta flexibilidad del poder permiten un control social absoluto que neutraliza a cualquier líder cuando apenas se está consolidando y lo engulle, poniéndolo al servicio del *statu quo*. Le concede su ración de poder y lo envilece, robándole toda posibilidad de desarrollar autoridad moral sobre sus seguidores. Ésta ha sido la constante en la historia de México.

## LAS INSTITUCIONES COMO GENERADORAS
## DE PODER

John Kenneth Galbraith le da una inusitada importancia a la "organización" (esto es, a las instituciones) como fuentes de poder.

Es importante destacar que Galbraith no establece diferencias entre poder y autoridad, por lo que sólo utiliza el concepto de *poder* para describir lo que nosotros estamos calificando como *autoridad*.

Por lo tanto, el control social o político que delega una institución en uno de sus miembros, por sí mismo debe ser considerado autoridad o, cuando menos poder institucionalizado, y, por eso, legitimado.

Sin embargo, la "organización" (o las instituciones) es fuente de autoridad. Las instituciones son entes o seres impersonales que tienen vida en un papel. Sin embargo, están conformadas por seres vivos; por personas que tienen criterios propios, expectativas, deseos y objetivos.

En consecuencia, en una sociedad individualista como la nuestra, las instituciones asumen el perfil y las características que les imprimen sus cabezas o sus líderes.

En nuestra idiosincrasia mexicana el líder está por encima de la institución que dirige, y no a la inversa, que es como generalmente se asume el liderazgo en los países no latinos.

En principio, quien preside una organización debería estar obligado a sujetarse a las normas, reglamentos y leyes que dieron vida a la institución, con el fin de tener credibilidad para exigir a la colectividad sumisión.

Sin embargo, nuestros líderes, siguiendo las directrices de su criterio personal, dirigen a sus instituciones, sean oficiales o privadas, de modo autocrático. Por lo tanto, se apropian de ellas. Esta flexibilidad, matizada por el culto a la personalidad de los líderes, se convierte en poder absoluto, lo cual les permite servirse de las instituciones para sus fines personales, en lugar de servirlas a ellas.

En las instituciones políticas, sindicales, académicos y en las de cualquier tipo que existen en México, el estilo para controlar sigue siendo el mismo: la autoridad ejercida como poder autocrático.

A su vez, este poder, sustentado y respaldado por la institución, se ejerce como "poder condigno", según Galbraith. Las instituciones se transforman en el *alter ego* de su líder supremo y se reinventan cuando el líder es sustituido.

De este modo observamos que en nuestro país el poder ejercido individualmente de modo autocrático trae consigo falta de continuidad de las directrices en el común de las instituciones mexicanas, pues esas directrices tienen vigencia sólo mientras esté a la cabeza quien las impulsó. Esta limitante genera inestabilidad, la cual se manifiesta en la renovación constante.

El caudillismo imperante en las instituciones mexicanas trae como consecuencia que el individuo que ingresa a una institución o empresa no tenga conciencia de asumir compromiso y responsabilidad. Más bien se siente dependiente del criterio y de los intereses de los individuos que dirigen la institución. De este modo, se produce una clara ausencia de liderazgo moral.

Para lograr sus objetivos, las instituciones mexicanas se ven obligadas a recurrir al uso del poder condigno o coercitivo, otorgándole poder a sus dirigentes. En el caso de las instituciones oficiales, el poder condigno de los líderes está respaldado en la legítima autoridad que delega el marco jurídico de nuestras leyes en las instituciones, para el cumplimiento de los objetivos sociales.

Para lograr un mayor nivel de justicia social de cara al futuro, la sociedad mexicana requiere instituciones fuertes que estén por encima de quien las dirige. Sólo de este modo se evitará el ejercicio de un liderazgo coercitivo, para sustituirlo por un liderazgo moral derivado de principios de valor incuestionable. Cuando las instituciones rigen la vida de la sociedad se garantiza el orden y elequilibrio, pero cuando la rigen los individuos, prevalece la ley del poderoso.

Por eso es importante que la institución esté por encima de los intereses de cualquier individuo u oligarquía. La fortaleza institucional es determinante.

## EL LIDERAZGO EN LAS SOCIEDADES SAJONA Y LATINA

Según hemos analizado, la asimilación de los cuatro ámbitos por cada perfil de sociedad, que fue descrita en un capítulo anterior, determina el modo en que se ejerce el liderazgo en el seno de las instituciones y de la sociedad en su conjunto.

Las sociedades sajona, germánica y nórdica perciben el mundo de un modo práctico y pragmático y le confieren a la sociedad la responsabilidad de establecer las normas que rijan la conducta de los individuos. Por eso se genera una cultura ética, o sea, de normas que están por encima del individuo.

De este modo constatamos que en las sociedades originadas en el norte de Europa los intereses grupales siempre están por encima de los particulares. Así es como la sociedad y sus instituciones tienen la autoridad moral para exigir sumisión absoluta y para censurar la conducta individual, incluso de su líder supremo.

La natural tendencia cultural hacia el ámbito moral y práctico predispone a los líderes sajones, germánicos y nórdicos a asumir el papel de promotores de los valores y las normas institucionales, acatándolas de modo incuestionable como medio para exigir a los demás que sean respetadas e, incluso, castigar a quienes las violan.

El líder de perfil sajón, germánico y nórdico es el primero en aceptar los lineamientos de la institución que encabeza y, por lo tanto, ejerce la autoridad que le ha sido delegada con amplio respaldo moral.

Si la sociedad es el eje, entonces la verdad surge de consensos sociales. En consecuencia, la verdad es relativa. En contraste, la cultura latina se sustenta en la existencia de una verdad absoluta e incuestionable. El compromiso del individuo es con su conciencia y, en la medida de sus creencias religiosas, con Dios.

Las normas y las leyes civiles representan un marco de referencia para los latinos, en cuanto no se cometan delitos graves. Por lo tanto, este culto a la individualización disgrega a la sociedad y abre oportunidades al ejercicio del poder autocrático, así como a los excesos para quien tiene el control social y el abuso del fuerte sobre el débil.

El líder latino, en tanto nace de una sociedad individualista, derivada de la visión moral y ética grecorromana, asume como suyo el beneficio de lo que administra, pues considera que a la sociedad no le debe ninguna explicación.

Cuando en el mundo latino se ejerce el poder desde una institución con personalidad jurídica, el líder distribuye parcelas de poder, que no son sino generosas concesiones de quien detenta el poder absoluto. Este tipo de liderazgo latino carece de continuidad, puesto que está sustentado en normas y reglas derivadas de la percepción autocrática del líder en el poder.

Es evidente que los excesos de ambas percepciones de liderazgo concluyen en represión sobre el individuo. Por eso es necesario que el líder del nuevo mileno, para ejercer autoridad moral que propicie consenso y lealtad, integre los valores de los cuatro ámbitos culturales: moral, espiritual, práctico y emocional, con el fin de ejercer un liderazgo humanista, cálido y efectivo.

## Liderazgo latino

- Se ancla en el paternalismo.
- Está más cerca del ejercicio del poder que de la autoridad.
- Es centralista.
- Es unipersonal.
- Es pasional.
- Es ilimitado.
- Está sustentado en el carisma y la personalidad.
- Ejerce control autocrático.

## Liderazgo sajón

- Se sustenta en el papel de guía.
- Es cerebral.
- Es transaccional.
- Se relaciona más con la autoridad.
- Es limitado (es delegado por una institución para cumplir objetivos específicos).
- Es institucional.
- Se comparte.
- Está sustentado en valores.

## EL MODELO SOCIAL Y POLÍTICO

### El modelo tradicional mexicano: del fin de la Revolución mexicana a la era de las redes sociales

El concepto de autoridad mal dirigido es el origen de todas las desgracias sociales de este país. A partir del fin de la Revolución mexicana y la institucionalización del sistema político contemporáneo, que podríamos ubicar en el momento en que fue creado el Partido Nacional Revolucionario (PNR), en 1929, por iniciativa de Plutarco Elías Calles, se logró pacificar al país, legitimando el poder de los caudillos revolucionarios que controlaban regiones importantes de su territorio.

A partir de ahí, al transformarse el PNR en el PRI, esto es, en el actual Partido Revolucionario Institucional, se logró el control político de todo el territorio nacional a través de un sistema autoritario que llegó hasta el año 2000, fecha en que se inició la era de la alternancia.

A partir de ahí, y con el surgimiento de las redes sociales, el ejercicio del poder responde a las oportunidades que ofrece el sistema político a individuos con liderazgo.

Veamos el modo en que se ejerció el poder social y político en México durante este periodo.

### *Análisis de la dicotomía: autoridad y poder en el ejercicio de la democracia*

Aplicando el análisis del poder que hace Galbraith y haciendo un repaso sobre lo que explicamos anteriormente, observamos que aquél se sustenta en tres fuentes que dan el acceso al control social o político a través del ejercicio del poder o la autoridad: *1)* la "personalidad", *2)* la "organización" y *3)* la "propiedad".

La "personalidad" representa el carisma del líder que seduce y genera credibilidad y confianza entre sus seguidores. Este es el poder que nace del liderazgo personal.

La "organización" representa el soporte de una institución que ofrece al líder una infraestructura de respaldo desde la cual pueda operar. Por lo tanto, representa a la autoridad que se recibe de una institución.

Finalmente, la "propiedad" ofrece los recursos económicos y materiales con los cuales se puede comprar el apoyo de terceros.

La web y las redes sociales constiuyen una apuesta al futuro que cambiará el modo de ejercer el control social y político en México, en la medida en que la tecnología digital vinculada a la web aumente su cobertura territorial y los servicios que ofrecen las compañías proveedoras de señal hagan accesible económicamente sus servicios al mayor porcentaje de la población.

Sin embargo, mientras tanto, en un país empobrecido por el descuido de los gobernantes el modo de ejercer el liderazgo, el poder y la autoridad se sigue sustentando —sin importar el partido político que gobierne y la ideología política que predomine— en los modelos tradicionales.

El dinero, o sea la propiedad, sigue siendo el sustento no sólo del liderazgo derivado del ejercicio del poder, sino de la democracia mexicana. En un país con idiosincrasia pragmática que reacciona ante las necesidades personales básicas, de supervivencia, la compra de votos por parte de los partidos políticos durante las elecciones es determinante, así como el monopolio de la entrega de la ayuda económica a las clases sociales vulnerables, lo cual constituye un privilegio que ejerce el gobierno en el poder a través de programas asistencialistas que cambian de nombre con la llegada de cada nueva administración.

Estos programas son la base de la coacción para controlar el voto durante las elecciones para cargos de representación popular, tanto de tipo legislativo como ejecutivo. Por lo tanto, la democracia mexicana no se sustenta en ideologías, ni en valores ni en el convencimiento a través de la persuasión, sino en el voto duro que surge de las estrategias de manipulación de las necesidades de los sectores inferiores de la base de la pirámide que conforma la estructura poblacional de México, clasificada desde el punto de vista socioeconómico.

La mezcla de condicionantes como el carisma del candidato, denominado por Galbraith como "personalidad", así como la fortaleza operativa del partido, calificado como "organización", y, por último, los recursos económicos para comprar votos, considerados por este ideólogo como "propiedad", constituyen la base de la democracia mexicana.

Quien haya participado activamente en campañas políticas electorales sabe que nuestra democracia no responde a las propuestas del candidato y menos aún a los programas de gobierno, sino a compromisos específicos y al reparto de dinero.

### El impacto del poder en la idiosincrasia durante el siglo xx

El ciudadano común —o sea, el último eslabón de la cadena— queda sometido a las exigencias de quien ejerce autoridad, que es el disfraz que esconde las ambiciones personales del poder condigno.

Veamos de modo concreto cómo funciona este sistema de poder.

El Poder Ejecutivo, como su nombre indica, tiene como función llevar a cabo las directrices del sistema político y la administración pública y posee la facultad de ejercer su "poder condigno" a través del Poder Judicial y el que se sustenta en el ámbito militar. Sin embargo, en estos tiempos, principios del siglo xxi no hace uso evidente y directo de ellos, pues no ha sido necesario.

Para ejercer el control total, el Poder Ejecutivo (en los tres niveles de gobierno: federal, estatal y municipal) se vale de un complejo sistema de delegación de poder parcial entre quienes deben ejercer la vigilancia. Esto quiere decir que todos los niveles jerárquicos del aparato gubernamental despliegan un poco de poder en relación con su rango el organigrama y, de este modo. se benefician de la cuota de control que les toca.

Lo anterior significa que la sociedad mexicana tiene asignadas cuotas de poder entre un amplio número de ciudadanos a lo largo de toda la compleja red de vinculaciones organizacionales, lo cual beneficia a un inmenso número de familias que conforman el sector burocrático.

Esta fragmentación de cuotas de poder tiene un alto impacto en la mente colectiva, tanto por la posibilidad de que se cometan abusos que estimulen la cultura de la opresión, como por la masificación de la corrupción a escala hormiga: policías, agentes de tránsito, oficinistas de dependencias gubernamentales, agentes del Ministerio público, personal de los juzgados, dirigentes sindicales o de organizaciones populares que controlan el comercio informal, entre muchos otros perfiles burocráticos, multiplican la percepción de abuso y corrupción.

Así pues, pongamos por ejemplo a un individuo que hábilmente logra controlar a un grupo de campesinos que demandan tierras. Lo más probable es que los terratenientes de la región, al sentirse afectados por las invasiones, los eliminen como a unos vulgares delincuentes, amparados por el poder de la "propiedad" (o sea, la riqueza que les permite comprar conciencias en el seno del sistema judicial), o negocien con ellos tomándolos a su servicio para pacificar a otros campesinos que los siguen y a cambio les dan dinero y apoyo para que consoliden su poder por medio de métodos más efectivos —con armas— recurriendo de este modo al "poder condigno"

Sin embargo, si esos campesinos no son eliminados, ni tampoco sucumben ante los ofrecimientos de sus enemigos, se convierten en una presa de mayor importancia, por lo que funcionarios menores del Poder Ejecutivo, del ramo agrario, los protegerán para que ellos, a su vez, incrementen su poder en la estructura burocrática.

Para suplir a la "personalidad" o al carisma necesarios para ejercer el poder, nuestro sistema político ha creado una serie de rituales y formulismos que visten y hacen atractiva la imagen pública de quienes son concesionarios de una parcela de poder. De este modo, el individuo siempre estará consciente de que tendrá poder mientras tenga el respaldo de su "organización" (o sea, su partido político) y de esta manera se disciplinará incondicionalmente.

El único que tiene derecho a mostrar su auténtica "personalidad" es aquel que está en la cúspide del poder nacional. Quienes se hallan a su alrededor deberán asumir como propias las expectativas de quien está en la cima de la pirámide. De esta manera, quien deja la cima a un sucesor debe esfumarse para dejar el campo libre al nuevo estilo o a la nueva "personalidad" del nuevo líder. Por eso el sexto año de cada sexenio es de confusión y conflicto, pues representa el traslape de la "personalidad" vigente sobre la que ocupará su lugar.

Esta tradición, que otorga a cada líder nacional el privilegio de mostrar su auténtica "personalidad", revitaliza el sistema, oxigenándolo, proporcinándole movilidad y actualizándolo en el estilo de las generaciones actuales.

En suma, la estabilidad política de México se ha logrado, hasta fin del siglo XX, con base en la continuidad que concede el hecho de que el poder real esté en la "organización" y no en los individuos, aunque el líder absoluto del país tenga grandes privilegios... pero un poder finito, pues a los seis años el sistema le cobrará la factura.

El privilegio que tiene el líder de marcar la pauta, imponiendo su "personalidad", que no deja de ser más que una simple forma que no invalida el contenido de los principios básicos de la "organización", puede acarrear sorpresas, como la que confesó Gustavo Díaz Ordaz, cuando reconoció —palabras más, palabras menos— que al elegir a su sucesor no lo conocía realmente. Con esto quiso decir que la institucionalidad no le permitió conocer la auténtica "personalidad" de Luis Echeverría Álvarez, mientras fue su colaborador, la cual se manifestó sólo hasta que se convirtió en presidente de la República.

## EL EJERCICIO DEL PODER EN LA ERA DE LAS REDES SOCIALES

A partir del surgimiento de las redes sociales a principios del siglo XXI, el ejercicio del poder sufrió una importante reestructuración, no sólo en México, sino en todo el mundo, lo que provocó una crisis de liderazgos tradicionales, principalmente en el ámbito político, y el surgimiento de liderazgos sociales con fuerza política informal, pero que ejercieron presión sobre las decisiones del Estado mexicano.

## Contexto

En el ejercicio tradicional del liderazgo político, previo al surgimiento de las redes sociales, tomando como referencia simbólica la presidencia de Ernesto Zedillo Ponce de León (1994-2000), quienes gobernaban dejaban de tener presencia cotidiana y sus apariciones públicas estaban rodeadas de simbolismos de poder que propiciaban una percepción pública mítica, como si vivieran en el Olimpo.

La distancia entre el pueblo y el gobernante permitía el control absoluto de su imagen pública, controlada por su equipo de colaboradores más cercanos, lo cual generaba una percepción de autoridad moral que propiciaba la sumisión popular.

En esa época —siglo xx—, en México el manejo de los recursos públicos era discrecional, pues el Congreso estaba controlado por la presidencia de la República y, por lo tanto, la asignación de obras y programas sociales tenía un fin político de control de las lealtades ciudadanas. La parte oscura del manejo del poder siempre quedaba oculta frente a los ojos de la sociedad.

Además, era fácil tener control de la prensa. Los medios electrónicos —como la televisión y la radio— eran controlados gracias a que su operación dependía de concesiones gubernamentales, que funcionaban como permisos, con un sistema de recompensas a la sumisión y de castigos para quien se saliera de control. Por su parte, los medios impresos —como los periódicos y las revistas— eran controlados mediante el acceso al papel.

El papel periódico tiene características especiales y no se producía en México. Las empresas periodísticas requerían grandes rollos que se importaban de los países nórdicos, principalmente de Suecia y Finlandia, pero también de Canadá y Estados Unidos, cuyos grandes bosques proveían la pulpa de madera necesaria para fabricar el papel.

Sin embargo, la importación del papel periódico estaba prohibida para la iniciativa privada y reservada exclusivamente para la Productora e Importadora de Papel (PIPSA), organismo dependiente de la Secretaría de Gobernación del gobierno federal, que surtía a toda la industria editorial y que de esa manera decidía a qué medios de comunicación llegaba este importante insumo. Este organismo fue creado durante el gobierno del presidente Lázaro Cárdenas.

A su vez, las revistas operaban con la autorización de la Comisión Calificadora de Publicaciones y Revistas Ilustradas, también dependiente de la Secretaría de Gobernación, órgano responsable de supervisar los contenidos de esas publicaciones

Por lo tanto, en esa época previa al nacimiento de las redes sociales, había una sutil censura sobre la prensa, mediante la cual se cuidaba el impacto de lo que se publicaba sobre la imagen del presidente de la República en turno y, a través del poder central, de los gobernadores.

Por otra parte, el control social se ejercía a través de los servicios de espionaje de personas públicas e influyentes a través de la Dirección Federal de Seguridad (DFS), dependiente de la Secretaría de Gobernación, y, posteriormente, del Centro de Investigación y Seguridad Nacional (Cisen), que la sustituyó a partir de 1989.

Ese modelo era similar al que operaba en el resto del mundo.

Hoy sabemos, con base en la divulgación de un documento desclasificado del Federal Bureau of Investigation (FBI), que en 1968, este organismo, a la sazón dirigido por Edgar Hoover, trató de desprestigiar al reverendo Martin Luther King, sin contar con pruebas contundentes.

El FBI había realizado una investigación sobre la vida privada de este líder afroamericano, en la que daba cuenta de su inmoral vida sexual, compartida con múltiples parejas, con lo cual el gobierno estadounidense empezó a acosarlo para obligarlo a dejar el movimiento social a favor de los derechos de la comunidad afroamericana, con la amenaza de que filtraría a la prensa esta información, que obviamente lo desprestigiaría. Sólo su asesinato, tres meses después, evitó que se hiciera público ese informe.

La lentitud con que en esa época circulaba la información adversa a los gobernantes permitía su control, pues evitaba que la sociedad se interconectara. La información y las noticias circulaban territorialmente, excepto cuando eran de interés para los gobernantes en turno y éstos se auxiliaban de la prensa a la cual controlaban para difundirlas masivamente.

En México el ingreso a los círculos del poder tenía lugar desde temprana edad. Cuando un joven demostraba talento y dotes para el ejercicio del liderazgo, ya sea desde la escuela secundaria o desde la universidad, lo mismo en el campo o en la vida sindical, y su influencia crecía gracias a su capacidad de convocatoria, en algún momento era cooptado por el sistema político, que formalizaba su liderazgo con cargos en la estructura del poder real. Por lo tanto, el usufructo del poder era cedido por las instituciones gubernamentales y políticas, que recompensaban la lealtad y castigaban la traición.

## El poder en la era de las redes sociales

Sin embargo, con la llegada de las redes sociales se produjero dos fenómenos interconectados. Primero, gracias a la capacidad tecnológica de los dispositivos telefónicos móviles, que permitían tomar fotografías y ofrecer conexión de internet inmediata para navegar a través de las redes sociales, se generó un sistema público de vigilancia sobre la vida de personas públicas con poder e influencia. De este modo, cualquier ciudadano con un dispositivo móvil —con cámara fotográfica y de video y acceso a las redes sociales— si se encontraba en el momento oportuno y en el lugar correcto donde era testigo de algún acontecimiento moralmente cuestionable, podía genear una noticia que, de acuerdo con su importancia, podía dar la vuelta al mundo. Esto ha debilitado la credibilidad y la confianza en las personas públicas, que ahora se han vuelto cotidianas y vulnerables incluso con respecto a su vida privada.

Esta falta de credibilidad ha generado una crisis de liderazgos públicos tradicionales, principalmente en el ámbito gubernamental, donde el tema de la corrupción ha puesto en evidencia el lado oscuro del poder político.

¿Qué hubiera sucedido si el presidente John F. Kennedy actualmente hubiese sido presidente de Estados Unidos? Seguramente algún ciudadano habría descubierto su romance con la famosa actriz Marilyn Monroe. Otro *youtuber* habría descubierto otro tema más peligroso aún: la vinculación de la familia Kennedy con Sam

Giancana, líder de la mafia de Chicago. Joseph Kennedy había recibido aportaciones de Giancana para apoyar la campaña presidencial de su hijo John. Descubierto esto, otro ciudadano habría publicado fotos, videos o conversaciones de ese hecho.

El presidente Kennedy habría tenido que renunciar a su cargo de modo vergonzoso, sin credibilidad y con su reputación hecha añicos. Sin embargo, sus enemigos no habrían necesitado mandar a asesinarlo.

Actualmente, gracias a la facilidad tecnológica de los dispositivos telefónicos y a la accesibilidad en tiempo real, que permite que millones de personas estén en estado de alerta constante vigilando lo que sucede a su alrededor, el control social y político pasó de los gobernantes al ciudadano.

Hoy los ciudadanos son los que descubren las noticias, las suben a las redes sociales y los medios de comunicación masiva las validan, y si tienen credibilidad, las dan a conocer masivamente. El poder pasó de una clase política desprestigiada y sin credibilidad a la ciudadanía.

La conectividad en tiempo real, vía las redes sociales, ha empoderado a la sociedad, pues una noticia importante provoca fenómenos de opinión pública en todo el territorio nacional y, si es de interés global, en todo el mundo.

Otro fenómeno de la actualidad es el surgimiento de líderes informales independientes que, por sus propios méritos, adquieren credibilidad, influencia y, en consecuencia, poder personal.

Si bien antes el uso del poder era una concesión del sistema político a algunos individuos, lo cual limitaba la capacidad de ejercer ese poder según el criterio personal del concesionario, actualmente el liderazgo y la influencia pertenecen a las personas.

Cualquier líder joven —hoy denominado *influencer* o *youtuber*— con conocimiento de la dinámica operativa de las redes sociales, cuando está promoviendo una causa social de alto impacto público, puede llegar a tener millones de seguidores y detonar un movimiento social o político que influya la vida del país, incluso en el ámbito gubernamental.

Hoy, en la era de las redes sociales, la credibilidad derivada de una reputación sana se ha convertido en el más importante capital para alcanzar el poder político e, incluso, gubernamental.

Debido al descrédito de la política tradicional, popularmente vinculada con la corrupción, han surgido líderes del ámbito ciudadano que están ocupando cargos importantes en la política y en el gobierno. Incluso los partidos políticos cooptan a las personas públicas, limpias de cuestionamientos éticos, para poder ganar las elecciones.

En síntesis, las redes sociales reestructuraron la vida social y política en lo concerniente al ejercicio de la autoridad y del poder. Debilitaron a quienes ejercen liderazgos tradicionales y a las estructuras de poder ancladas en la corrupción, generando crisis de esos liderazgos debido a su pérdida de autoridad moral. En contraposición, empoderaron al ciudadano y estimularon el surgimiento de líderes e *influencers* que surgieron del ámbito ciudadano.

El eje de esta nueva era, en lo relativo a las estructuras de autoridad y de poder, es la reputación incuestionable que sustenta, primero, la credibilidad y, consecuentemente, la confianza.

El tema del liderazgo público es fundamental para entender el futuro de nuestro país, pues, entendido como un fenómeno social por medio del cual la sociedad o una comunidad de cualquier tipo por su voluntad delega en una persona específica su representación, hoy vemos que incluso en el ámbito electoral ganar una elección no es garantía de gobernabilidad si no se tiene un liderazgo auténtico frente a la sociedad.

Una elección puede definirse por la diferencia de un solo voto, pues la democracia actual es cosa de números. Pero también se puede ganar en los tribunales o como resultado de una negociación entre los partidos.

El liderazgo auténtico que vincula al candidato ganador con su electorado legitima la gobernabilidad.

También es necesario reconocer que el poder se puede heredar. De hecho, la conducta tradicional impulsa a quien tiene poder a tratar de heredarlo a quien conviene a sus intereses, para protegerse en el futuro o seguir teniendo influencia y una dosis de poder, o por razones afectivas, como las familiares o de confianza. Sin embargo, el liderazgo es personal y, por lo tanto, se construye individualmente.

Para ejercer poder con autoridad moral es necesario desarrollar un liderazgo efectivo que genere credibilidad y confianza.

## CONCLUSIONES

El tema de la falta de respeto a los derechos humanos que enfrenta México ha trascendido sus fronteras y se ha convertido en un reclamo internacional. Sin embargo, en el fondo de este indicador hay un contexto que nos remite a una distorsión jurídica sustentada en una visión ética equivocada.

Por usos y costumbres se ha aceptado como válido que la aplicación de la ley se preste a negociaciones entre las partes involucradas en un conflicto para llegar a un acuerdo. Sin embargo, nuestro orden jurídico pone en evidencia que la aplicación de la ley con base en esa visión del derecho, que se aplica cotidianamente en otros países, no responde al valor universal de la justicia, ya que ésta no debe ser negociable, ni aunque contemple el resarcimiento del daño.

Cuando el Estado de derecho no se sustenta en valores morales y en la ética, se abre la puerta a las aberraciones jurídicas que propician un orden social en el que prevalece la ley del más fuerte.

Cuando el Estado mexicano dejó de asumir el papel de impartidor de justicia para convertirse en un mediador entre las partes de un conflicto, no sólo renunció a un derecho, sino a su obligación de garantizar justicia y proteger al débil y al vulnerable.

La justicia debe partir de principios elementales, como la presunción de inocencia —hasta que las evidencias demuestren la culpabilidad de un sujeto, lo cual debiera suprimir figuras como la prisión preventiva y el arraigo—, así como la persecución del delito, cuando se compruebe, independientemente de que exista una acusación.

En cualquier proceso de negociación siempre tomará ventaja el hombre poderoso en perjuicio del débil, traicionando el principio esencial de equidad en el que se sustenta la justicia.

# CAPÍTULO IX

# MÉXICO, PAÍS DE LA INTUICIÓN PURA

**M**UCHO SE HA DICHO de México, país al que se ha califica-do como surrealista. Al decir surrealista simplemente se hace referencia a que es misterioso e incongruente. Es el país donde las formas enmascaran la realidad.

André Breton, el padre del surrealismo, visitó México en 1938 y dijo: "No intentes entender a México desde la razón, tendrás más suerte desde lo absurdo. México es el país más surrealista del mundo".

Quizá para entender esta frase de Breton sea necesario recor-dar el documento que escribió y al que denominó *Manifiesto del surrealismo*, el cual publicó en 1924.

En este documento, el intelectual francés definió a esa corrien-te artístico como "un automatismo psíquico puro, por el cual se pre-tende expresar, ya sea verbalmente, por escrito o de cualquier otra manera, el funcionamiento real del pensamiento. Dictado del pen-samiento en ausencia de todo control ejercido por la razón fuera de cualquier preocupación estética o moral".

Lo anterior significa que a través del surrealismo Breton pro-ponía una expresión libre al margen del raciocinio, donde no hubiese fronteras entre la imaginación y el mundo real. Seguramente ese es-píritu del surrealismo lo encontró en el alma del mexicano.

Para el mexicano las palabras son relativas y pueden ser mani-puladas. Lo esencial para entender al mexicano es lo que nos indica nuestra intuición. Si nos hacemos conscientes de la riqueza de po-sibilidades de la intuición, la cual es un atributo muy generalizado en nuestra sociedad, podríamos generar una gran riqueza siempre y cuando la controlemos conscientemente.

## LA INTUICIÓN

La idiosincrasia mexicana posee un rasgo fundamental para la vida de los mexicanos: una intuición hipersensible, que, canalizada con responsabilidad, puede convertirse en piedra angular de la ofensiva comercial mexicana en el extranjero.

Hemos malgastado la intuición como recurso de última hora para resolver problemas cotidianos y nunca la hemos utilizado como un instrumento de desarrollo. Sin embargo, encauzada en un sistema de productividad, puede ser un rico potencial, hasta ahora subutilizado.

México se halla en un punto decisivo para su crecimiento. Por eso es necesario reevaluar lo que somos los mexicanos, con el fin de fortalecer nuestros valores fundamentales y desarraigarnos de aquellas costumbres, prejuicios y conductas estereotipados que nos limitan y representan barreras a la modernización de nuestro país.

El nuestro es un país donde lo que se percibe es simple apariencia y lo que tiene vida permanece oculto. La percepción de la realidad se convierte en un acertijo, pues lo aparente es erróneo y lo que no se expresa constituye una verdad absoluta.

Comala, el pueblo mágico donde Juan Rulfo situó a Pedro Páramo en su famosa novela, es México. Los seres que deambulan por las calles de ese pueblo, en realidad no existen: son simples cadáveres vivientes; sin embargo, los espíritus, ocultos a los sentidos con que la naturaleza califica a lo que tiene vida, son la única realidad posible.

La lógica y la deducción no funcionan para comprender el mecanismo social de este país. Si Alemania puede considerarse, con sobrados méritos, el país de la "razón pura", donde a través de la metodología deductiva se llega a descubrir la realidad incuestionable, a México debe considerársele su antítesis: el país de la "intuición pura".

Las interrelaciones sociales no se sustentan en el raciocinio ni en la lógica, sino en la intuición. Alemania aportó a la cultura occidental un gran legado filosófico, por medio de sus grandes pensadores: Kant, Hegel, Heidegger, Leibniz y Husserl, entre otros.

Si lograra descubrirse a sí mismo con todo su potencial intelectual, México podría aportar una nueva visión cósmica de la humanidad, fundiendo la intuición pura con la filosofía pragmática. En México la intuición es aplicada a la vida diaria.

Somos un país de espejismos, por los cual resultamos incomprensibles a los ojos de cualquier extranjero; de ahí nuestro aislamiento y nuestra incomunicación.

Como país convivimos perfectamente con el resto de las naciones, sin embargo, nunca nos fundimos en una comunidad. Conservamos nuestra individualidad, con plena conciencia de ser diferentes y porque los demás países nos sienten distintos.

Esta habilidad intuitiva la hemos desarrollado a lo largo de varios siglos como un mecanismo de defensa y, por lo tanto, viene aparejada con complejos y resentimientos que nos impiden canalizarla positivamente y volcarla en la obtención de un futuro mejor. El problema reside en que "estamos encadenados al pasado" y, por aferrarnos a él, teniéndolo como lastre, perdemos de vista el futuro.

El problema que impide a México ver de frente al futuro y prepararse con objetividad para alcanzarlo, está en el pasado que nos tiene presos. El pasado, insertado en el inconsciente colectivo, sigue teniendo vigencia en esta época de integración en un mundo globalizado.

Lo que tendremos que rescatar de nuestro subconsciente no es agradable y quizá hasta sea doloroso recordarlo, pero es necesario enfrentarlo con objetividad, lo cual es difícil para seres intuitivos y subjetivos como somos los mexicanos.

El fondo del problema es que la identidad de México se halla confundida cuando queremos desentrañarla desde tres ámbitos que reflejan la fusión de dos civilizaciones que inició simbólicamente hace 500 años: el ámbito étnico —para definir quienes somos—, el cultural y el religioso. A cinco siglos de distancia seguimos queriendo desentrañar misterios.

De hecho, la fusión étnica nos proporcionó la riqueza del mestizaje; la fusión cultural nos aportó una riqueza estética que impresiona al mundo, y la fusión religiosa nos concedió un fenómeno que denominamos sincretismo y que nos ha permitido vivir nuestra espiritualidad con base en la esencia del cristianismo, pero enriquecida con simbolismos propios de la sensibilidad indígena, los cuales se han integrado a la liturgia católica que han dado lugar a tradiciones.

Sin embargo, la interpretación histórica hecha después de la Revolución mexicana, aderezada con resabios y rencores ideológicos, ha contaminado la interpretación y el simbolismo de ese acontecimiento que sucedió hace 500 años y nos proporcionó una identidad como nación.

La visión histórica oficialista ha propiciado el surgimiento de una actitud de conflicto en torno de estos tres factores, en los que gira la problemática del mexicano: la falta de identidad étnica, el choque cultural y una religión a la que se pretende fustigar con fundamento en una visión ideológica que se asocia con la conquista.

Invitamos al lector a analizar estos puntos con objetividad y detenimiento, haciendo de lado el corazón.

## INTUICIÓN *VS*. RAZÓN

La cultura occidental se ha caracterizado por sustentarse en la razón y en la deducción. Podríamos afirmar que Alemania —cuna de grandes filósofos— es el país de la razón pura. A partir de este planteamiento, México sería su antítesis: el país de la intuición pura.

Asimismo, podríamos definir la razón como un proceso discursivo fundado en la deducción, apoyada en una metodología lógica. Por lo tanto, la razón requiere disciplina y mucha observación. La razón es pragmática y objetiva, resultado de la reflexión.

En contraste, la intuición constituye una percepción instintiva e inconsciente, cercana a la clarividencia y, por lo tanto, es subjetiva.

La razón también puede ser interpretada como todo un sistema de comunicación para transmitir ideas y conceptos. Primero, los categoriza y los estructura en un orden lógico y sistematizado; después se vale del lenguaje para describirlos.

El lenguaje no es más que un conjunto de símbolos fonéticos y gráficos que funcionan como herramientas de comunicación.

Cuando las palabras han desgastado su capacidad significativa y carecen de fuerza emocional porque ya significan superficialidades estereotipadas, no hay otro camino que aguzar nuestra sensibilidad para captar su mensaje intuitivamente.

El mexicano, acostumbrado a conceder a las palabras un valor relativo, es especialmente proclive a interpretar de modo intuitivo lo que lo rodea y lo que dicen quienes lo rodean.

## MÁS ALLÁ DE LAS PALABRAS

La razón requiere al lenguaje como herramienta de comunicación. La transmisión de ideas termina produciéndose a través de estos símbolos representativos. En contraste, la intuición es un sistema que nos ayuda a percibir el mundo de manera vivencial.

Sin embargo, a falta de una herramienta de fácil uso como el lenguaje, la comunicación a nivel intuitivo se torna difícil y compleja, pues falta un elemento de enlace, que siempre es la "palabra", detrás de la cual está representando un concepto racionalizado.

Por eso, para que se produzca una comunicación efectiva a nivel intuitivo, se requiere empatía entre ambos interlocutores, lo cual es una condicionante que restringe sus posibilidades, pues la torna selectiva. Debido a esa razón, la sociedad mexicana ha construido códigos comunicacionales que son interpretados con base en la intuición y se van aprendiendoo desde los primeros años de vida del mexicano.

Esto dificulta a un extranjero que hable nuestro idioma entender nuestros códigos intuitivos, si a lo largo de un aprendizaje vivencial no ha desarrollado la herramienta que le permita descifrar nuestras intenciones y neustras expectativas.

La comunicación intuitiva se da difícilmente, pero cuando se logra, es rica y vasta en matices.

## A VERDADES RELATIVAS, UN ORDEN SOCIAL IMPOSITIVO

Por ser subjetiva, la intuición es una experiencia individual que difícilmente puede ser compartida. De aquí se deriva el hecho de que en México difícilmente hablemos de verdades absolutas... Cada quien sólo da crédito a la verdad que percibe intuitivamente y que, por lo tanto, constituye su verdad, lo cual nos remite a considerarlas como verdades relativas.

Esta clara conciencia de las verdades relativas nos lleva a una idiosincrasia flexible, poco convencional, en la que se respeta el derecho a la propia interpretación y a la interpretación ajena.

Cuando se enfrentan dos verdades relativas sólo queda de por medio la imposición del más fuerte, de quien tiene más autoridad (moral o formal) y más credibilidad, o del que se impone por la violencia o el terror.

De lo anterior se deriva la aceptación tácita e implícita de que "las leyes son letra muerta al servicio del poderoso". El poderoso apela a la ley para justificar racionalmente su propia verdad subjetiva e imponerla.

A falta de verdades absolutas que establezcan el sistema de convivencia social, en México la estabilidad se logra con base en una serie de imposiciones escalonadas, donde interviene una gran cantidad de líderes, de todo tipo y de variadas características, que a su modo imponen las reglas del juego.

Sólo a través de la imposición México ha logrado estabilidad social. Éste es el grave y complejo problema al que actualmente se enfrenta la sociedad mexicana y que constituye un importante reto: construir un orden social más equitativo y justo, pero sin contar con el apoyo de la razón y la objetividad, pues no forman parte de nuestra idiosincrasia.

En la era de la globalización y las redes sociales, la imposición se convierte en un pecado social y político. En la vida política de nuestro país, ante cada conflicto que surge siempre hay un llamado al diálogo y a la necesidad de instalar una mesa de negociación.

Cuando un grupo social enfrenta una problemática compleja, como la indefinición de los derechos de una comunidad rural sobre una fuente de agua, ya sea un lago, un río o una presa hidráulica, y el gobierno pretende distribuir ese recurso natural a toda una región, por ejemplo, entonces surgen líderes que pretenden representar a esa comunidad.

Lo primero que harán es impedir por medios violentos que el organismo gubernamental construya los ductos hidráulicos y exigirán negociar con un alto funcionario de la administración pública con capacidad de decisión. Entonces se instalará una mesa de diálogo y negociación en la cual las dos partes en conflicto expondrán sus exigencias.

Sin embargo, lo que ocurrirá es un monólogo por parte de cada grupo de interlocutores, quienes no estarán dispuestos a ceder nada para llegar a un acuerdo. El resultado final de esa "negociación" será una lucha de poder y de amenazas que concluirá con la victoria del más fuerte sobre el débil, para lo cual habrá represión gubernamental respaldada con argumentos jurídicos para pacificar el conflicto, o, si la comunidad resulta más fuerte que el gobierno, se cancelará el proyecto. La tercera opción será que el gobierno, en un ejercicio claro de corrupción, sobornará a los líderes y les ofrecerá dinero para que traicionen a su comunidad y desactiven el conflicto. En este ejemplo queda claro que el diálogo ético es casi imposible en la idiosincracia individualista del mexicano.

La intuición fortalece la individualidad porque crea mundos complejos, autosuficientes e independientes, dentro de cada cabeza. De esta manera, el individuo está por encima de todo... de las leyes y de la propia sociedad.

México es un país de excepciones... Cada mexicano se considera un ser peculiar, que requiere un trato particular, adecuado a sus circunstancias y, por lo tanto, no acepta sumarse a los demás de manera voluntaria. Por eso, sólo la imposición con el respaldo del poder condigno, autoritario, resuelve los conflictos con un ganador y un perdedor.

Recordemos que, en casi todo el mundo occidental, de la razón se desprenden las leyes que generan acuerdos equitativos. Este contexto tiene como característica fundamental que predispone al individuo a acatar esas leyes por convicción y con disciplina.

Es obvio cómo las instituciones de los países sajones preservan durante siglos su propia personalidad, su filosofía y sus normas, y cómo, quienes llegan a presidir esas insituciones, se ajustan a los lineamientos señalados en los estatutos de su fundación.

En contraste, en México las instituciones son flexibles, moldeables en manos de los directivos y con cada cambio de cabezas se produce un reajuste de estructuras y de orientación. La institución, entonces, se pone al servicio de quien la dirige. Por eso la organización confiere a su máximo líder poder absoluto, disfrazado de autoridad.

Esto genera parcelas de poder, el cual es ejercido en forma escalonada y en la dosis que determina el organigrama. La única verdad generalmente aceptada es la que se define e impone desde las altas estructuras políticas, desde donde emana la autoridad.

Sin embargo, se sabe que su vida es finita. Este estado de cosas subsiste mientras permanezca en la cúspide del organigrama su mentor, porque al ser sustituido, todo se ajustará al perfil de quien llegue a ocupe su lugar.

## LAS PARCELAS DE PODER

El influyentismo, que consiste en el hecho deque una minoría se tome la prerrogativa de quedar libre de la jurisdicción de las leyes, o de interpretar su aplicación, es un cáncer que desarticula a la sociedad mexicana

Sin embargo, nuestra estabilidad social se basa en el equilibrio de fuerzas entre oprimidos y opresores. Cada quien ejerce la parcela de poder que le corresponde en las instituciones políticas, sindicales, empresariales, sociales, educativas y familiares, entre otras más. Porque los mexicanos somos intuitivos por naturaleza, y fomentamos el uso de la intuición, nos movemos en un esquema de comunicación muy complejo y difícil de ser entendido por los extranjeros.

## LO APARENTE ES ENGAÑOSO

Los mexicanos fuimos integrados a la cultura occidental por un país europeo, España, que nos introdujo a un nuevo orden social y a un modelo de vida muy parecido al suyo.

Sin embargo, nuestra mitad indígena siguió viviendo debajo de la piel y nos acostumbramos a llevar una doble vida: la pública (que no es más que el remedo de un esquema racional) y la privada (que conservamos para nosotros, salvaguardando nuestro auténtico intuitivo "yo", al cual concedemos crédito, pues nos guía en la resolución de nuestros problemas).

Esta doble vida se refleja socialmente y crea un mundo aparente en el acontecer nacional, de fachada, sin vida y acartonado; de formulismos, ritos, tradiciones y costumbres.

Sin embargo, escondida de todas las miradas, fluye la auténtica vida mexicana, con sus pasiones encendidas, sus deseos y sus sueños que se reprimen ante la presencia de los demás, para poder conservar una apariencia mesurada, fría y objetiva.

Esta actitud camaleónica ante la vida, el mundo y nuestros semejantes, implica, para cada mexicano, la necesidad de mantener alerta su intuición con el fin de darle a lo que le rodea su correspondiente interpretación y valorarla en su justa dimensión.

## LA AGRESIVIDAD COMO DEFENSA

Es innegable que no todos los seres humanos poseemos el mismo grado de sensibilidad, y, por lo tanto, no todos los mexicanos hemos desarrollado la intuición. Por esta razón, hay quienes no tienen posibilidades de comunicarse sutilmente con los demás y se sienten desorientados y marginados, sin entender la psicología de quienes los rodean.

Estas personas asimilan sólo el contenido formal de los mensajes y comúnmente se equivocan en la interpretación. Ante esta limitante, no queda más opción que asumir una actitud defensiva en estado crónico; alerta constante, para agredir apenas sienten peligro, o cuando no entienden lo que sucede a su alrededor.

Por eso, los mexicanos nos dividimos en dos grupos perfectamente definidos: los muy diplomáticos e integrados socialmente —conocedores de las reglas de la idiosincrasia mexicana, reservados y sutiles— y los agresivos —marginados que se hacen valer a la fuerza y consiguen lo que pretenden por medio de la imposición—.

A su vez, existe un subgrupo, derivado del segundo, formado por quienes no poseen intuición, pero tampoco tienen fortaleza, ni física ni psicológica, para hacerse respetar. Es la gente aparentemente sumisa, que en el fondo de su corazón está resentida y cargada de rencores, y que a la primera oportunidad, de modo sorpresivo se cobrará las afrentas de modo implacable.

La sociedad mexicana es contradictoria y polarizada. Con frecuencia muy flexible, pero a veces excesivamente rígida. Puede ser conciliadora e impositiva a la vez; tímida y agresiva, o excesivamente paciente pero también muy desesperada. Puede ser aguantadora y, en contraste, intolerante. Muy espiritual y demasiado materialista, soñadora e idealista y también escéptica y pragmática, religiosa y liberal, humanitaria y despiadada, ingenua y maliciosa, confiada y desconfiada, dadivosa y miserable, medrosa y valiente...

Por todo lo anterior, México es un país dividido en dos grandes contrastes: dominadores y dominados, manipuladores y manipulados, ricos y pobres, triunfadores y perdedores, letrados y analfabetas. Los términos medios no son comunes.

Sin embargo, todos tenemos la misma tendencia a aferrarnos al pasado, como aristócratas venidos a menos, con desconfianza del futuro y temerosos de su incertidumbre. Por eso México es cauteloso y elude los grandes retos. Nuestras hazañas históricas han sido más bien producto de la necesidad y de la presión de las circunstancias, que derivadas de los ideales.

En la lucha por independizarnos de España, así como en la Revolución, el pueblo participó por desesperación, con la esperanza de remontar la pobreza, sin tomar en cuenta los otros intereses existentes.

Los cambios sociales, como sucedió en estos dos acontecimientos determinantes de nuestra historia, fueron concebidos por una minoría ilustrada y culta, movida por ideales, pero fueron concretados por gente desesperada movida por la necesidad básica de supervivencia.

El padre Miguel Hidalgo; la corregidora doña Josefa Ortiz de Domínguez y su esposo, don Miguel Domínguez, quien gobernaba Querétaro; doña Leona Vicario, Ignacio Allende, Juan Aldama, José Mariano Jiménez, así como todos los que iniciaron la sublevación, eran aristócratas que pretendían liberar a nuestro país de la tiranía de Napoleón Bonaparte, quien dominaba España después de haberla invadido y había puesto a gobernar ese país a su hermano José Bonaparte.

Allende, Aldama y Jiménez, que eran el mando militar insurgente, se habían formado en el ejército español. Incluso quien consolidó nuestra independencia en 1821, Agustín de Iturbide, combatió en contra de los insurgentes, en su calidad de comandante del ejército realista.

Nuestra Revolución fue convocada por Francisco I. Madero, miembro de una familia de empresarios, apoyado por otros empresarios del norte, a quienes se sumaron ganaderos y miembros del pueblo que vieron la oportunidad de dejar atrás la pobreza.

Por otra parte, la Revolución detonó anticipadamente cuando fueron descubiertos por las autoridades porfirianas de Puebla los hermanos Aquiles y Máximo Serdán, a quienes pretendieron aprehender y asesinaron.

Los hermanos Serdán, pequeños empresarios, pertenecían a la clase media alta de Puebla, como se puede constatar por su domicilio en el centro de la capital poblana, donde aún quedan como testimonio de esta gesta heroica las huellas de las balas en la fachada de la señorial casa, ubicada frente a donde alguna vez estuvo el monasterio de las monjas de Santa Clara. La educación de ambos personajes, así como la de sus hermanas, estuvo a cargo de colegios privados de gran alcurnia.

Los dos más importantes acontecimientos históricos de nuestro país muestran que el camino para generar una sociedad incluyente, justa y con oportunidades de desarrollo para todos los mexicanos es la educación, pues nos integra más como grupo social y, además, nos abre nuevas opciones laborales o emprendedoras, lo cual abate la pobreza.

La pobreza nos vuelve dependientes de la seguridad social y rehenes de los intereses y las ambiciones políticas de quienes gobiernan. En contraste, en una sociedad autosuficiente las personas se vuelven celosas de sus derechos y menos manipulables ideológicamente.

En consecuencia, todos los gobiernos posteriores a la Revolución mexicana hicieron poco para combatir la pobreza, pues esta condición de vulnerabilidad ha permitido constituir una reserva electoral para retener el poder a favor de quien gobierna y administra el presupuesto de la seguridad social.

Todo lo anterior permite ejemplificar nuestra tesis: la agresividad latente en un importante sector de la sociedad mexicana no es espontánea, sino que se deriva de la imposibilidad de hacer valer sus derechos por medios pacíficos y de su incapacidad para persuadir valiéndose de los sistemas de comunicación prevalecientes en nuestra sociedad, que son de tipo intuitivo.

Seguramente el fenómeno social generado inicialmente por el narcotráfico, que ha derivado en una violencia sádica por parte de los "sicarios" —el brazo armado de los cárteles— tenga su origen en el resentimiento y en la frustración de la gente por no encontrar mejores oportunidades de supervivencia.

Quienes desde su infancia no hallaron otro camino para sobrevivir en este mundo complicado que la violencia física, hoy encuentran en la delincuencia organizada una vía para obtener poder y dinero, que no pudieron conseguir en los espacios naturales que ofrece la sociedad.

La intuición nos ha funcionado como un código de comunicación que nos integra en torno de un sistema de valores propio, pero quienes no pueden desarrollar este recurso quedan fuera y sin oportunidades, lo que propicia dos mundos paralelos: el de los integrados y el de los excluidos. Entre los primeros se encuentran los que asumen su condición mientras no tienen otra alternativa, sintiéndose manipulados y sojuzgados, incapaces de manifestar su frustración, su rabia y sus rencores, hasta que se abre una rendija política o social que los emancipa y les genera esperanzas. Éstos son los periodos históricos en los que sobreviene una especie de caos.

Por otra parte están los excluidos, quienes nunca se adaptan al orden impuesto y se rebelan. Este perfil, con base en el sistema de valores morales flexible, laxo y permisivo, que anida en nuestra idiosincrasia, les permite a las personas justificar su conciencia, que optan por la delincuencia, con la complicidad de una sociedad resentida que no se atreve a correr riesgos de enfrentar abiertamente a la justicia, pero que con simpatía protege a quienes se atreven a desafiar al sistema jurídico injusto, hecho para beneficiar a los poderosos.

## EMPATÍA Y MANIPULACIÓN

En el esquema de dominadores y dominados existe una variación: la del liderazgo, real y efectivo.

Como ya lo hemos dicho, la intuición es una herramienta de comunicación que nuestra sociedad desarrolla de modo informal, pues representa nuestro elemento de integración exclusivo. A su vez, la intuición como herramienta de comunicación nos permite conocer las auténticas motivaciones y actitudes de quienes nos rodean, con efectiva clarividencia.

De este modo se puede producir la empatía, o sea, poniéndonos en los zapatos de nuestro prójimo. El liderazgo sólo es posible cuando su objeto se convierte en el intérprete del sentir de un grupo humano.

Kimball Young, en su libro *Psicología social de la opinión pública* (Paidós, Buenos Aires), asegura que los líderes pueden ser los primeros en plantear o definir una cuestión; también pueden verbalizar y cristalizar los vagos sentimientos de las masas, y al final de cuentas pueden manipular los anhelos de la gente para su propio provecho.

México es un país donde abundan los líderes y la demagogia. De este modo, cada líder primero interpreta lo que desea o anhela un grupo, y después plantea una propuesta para alcanzar esos objetivos.

Al prometer a la gente lo que ésta desea escuchar, el líder obtiene su apoyo y termina obteniendo provecho personal de la fuerza política y social que le confieren sus representados. Éste es el esquema del liderazgo demagógico, muy común en nuestro país. Los líderes sociales tienen la capacidad de intuir las motivaciones de quienes los rodean, pues logran penetrar en su intimidad psicológica. Luego manipulan sus necesidades con la promesa de solventarlas. Más tarde, ese líder podrá ofrecer esa fuerza política bajo su control al mejor postor, ya sea las instituciones gubernamentales o los partidos políticos.

Este liderazgo demagógico que prevalece en nuestra política nacional es la respuesta al pragmatismo de nuestra idiosincrasia, pues manipula las necesidades básicas de la población. Por eso carece del romanticismo y el idealismo que alimentan la vida política de otro tipo de sociedades y países.

La manipulación de las necesidades básicas de supervivencia es el factor fundamental que propicia el nacimiento de un líder en México.

Por eso, la aparente ideología de nuestros líderes sólo tiene un objetivo: obtener el poder político. De ahí se deriva la incongruencia entre lo que ofrecen en una campaña electoral y lo que hacen cuando gobiernan. Cuando son parte de la oposición critican algo que mañana, cuando ya gobiernan, tendrán que defender.

En México las ideologías políticas son simples etiquetas que proporcionan identidad, pero no generan compromiso. También queda en evidencia la ausencia de idealismo y compromiso propio de las ideologías, cuando, con suma ligereza, nuestros políticos cambian de partido en búsqueda de oportunidades personales, no obstante que el nuevo insituto político profese un ideario opuesto a la del partido que abandonan.

En síntesis, podemos afirmar que el perfil del líder pragmático, que abunda en nuestro entorno político, utiliza su intuición y sus habilidades persuasivas no para alcanzar objetivos en beneficio de la sociedad, sino para satisfacer sus ambiciones personales.

Nuestra idiosincrasia es tan escéptica que no confía en utopías, y nuestros líderes son tan aviesos que utilizan las ideologías derivadas de esas utopías como herramientas de manipulación, para dar formalidad y cariz social a su lucha.

Para lograr sus objetivos se apoyan en la actitud de quienes están desesperados por obtener lo que, por una justicia elemental, les pertenece. Por eso el campesino mexicano, hambriento de justicia y padeciendo grandes carencias, muchas veces ha sido utilizado como carne de cañón por líderes demagogos y corruptos.

La desesperación permite que, aun con evidencias claras de la deshonestidad del líder, el pueblo desee creer en él. Siempre será más estimulante tener una esperanza, aunque sea remota, que abandonarse al desaliento.

## LOS RITUALES Y LOS FORMALISMOS

La inseguridad emocional en relación con su reconocimiento social, estimula al mexicano a recurrir a la utilización de simbolismos que proyecten frente a los demás bonanza y éxito. Los títulos universitarios, que simplemente constatan que alguien posee los conocimientos de una materia determinada, se han convertido en símbolos de estatus social. Cualquier mexicano que ha cursado estudios universitarios se esfuerza por ser reconocido con el título correspondiente, del mismo modo que antiguamente, en Europa, la nobleza exigía que sus títulos fuera reverenciados.

El título universitario es la coraza que utiliza quien se siente inerme ante la sociedad, para darse a valer, no obstante que en realidad simplemente formaliza la existencia de determinados estudios universitarios y en cualquier parte del mundo, en estricto sentido, certifica el dominio de los conocimientos de una disciplina científica determinada

Sin embargo, la motivación del estudiante universitario mexicano se focaliza en la obtención de ese documento que lo acredite como poseedor de un nivel intelectual que merece el reconocimiento público y, por lo tanto, el acceso ilimitado a las oportunidades laborales.

El altísimo desempleo que existe entre los universitarios se manifiesta en los salarios bajos, pues suele obtener una mejo remuneración económica un técnico altamente capacitado que un egresado de cualquier licenciatura.

La diferencia es la actitud. Quien cursa una licenciatura universitaria en general pretende obtener un mejor estatus social más que conocimiento, y quien opta por estudios técnicos busca obtener conocimientos prácticos y desarrollar habilidades que se traduzcan en mejores oportunidades laborales.

En la actualidad, el joven universitario que destaca profesionalmente, lo hace por sus méritos y no por el título que lo respalda, que ya es un simple documento devaluado. Además, el respaldo académico que antes garantizaban las licenciaturas, ahora se obtiene con maestrías y doctorados.

Una situación similar ocurre con los cargos jerárquicos en una organización. Entre más ostentoso sea el título del cargo, más halaga la vanidad del individuo que lo consigue. Por ejemplo, un gerente que cuida su estatus y su influencia en la estructura organizacional, fomenta el protocolo en su comunicación con sus subalternos, para evitar "que le pierdan el respeto". De este modo no podrá comunicarse eficientemente con ellos y su relación se regirá por formalismos.

En la política los rituales que se practican tienden al servilismo. Muchas personas pretenden obtener favores mediante la deleznable práctica de halagar la vanidad del superior jerárquico.

Los rituales que caracterizan nuestra vida social perfilan y definen un estilo de conducta racional y estereotipada, producto de nuestra faceta occidental, pero esconden la auténtica y rica sensibilidad que heredamos de nuestras raíces indígenas y la protegen de las agresiones del medio circundante.

## NUESTROS COMPLEJOS

Es un hecho contundente que los mexicanos nos sentimos impelidos a buscar el reconocimiento y la aprobación de los demás, pero principalmente de quienes se encuentran en una mejor posición social y económica que nosotros.

Esto ha generado una cultura de apariencias y percepciones distorsionadas.

# Contexto social:
# el impacto en el inconsciente
# colectivo

BLOQUE III

Contexto social:
el impacto en el inconsciente
colectivo

CAPÍTULO X

# ACORAZADOS: DESCONFIANZA Y RELACIONES CONFLICTIVAS

**E**L MEXICANO difícilmente se abre ante los demás. Octavio Paz, en *El laberinto de la soledad*, ubica esta actitud como una cuestión de honra: quien abre su intimidad a un amigo, queda en sus manos, pues "se rajó".

El complejo de inferioridad latente, también muy estudiado, nos obliga a vivir acorazados, protegiéndonos para no ser manipulados, por temor a estar en desventaja. Esto sustenta la desconfianza y estimula la ausencia de compromiso.

Hoy las *fake news* y los rumores fortalecen nuestra tradicional desconfianza, pues le dan un argumento de peso. La superficialidad característica de esta época aumenta la falta de autenticidad en las relaciones humanas y hasta las hace más conflictivas, pues se basan en apariencias. Vivimos de las apariencias e intentamos mostrar a los demás sólo aquello que conviene a nuestros intereses, sea real o ficticio, escondiendo nuestro propio "yo" y protegiéndolo con esmerado pudor.

En 1955 Joe Luft y Harry Ingham desarrollaron una teoría descriptiva a la que denominaron "Ventana de Johari", la cual nos ayuda a aclarar y entender la identidad personal del mexicano y su lucha por esconder sus limitaciones, así como su intento por proyectar públicamente una imagen satisfactoria que fortalece su autoestima. A través de este modelo se ponen en evidencia las más profundas motivaciones del alma mexicana.

Este modelo sostiene que la personalidad de cualquier individuo consta de cuatro zonas. Primero, la "zona de actuación espontánea", también calificada como zona libre o pública; segundo, la "zona oculta", tercero, la "zona ciega", y cuarto, la "zona desconocida".

Estas cuatro zonas están conformadas por la combinación de dos variables, colocadas como coordenadas: lo que la persona conoce sobre sí misma y lo que los demás conocen sobre esa persona. Sin embargo, esta información permanece oculta para cualquiera de las dos variables.

La primera área, o cuadrante, es la "zona de actuación espontánea", aquella en la que el individuo es consciente de quién es, de cómo actúa, por qué actúa, cómo lo hace, así como de qué imagen proyecta a los demás, y expresa sus sentimientos tal como los experimenta.

Por otra parte, en este mismo primer cuadrante, quienes rodean a este individuo conocen perfectamente todos los rasgos que conforman esta faceta de su personalidad. Asimismo, en esta primera zona predomina la transparencia y, por lo tanto, el juego limpio de las relaciones humanas, en las que todo resulta claro.

La segunda es la "zona oculta", donde se ubica lo que el individuo conoce sobre sí mismo, pero que se esfuerza por ocultar a los demás, ya sea porque constituyen sus debilidades, lo que lo avergüenza o, simplemente, lo que podría perjudicarlo. En esta zona el individuo esconde a los ojos de los demás aquellos rasgos de su personalidad que no le conviene que sean descubiertos. Todos sus temores, conflictos, complejos, debilidades, defectos los guarda celosamente.

Por su parte, la tercera es "la zona ciega", aquella en la que se localiza lo que los demás saben sobre el individuo, pero que él mismo no percibe sobre sí mismo.

Finalmente, la cuarta es la "zona desconocida", en la que ni el individuo, ni quienes lo rodean, conocen como reaccionará aquél frente un escenario conflictivo. Esta zona constituye un potencial desconocido lleno de oportunidades, pero también de riesgos ocultos y latentes en su personalidad..

De acuerdo con la "Ventana de Johari", el mexicano, como consecuencia de su inseguridad, oculta a los demás su realidad e, incluso, su intimidad.

Por lo tanto, sus relaciones con los otros tienden a invadir continuamente la "zona oculta", donde el individuo manipula a su conveniencia los rasgos que desea que los demás perciban de su personalidad, lo cual conlleva graves problemas de comunicación.

Para que haya un entendimiento efectivo entre dos personas es necesario que persista la autenticidad y la transparencia en los motivos que estimulan la interrelación. Sin embargo, el mexicano, por su aprensión de ser traicionado, o hasta manipulado, se reserva para sí sus motivaciones, sus deseos y sus temores.

Dos interlocutores que se cuidan las espaldas a sí mismos, por sentirse acorazados y a la expectativa, tratando de interpretar el más leve intento de traición por parte de su contraparte, terminan creando, no un proceso de comunicación, sino el juego de las escondidas.

El resultado de esa suma de actitudes defensivas propicia que casi todos nos coloquemos una máscara, lo cual tiene como consecuencia una lastimosa soledad interior. Este aspecto fue analizado magistralmente por Octavio Paz en *El laberinto de la soledad*.

El estar a la defensiva implica estar listo para la ofensiva, siguiendo el principio, muy mexicano, de que "quien pega primero pega dos veces", o el que sostiene que para preservar la paz se debe estar listo para hacer la guerra.

Los mexicanos vivimos en pie de guerra, atrincherados, siempre sospechando la presencia enemigos emboscados. Éstos son los estereotipos que nosotros mismos fabricamos, con lo cual pretendemos proyectar la imagen pública que consideramos que mejor nos favorece.

El problema más grave es que terminamos esclavizados a esos estereotipos aspiracionales y subordinamos nuestra conducta al mantenimiento y la preservación de la imagen que hemos creado para nosotros mismos.

Una personalidad estereotipada es la antítesis de una personalidad auténtica. Vivimos para la fantasía que hemos creado para nosotros: la del influyente, el rico, el simpático, el mujeriego, el valiente, o la que hayamos seleccionado de las opciones que al mexicano suelen satisfacerlo.

Por naturaleza, los seres humanos a veces somos fuertes, pero en otras ocasiones solemos ser débiles; simpáticos o insufribles en determinadas circunstancias. Discretos en otras; valientes a veces y cobardes en otras.

Quien tiene una existencia estereotipada termina siendo como un actor en el papel de su personaje. Puede acabar pagando el mismo precio que algunos buenos histriones: perder su propia y auténtica personalidad a costa de desempeñar papeles ajenos, o terminar alienados, viviendo de las apariencias y siempre al peniente del "¿qué dirán?"

Quien acostumbre guiarse por la opinión de los demás pierde su libertad y se subordina a los dictados de los deseos ajenos.

Entre los estereotipos más comunes se encuentrasn los siguientes: el galán (y la seductora), el influyente y el poderoso, el valiente, el muy querido, apreciado y admirado, y el exitoso y o el más rico de quienes lo rodean.

Las encuestas de opinión arrojan un alto porcentaje de error porque, en general, el mexicano no dice la verdad espontáneamente, sino que crea una narrativa de sí mismo que responde más bien a lo que quiere proyectar públicamente y, por supuesto, a la forma en que desea ser identificado.

## PRAGMATISMO MEXICANO

Un rasgo distintivo de nuestra idiosincrasia es el temor al compromiso. Por lo general, el mexicano evita comprometerse. Si a un mecánico automotriz le pedimos que nos diga con exactitud cuándo nos entregará nuestro automóvil, nos dará una respuesta vaga: "Espero tenérselo para el viernes; pero dese una vueltecita el miércoles para ver si ya está".

De este modo los mexicanos nos olvidamos de las palabras que hemos escuchado y del ejemplo anterior pordemos interpretar que nos entregará nuestro auto el miércoles, pero el mecánico sólo intentó ser cortés y nos dio una leve esperanza de que se esforzaría por tener listo el vehículo antes. Sin embargo, nos obsequió buenas intenciones, pero sin comprometerse.

Por idiosincrasia siempre dejamos abierta una salida "decorosa" que nos protegerá si fallamos. Si usted acude el miércoles porque el mecánico le dijo que ese día se diera una vueltecita y su automóvil no estuvo listo, lo más probable es que se disculpe, pero le acalarará que nunca se comprometió a entregárselo en esa fecha... Y tendrá la razón, pues su respuesta fue ambigua.

Evitamos comprometernos porque nos sentimos inseguros de poder cumplir. Por eso somos flexibles, porque es un valor sobreentendido el derecho que tenemos todos los mexicanos de no asumir compromisos.

Del mismo modo que actuamos en una transacción común, no nos comprometemos con nuestros actos, a menos que haya de por medio una autoridad. De igual forma tampoco nos casamos con nuestras opiniones y nuestras ideas.

En México ningún movimiento social ha triunfado por su ideología; lo ha hecho sólo por razones prácticas. De esto podemos deducir que el mexicano no es soñador ni utópico, sino pragmático.

En las campañas electorales los candidatos no ofrecen una ideología; ni siquiera un programa de trabajo que beneficie a la comunidad. Más bien compran el voto con dinero, ofrecen beneficios individuales y hacen regalos a los electores, desde despensas, materiales para construcción, tarjetas de vales para comprar en el supermercado y bicicletas, hasta promesas específicas de trabajo.

El carisma del candidato simplemente enriquece la oferta porque su simpatía aumenta su credibilidad. El voto electoral en México es una transacción a cambio de un beneficio específico o de una promesa muy concreta. Los candidatos no venden sueños ni compromisos.

Las plataformas políticas de los partidos durante las campañas electorales de México simplemente son un requisito que hay que cumplir para cubrir una formalidad del ritual electoral.

Sin embargo, nuestro pragmatismo no se deriva de una mentalidad racional, ya que la nuestra es total y absolutamente intuitiva. Nuestro pragmatismo proviene de la desconfianza, de la inseguridad y del temor a lo desconocido y a la actitud negativa que eventualmente tendremos que experimentar.

Experimentamos, como último recurso, cuando ya no tenemos nada qué perder.

## PRAGMATISMO HISTÓRICO

La Revolución mexicana no se sustentó por ninguna doctrina, filosofía o ideología: su objetivo fue derrocar al dictador Porfirio Díaz y, con él, a la oligarquía que usufructuaba los beneficios del país en perjuicio de las clases populares. Ese movimiento social fue una simple lucha por la supervivencia y representó la ilusión de que propiciaría mejores oportunidades de superviviencia.

Después de la muerte de Francisco I. Madero —uno de los más importantes ideólogos políticos que ha tenido México— la Revolución se convirtió en una lucha por la repartición del botín de guerra.

El vacío de poder que dejó Porfirio Díaz al embarcarse rumbo a Francia en el simbólico buque *Ipiranga*, después de ejercer un poder autoritario sustentado en la disciplina militar y la identidad educada, que era percibida como debilidad por quienes lo rodeaban, estimuló las ambiciones de muchos, que vieron en ese contexto social y político una oportunidad de obtener una tajada del botín en el caos revolucionario.

El objetivo moral de la Revolución mexicana fue derrocar a una dictadura y sustituirla por una democracia, por lo cual se justificaba toda la violencia del conflicto. Con la llegada de Francisco I. Madero a la Presidencia de la República por medios democráticos se cumplió esa meta. Como movimiento social, la Revolución mexicana concluyó en ese momento.

Lo que siguió después del asesinato de Madero fue la lucha por el poder, en la cual se enfrascaron líderes como Emiliano Zapata, Doroteo Arango —conocido como Pancho Villa—, entre otros, quienes seguramente actuaron motivados por los objetivos originales de la Revolución.

Sin embargo, por lo general, las motivaciones de los caudillos revolucionarios, que siguieron levantados en armas después del derrocamiento de Díaz, tenían mucho que ver con el deseo de obtener poder.

Alan Riding, en su libro *Vecinos distantes*, afirma que el presidente Plutarco Elías Calles creó el Partido Nacional Revolucionario (PNR) como una estrategia para concertar los intereses de todos los caudillos revolucionarios y repartir un poder legitimado y oficial entre todos.

Comúnmente, en la mayor parte del mundo los partidos políticos surgen de una ideología o de un conjunto de objetivos que motivan a sus fundadores y a sus seguidores. Después, por medio de una labor proselita toman la fuerza y la representatividad social que los coloca en el poder.

Sin embargo, el PNR se formó por iniciativa de quien ya tenía el control absoluto del país, por lo que ese instituto político se constituyó desde la más alta esfera de poder para pacificar al país. Su creación se basó en razones de orden práctico, no de ideales, pues fue la única alternativa que el presidente Plutarco Elías Calles tenía a la mano para acabar con la guerra interna.

De este modo el PNR, que luego se transformó en Partido Revolucionario Institucional (PRI), logró mantenerse, durante más de ocho décadas, rigiendo el destino de México hasta la transición democrática del año 2000, cuando el Partido Acción Nacional (PAN) accedió a la presidencia, con Vicente Fox Quesada, en un acto que puede considerarse pragmatismo puro.

Nuestra estabilidad política se debe a que los partidos políticos que han gobernado a nuestro país no están sustentados en ideologías específicas y, por lo tanto, han tenido la flexibilidad necesaria para adecuarse a las expectativas de cualquier mexicano, sea cual sea su tendencia.

Esto ha hecho del PRI, más que un partido político, todo un sistema político en el que convergen ideologías de lo más disímbolas y contradictorias, donde el lazo de cohesión lo constituyen las motivaciones de orden práctico.

Las ideologías surgen en respuesta a determinadas circunstancias específicas y terminan convirtiéndose en dogmas de fe, incuestionables y estereotipados. Luego sufren esclerosis, y cuando cambian las condiciones que le dieron origen, se vuelven obsoletas.

Lo opuesto al idealismo es el pragmatismo, que es reflejo de nuestra sociedad. El pragmatismo conlleva versatilidad para adecuarse a las circunstancias, y de él deriva un sistema político flexible, listo para negociar y conciliar intereses.

El pragmatismo es consecuencia de la observación simple y de la experiencia. Mientras tanto, la ideología proviene del análisis deductivo, teórico, del cual surgen dogmas incuestionables y, por lo tanto, difíciles de desarraigar.

De nuestro pragmatismo se derivan la mesura y la cautela objetiva que caracterizan a las relaciones políticas mexicanas, pletóricas de flexibilidad y de espíritu de concertación. Por eso surgen respuestas totalmente opuestas a las que se originan en las luchas políticas de otros países, donde, por razones ideológicas, priva la intolerancia.

El sistema político mexicano no persigue ideologías y por eso no es fundamentalista. En contraste, está abierto a cooptar líderes que se hallan en posiciones políticas contrarias. No los persigue, sino que los seduce.

De este modo un valor fundamental, de índole pragmática, de la política mexicana ha sido la pretensión de control, por razones de orden práctico, de personas que tienen la capacidad de ejercer el liderazgo político.

La movilidad partidista de una gran cantidad de actores políticos en México confirma el pragmatismo de nuestro entorno político. Muchos de esos personajes han militado en los tres partidos antagónicos sin experimentar conflictos morales ni ideológicos, lo cual sería impensable en otros países, donde la política se rige por principios morales de congruencia ideológica. La ideología en México ha sido un simple membrete que genera diferenciación e identidad.

Para neutralizar a un adversario político, el gobierno en funciones evita usar el poder condigno y la represión. Mejor recorre todos los caminos, que se inician en la persuasión, legitimando un poder de carácter informal y concediendo canonjías y beneficios. Si esta estrategia fracasa, se puede optar por la presión, generalmente discreta y diplomática.

Éste es el reflejo de la sociedad mexicana, retraída en sí misma, en la que dejar pasar los intereses de otros constiuye la norma de equilibrio, siempre y cuando en la práctica no se altere el orden instituido. Por ende, en el terreno ideológico hay libertad, mientras no se atente contra el *statu quo*.

La libertad ideológica irrestricta ha sido la válvula de escape que aligera las tensiones sociales y permite un desahogo que, a su vez, garantiza el control total y absoluto de las circunstancias de orden práctico.

## LA MORAL FLEXIBLE

En el aspecto moral nuestra sociedad es flexible, siempre y cuando prive la discreción, pues no se tolera el escándalo.

La visión pragmática en el ámbito de la moral y de la ética alivia tensiones y, en reciprocidad, garantiza el respeto al manejo de las propias ambiciones, aun cuando éstas rebasen el límite tolerado. La propia tolerancia propicia que la sociedad se mantenga al margen, respetando nuestra conducta si nos toca estar en el banquillo de los acusados, aunque socialmente nuestro proceder sea inapropiado. Hoy por ti y mañana por mí, dice el dicho.

Transgredir las normas morales a lo mucho provoca murmullos de desaprobación, para fijar una postura personal de prudente distancia respecto del transgresor para no contaminarse de la desaprobación pública. Sin embargo, ese es el límite, la desaprobación mesurada y de forma, pero nunca de hecho.

Por ejemplo, la corrupción es criticada pero se tolera cuando es ejercida por otros, pero en el fondo se la desea cuando la propia persona tiene la oportunidad de beneficiarse de ella.

Es como una tanda de la cual se reniega cuando hay que pagar la parte que nos corresponde, pero se tiene la ilusión de que un día nos beneficie igual que a los otros. Por eso constituye un "lubricante social".

La moral pública en México es de formas, pero no de compromisos; en contraste con la moral calvinista/luterana del mundo sajón, donde la sociedad en su conjunto se convierte en un censor que considera tener la autoridad y el derecho de intervenir y castigar la conducta cuando un miembro del grupo transgrede las normas morales socialmente aceptadas.

## DIPLOMACIA COTIDIANA A LA MEXICANA

En la vida cotidiana evitamos el compromiso que pueda derivarse de haber externado nuestras opiniones, para "evitar problemas".

Si nuestro jefe nos pregunta qué nos parece una idea suya, seguramente le daremos la respuesta que suponemos que quiere escuchar. Por lo común evitamos decir lo que pensamos por alguna de las cuatro razones que se enlistan a continuación:

1. Para agradar a nuestro interlocutor, diciéndole lo que suponemos que desea escuchar.
2. Por cortesía, evitándole que escuche lo que le disgustará.
3. Por temor a las represalias, en el caso de que nuestro interlocutor se ofenda por nuestra respuesta.
4. Para cuidar nuestra imagen pública, si a través de nuestra respuesta dejamos que se filtre información que nos perjudique.

En cualquier proceso de comunicación es fundamental la retroalimentación, la cual no es más que la respuesta al mensaje que emitimos. Sin embargo, en el caso del mexicano existe la posibilidad de que esa retroalimentación no refleje semánticamente las verdaderas intenciones, el pensamiento, las ideas o el sentir de la persona que las emite.

Cuando nos atrevemos a decir algo que sabemos que disgustará a nuestro interlocutor es porque queremos demostrarle nuestra antipatía y nuestro nulo deseo de ayudarlo.

Como consecuencia de nuestra costumbre de no externar opiniones conflictivas, como interlocutores no estamos preparados psicológicamente para enfrentarnos a las verdades desagradables. Esto, a su vez, inhibe la expresión de la crítica constructiva que se externa positivamente, pues se teme que sea confundida con la agresión.

Debido a la falta de valor y significado que concedemos de las palabras, hemos desarrollado habilidades interpretativas no sólo para descubrir las verdaderas opiniones, sino también las actitudes de nuestro interlocutor respecto del tema en cuestión.

Cualquier mexicano sabe que a una mujer no se le debe decir nada diferente a lo que ella desearía escuchar, a riesgo de perder su afecto. Al jefe no se le contradice su opinión, aunque esté equivocado. Al amigo que siempre nos ayuda, no se le dice lo que no desea escuchar. En realidad, no tenemos la costumbre de hablar con la verdad.

Por lo tanto, la cortesía nos obliga a responder a los extraños lo que suponemos que les gustaría oír. De este modo, cuando el dueño de un restaurante, al despedirnos, nos pregunta nuestra opinión sobre el servicio de su negocio, aunque tengamos una objeción, le diremos que los platillos fueron de nuestro agrado, simplemente para no incomodarlo.

La realidad es que, por no tener la costumbre de decir la verdad, el dueño de ese restaurante no está preparado para escuchar más que alabanzas.

Evitar conflictos al reservarnos nuestra opinión, es toda un virtud en México.

Difícilmente podemos estar seguros de que nuestra opinión no será tergiversada o utilizada en nuestro perjuicio. Por eso evitamos externar opiniones negativas que involucren a quienes ejercen el poder.

Tomando en cuenta nuestra predisposición a cuidar nuestra intimidad con celoso pudor y temiendo que a través de nuestras respuestas pudieran deducirse nuestras carencias y nuestras limitaciones, acostumbramos adecuar nuestras opiniones a las circunstancias.

Si un turista nos pide que le recomendemos un buen restaurante, probablemente lo remitiremos a uno fino y caro, fingiendo que es nuestro favorito, y no a aquel al que solemos acudir, si es que éste es muy modesto.

Estará de por medio el "qué pensará de mí". Externar apariencias de éxito es fundamental.

## ACTITUDES Y OPINIONES

El mexicano tiene bien delimitados los alcances de dar su opinión. Sabe muy bien que no implica compromiso, siempre y cuando no esté de por medio una persona en particular. Pero es muy cauto para actuar.

Por eso, para conocer su verdadera forma de pensar debemos abocarnos a interpretar sus acciones y sus mensajes no verbales.

Las opiniones simplemente son ideas o modos de interpretar o calificar un hecho o un asunto. En general, las opiniones se refieren a temas que no nos afectan directamente y, por lo tanto, las externamos con flexibilidad, conscientes de que, en caso necesario, podemos desdecirnos de su intención. Por ello nuestras opiniones terminan siendo posturas frías y racionales o simples estereotipos.

Son muy diferentes las actitudes, pues éstas generalmente involucran circunstancias que se relacionan con nosotros, de modo que más que una simple postura frente aun tema determinado, se convierten en una predisposición a actuar.

Las actitudes quedan enraizadas en nuestro inconsciente, dando un toque emotivo a nuestra percepción sobre un asunto.

Los mexicanos utilizamos las opiniones para "quedar bien" con los demás. La observación de las actitudes es la única manera que nos permite identificar el auténtico sentir de nuestro interlocutor frente a un asunto específico. El modo de decirnos algo tiene más significado que las palabras que emite: el tono de su voz, los gestos de su cara, los movimientos de sus manos.

Las apariencias pueden engañar y los hechos son la única realidad incuestionable.

## YO NO ESTOY BIEN... NI TÚ TAMPOCO. PATERNALISMO MEXICANO

Como dijimos antes, Eric Berne, el creador del análisis transaccional, definió las relaciones humanas como una transacción. Retomando el tema, recordemos que en nuestra personalidad conviven tres facetas: Padre, Adulto, Niño (PAN).

De este modo, de acuerdo con las circunstancias, así como del perfil del interlocutor, seleccionamos inconscientemente alguna de estas tres identidades y con ella enfrentamos cada situación.

Como ya dijimos, nuestra faceta "Padre" es autoritaria, protectora, influyente, manipuladora, moralista, impulsiva, sentimental y tendiente a la toma de decisiones subjetivas. La faceta "Adulto", por su parte, es racional, objetiva, fría, calculadora, negociadora y previsora. Finalmente, la faceta "Niño" es fantasiosa, impulsiva, juguetona, irresponsable, manipuladora, afectuosa, dependiente, extremista, caprichosa, explosiva y sentimental.

Por lo general entre los mexicanos sólo entran en juego las facetas Padre y Niño.

Hemos calificado nuestra idiosincrasia como intuitiva, que es lo opuesto a lo racional. Lo intuitivo es subjetivo y lo racional es objetivo.

La intuición representa una percepción y la razón es deductiva y sistemática.

De lo anterior podemos deducir que como grupo social al mexicano se le dificulta actuar en el ámbito de la faceta Adulto. Por lo tanto, entre nosostros sólo pueden producirse relaciones que involucren nuestras facetas Padre y Niño, debido a que la personalidad adulta es racional, y las otras dos, intuitivas.

También debemos añadir que, dadas las características de las relaciones de comunicación comúnmente influidas por la circunstancia "dominador-dominado", prevalece la relación Padre-Niño.

El dominador siempre asume el papel moralista del Padre y espera la sumisión incondicional e infantil del dominado.

De aquí se deriva el gravísimo problema social denominado "paternalismo", el cual se manifiesta en todos los niveles de la sociedad: desde la relación gobierno-ciudadanía y obrero-patronal, hasta la relación de los estudiantes con el sistema educativo y los lazos familiares, entre otras.

Esta relación tiene dos perspectivas. Por un lado, la dependencia que resulta entre ambas partes y, por otro, los derechos y las obligaciones entre los involucrados.

A nivel gobierno-ciudadanía, esta relación se manifiesta en la expectativa de que el primero resuelva los problemas de la coumindad sin exigir la participación de la segunda, que por comodidad se mantiene pasiva, en el papel de Niño.

A su vez, el gobierno exige a cambio sumisión incondicional de la ciudadanía como los padres manipuladores la exigen a sus hijos.

En la relación obrero-patronal, al patrón no se le confiere un trato de igual al igual —como parte involucrada en una transacción comercial de fuerza de trabajo por dinero—, sino el que se asigna a un padre protector que debe velar por el bienestar de sus hijos (o de sus ahijados, en este caso).

Por su parte, el patrón no ve a sus empleados y a sus trabajadores como proveedores de fuerza laboral, autosuficientes y responsables, sino que parte de la base de que son como niños que requieren control.

Cualquier transacción comercial sana y equilibrada debe darse entre iguales, quienes tienen que asumir sus responsabilidades con carácter frío y objetivo. Sin embargo, las relaciones obrero-patrón en nuestra sociedad se producen en un esquema subjetivo y afectivo.

En el sistema educativo, por su lado, el alumno asume un papel pasivo desde el punto de vista académico, acostumbrado a recibir una educación gratuita en escuelas públicas. Por lo tanto, como lo que se obsequia desmerece su valor, el educando no toma en serio su papel y las responsabilidades que se derivan de él.

Incluso un universitario egresa de su institución educativa al mercado laboral con una mentalidad dependiente, amputado de sus potencialidades y de su iniciativa personal, en espera de recibir seguridad social de un patrón.

El paternalismo crea interdependencia entre quien asume el papel de padre y quien asume el rol de hijo.

Entre iguales, compañeros de trabajo o de estudio, amigos, compadres, vecinos, la relación se construye con base en las facetas de Niño de cada una de las partes.

Las relaciones de comunicación entre los mexicanos se establecen de manera conflictiva, pues cada interlocutor protege su intimidad y controla rigurosamnte lo que desea que se sepa de él.

El sentido común indica que para lograr unas relaciones interpersonales profundas cada una de las partes debiera abrirse y compartir su intimidad. Sin embargo, como sostiene Octavio Paz en *El laberinto de la soledad,* el mexicano se niega a abrirse pues teme perder su identidad. Podríamos asegurar que al compartir sus secretos, el individuo se sojuzga al control de su interlocutor y de ese modo pierde su libertad.

La única opción es el dominio, que es la menos riesgosa, pues "no hay que abrirse". Por lo tanto, se establece una relación superficial en la que tanto el dominador como el dominado preservan su intimidad, alejada de las miradas curiosas.

## LA AMISTAD

La posición típica del mexicano ante el amor se resume en un famoso y antiguo dicho popular: "A las mujeres, ni todo el amor, ni todo el dinero". Sin embargo, un importante significado de las interrelaciones personales la ofrece el psicoanalista Erich Fromm en su libro *El arte de amar*, donde asegura que el amor maduro es entrega, pero no una entrega inconsciente o instintiva, sino un darse sin reservas, con plena conciencia de lo que se hace y por qué se hace. De aquí se deduce que amar, en el sentido auténtico, consiste en abrir nuestra intimidad para que el otro la conozca.

Por tanto, con base en la descripción de Fromm podemos inferir que la amistad auténtica implica la apertura sin reservas, el abrirse por decisión propia y consciente, y no por impulso emotivo producto de las circunstancias.

Los juramentos de amistad durante una noche de juerga o en la complicidad de un negocio sólo duran el tiempo en que el ánimo del instante se disipa para que en su lugar aflore la realidad cotidiana. La transparencia, al manifestarse la persona como es ante sus amigos, debiera ser la base de la confianza.

En otras culturas, la amistad auténtica se construye a lo largo del tiempo, quizá de años, cuando se comparten experiencias, retos, triunfos y fracasos, de lo cual nace la verdadera confianza. Pero la amistad a la mexicana es producto de la emoción y el sentimentalismo, que a final de cuentas es tan inestable como el estado de ánimo.

Tomando como punto de partida la idea de Octavio Paz de que el mexicano no se abre, "pues cada vez que se abre abdica y teme que el desprecio de su confidente siga a la entrega", es necesario entender las manifestaciones de amistad cotidianas, que sin duda existen y se expresan a cada momento en la vida del mexicano.

Si la amistad a la mexicana no es entrega sin reservas y no es "abrirse" del todo por voluntad y con plena conciencia, entonces tendremos que atribuirla a un acto de dominio, por parte de quien penetra en la "intimidad del otro", y a un acto de debilidad y pérdida de control de sí mismo, por parte del que se abre.

Generalmente la apertura, que sin duda existe en las relaciones entre los mexicanos, es producto de un momento específico de alta sensibilidad y de un estado de ánimo particular. Por lo tanto, constituye una apertura dominada por la emotividad y no una decisión consciente y madura.

Por esa razón, la tipología popular, a la que denominaremos "amistad a la mexicana", nunca es una relación entre iguales y de intensidad recíproca, sino que hay un abuso por parte del dominador, y estoicismo por parte del dominado, quien racionaliza su debilidad y su impotencia para fijar límites.

En la típica relación de "amistad a la mexicana" siempre hay un líder que abusa, y sumisión por su contraparte.

Podríamos afirmar que los sentimientos que prevalecen en la mayoría de las relaciones de amistad en nuestra sociedad se basan en la admiración que una de las dos partes profesa a la otra, lo cual justifica su sumisión y su entrega incondicional, "que está más allá de las propias fuerzas" del sometido, matizada esta relación por un inconsciente deseo de imitación. Esto nos lleva a definir nuestro sentido de la amistad más como un fenómeno de liderazgo que como un "acto de amor" (entendido desde una perspectiva metafísica).

El liderazgo se basa en el dominio de uno sobre otro, lo que nos remite a que, en la mayoría de los casos (pues hay sobradas excepciones a las reglas), la "amistad a la mexicana" termina siendo estereotipada como un acto de dominio.

El resultado de lo anterior es caótico: relaciones compulsivas, dominantes y conflictivas que hieren y duelen, a veces plagadas de sadismo y masoquismo y en ocasiones matizadas por deslealtades.

La canción vernácula mexicana, popularmente conocida como ranchera, en su mayoría describe relaciones conflictivas de abandono y deslealtades. La violencia intrafamiliar también describe esta complejidad de las relaciones afectivas, que podríamos generalizar como amistad.

La falta de autenticidad impide establecer relaciones profundas y benéficas.

Dos personas que muestran su intimidad con reservas limitan el conocimiento de quien es cada cual. El intento de cada uno por mostrar siempre una faceta triunfadora, o poderosa, mientras ocultan sus debilidades y sus temores, deja siempre un área de la personalidad en la penumbra y, por lo tanto, lo que sabe una persona de la otra es lo que cada cual quiso proyectar al otro.

Ser auténtico en las relaciones interpersonales implicaría dejar fluir en forma natural nuestros afectos, nuestros sentimientos y algo más… decir siempre la verdad respecto de lo que pensamos.

Las "relaciones a la mexicana" tienen lugar entre interlocutores acorazados, a la defensiva, que tratan de interpretar cada palabra y cada movimiento que dice/realiza el otro. Mostramos siempre nuestra mejor fachada y nos reservamos el ser hecho de auténtico para nosotros mismos.

CAPÍTULO XI

# LA FAMILIA MEXICANA TRADICIONAL

COMO REFERENTE histórico de gran simbolismo, la "familia mexicana" se origina con Gonzalo Guerrero, soldado español nacido en Huelva en 1470.

El simbolismo implícito en el papel que ejerce Guerrero —de quien ya hablamos antes— para el entendimiento de la psicología del mexicano justifica que hagamos una remembranza de su biografía.

Guerrero participó como soldado en la batalla final por la reconquista de Granada, que simbolizó la derrota y la posterior expulsión de los moros de territorio español. Habiéndose embarcado rumbo a América, le tocó sufrir un naufragio frente a las costas de Quintana Roo. Toda la tripulación murió ahogada o atacada por guerreros mayas. Los pocos que se salvaron fueron convertidos en esclavos, entre ellos Gonzalo Guerrero y el fraile Jerónimo de Aguilar.

Después de un periodo de cautiverio y esclavitud, Guerrero se asimiló a la cultura maya y se vinculó emocionalmente con la hija del cacique, desposándola y formando con ella una familia, a la cual se considera el origen de los primeros mestizos.

Cuando Hernán Cortés iniciaba su travesía por las costas de lo que hoy es México, al pasar por Quintana Roo fue avisado de la presencia de dos españoles afincados en esa zona: Aguilar y Guerrero.

Mientras Jerónimo de Aguilar aceptó la oferta de Cortés y se integró como intérprete del idioma maya, Gonzalo Guerrero decidió permanecer al lado de su familia. Con el tiempo Aguilar adquirió notoriedad al convertirse en intérprete de Cortés junto con Malintzin, mientras Guerrero, a la muerte de su suegro, cacique de la tribu maya, tomó su lugar y enseñó a los guerreros mayas a luchar con tácticas europeas y, además, encabezó la defensa de su comunidad. En 1536 murió en combate atravesado por una flecha española, a los 66 años de edad.

La historia de Gonzalo Guerrero es representativa de una de las facetas más significativas del mestizaje, que no implicaba el abuso sexual, como popularmente se interpreta, sino la conformación de familias formalmente constituidas que fueron el origen de la mexicanidad étnica, de la que debemos enorgullecernos.

Muchos soldados se casaron con mujeres indígenas y procrearon descendencia mestiza, a la cual reconocieron su paternidad.

Incluso Hernán Cortés procreó con Malintzin a Martín Cortés, su hijo primogénito, nacido en 1523 y declarado hijo legítimo por bula del papa Clemente VII en 1528.

Martín fue educado en España en los mejores colegios y obtuvo privilegios por ser vástago de Hernán Cortés.

## IMPACTO SOCIAL

Bajo el influjo de los valores universales que llegan hoy por la vía de la globalización, en ciertos sectores vinculados con la política y el activismo social se percibe la aceptación de nuevos modelos de estructura familiar. Sin embargo, aunque se mencionen tendencias hacia la apertura mental en la sociedad mexicana, la realidad es que la nuestra aún es tradicionalista y aceptamos que la gente, a pregunta expresa de las encuestas, externe opiniones que considera socialmente correctas, aunque no reflejen su verdadera actitud.

La familia hoy ha tomado nuevos significados. Se habla de familias tradicionales o "nucleares", pero también de familias conformadas bajo un nuevo modelo, como la unión de dos personas que quieren vivir juntas y compartir su vida, aunque sean del mismo sexo.

Es innegable que el contexto social y el estilo de vida contemporáneo nos enfrentan a nuevas interpretaciones y es necesario entender el impacto que esto significa.

Tradicionalmente, hasta el siglo xx, antes de que se produjera la explosión tecnológica y el choque globalizador consolidado a través de las redes sociales, la educación de un niño se sustentaba en dos pilares:

- La formación de los valores morales en el seno de la familia.
- La formación de los valores sociales en la escuela.

Sin embargo, hoy observamos que ambos modelos formativos han experimentado un cambio estructural de alcance radical. La familia, como estructura social básica, ha experimentado cambios significativos y la convivencia entre padres e hijos ha reducido su intensidad, lo cual ha tenido un fuerte impacto en la educación en el ámbito de los valores morales.

Por otra parte, el formato educativo básico se halla en crisis porque no responde a las expectativas y necesidades del futuro. El libre acceso a la información a través de la web ha debilitado el modelo escolar, volviéndolo obsoleto.

La escuela, en el modelo tradicional, era el medio para obtener conocimientos prácticos, y el nivel básico se complementaba con la formación emocional y de valores sociales bajo la influencia moral y la autoridad del maestro. Su objetivo era forjar buenos ciudadanos.

Hoy en la escuela se le ha restado autoridad al maestro, y en esta crisis de valores que enfrenta la sociedad, el papel de guía y de formador personal del educando se ha debilitado.

De esta manera constatamos que el modelo tradicional de familia mexicana se ha debilitado por los cambios de hábitos que influyen en el estilo de vida, lo cual incide en la relación entre los integrantes del núcleo familiar.

Antes, los integrantes de la familia se reunían para desayunar, almorzar o cenar y por eso convivían e intercambiaban experiencias y dudas y se integraban en torno de las necesidades de sus miembros. Hoy el crecimiento de las ciudades, los modelos laborales y el impacto de la tecnología han aniquilado esta convivencia forzosa que se producía alrededor de la mesa del hogar como centro integrador.

Incluso, la personalización de dispositivos y de equipos tecnológicos ha integrado a los niños y los jóvenes mexicanos a un mundo muy vasto e interminable geográficamente a través de las redes sociales, pero emocionalmente los ha alejado de su primer círculo familiar.

Además, bajo el impacto de la globalización, el modelo de autoridad ejercido anteriormente en la familia y en la escuela se ha debilitado y esto, sin juzgar si para bien o para mal, ha afectado la formación del niño.

El resultado del rediseño del modelo de familia y del modelo educativo en los niños ha acelerado una crisis de valores morales y sociales de la que aún no hemos calculado su impacto en el futuro, ni en lo emocional ni en lo social.

## EL MODELO DE FAMILIA MEXICANA
## TRADICIONAL

La familia es un pilar de la sociedad mexicana que se sustenta en la imagen de la madre, convertida en símbolo integrador de la pequeña célula del conglomerado social.

La madre mexicana típica, con su estereotipada abnegación y su incondicional cariño, se convierte en el refugio psicológico del mexicano y en el centro de su equilibrio emocional.

La familia mexicana clásica se caracteriza por una madre afectuosa, absorbente y autosuficiente para educar a sus hijos, y sola en su misión, sin el apoyo, en forma determinante, de su esposo.

El padre, en contraste, es un hombre que vive en la calle y se limita a dar sustento económico. Infiel por naturaleza, errante y desobligado de la educación de sus hijos.

Ante este par de estereotipos, que no siempre coinciden en forma absoluta con la realidad cotidiana ni con el perfil de todos los mexicanos, el varón atraviesa por varias etapas hasta llegar, cuando es adulto, a justificar y a emular a su padre.

## ROLES APRENDIDOS

Así pues, el varón crece a la sombra de la madre, adorándola y admirándola, aun con los altibajos que puedan derivarse de la convivencia. En esa misma atapa se crean resentimientos contra el padre ausente, por su abandono y su desinterés, y en los casos en que éste abusa físicamente de sus vástagos, ya sea con el pretexto de la educación o para desahogar sus frustraciones, si se siente derrotado, se creará un sentimiento de conflicto respecto de su imagen.

En la adolescencia, en que el muchacho empieza a descubrir el sexo, las supuestas o reales infidelidades de su padre poco a poco comienzan a despertar su admiración hasta convertirse en un deseo de emulación.

Además, en esta etapa —la adolescencia— en que se reafirma la identidad y la búsqueda de independencia, la madre absorbente se convierte en un lastre.

Superada la adolescencia y consolidada su autonomía, para el varón la madre se convierte en un símbolo de arraigo y de pertenencia a algún lugar. Representa contar con alguien que lo quiere incondicionalmente, en contraste con las mujeres que son objeto de su búsqueda sexual, que están dispuestas a ceder en sus pretensiones a cambio de algo, que puede ser, en el mejor de los casos, el matrimonio, con las responsabilidades materiales que conlleva, o simplemente compañía ocasional.

A lo largo de la vida adulta persiste el reconocimiento del cariño abnegado e incondicional de la madre, refugio de los fracasos, pero olvidada en los triunfos, los cuales el varón comparte con las "otras" y, en contraste, vive la emulación del padre combinada con el resentimiento.

Sin embargo, en el caso de las hijas, en el ámbito de la familia tradicional por lo general tiene lugar otro proceso. De niñas y adolescentes viven apegadas a la madre y plenamente identificadas con ella.

Crecen con el prejuicio en contra de la figura paterna y, por asociación de ideas, del género masculino. Al salir de la adolescencia, sus instintos las llevan a buscar la compañía masculina, y se justifican a sí mismas confiando en que a ellas no tiene por qué sucederles lo que le ocurrió a su madre, pues ellas sí harán una buena elección.

Entonces comienza la búsqueda afanosa de la protección masculina, de alguien que les garantice la seguridad de un hogar que no les proporcionó su propio padre y probablemente, con el paso del tiempo, vivan las mismas experiencias de su madre.

Sin embargo, este planteamiento, descrito en los párrafos anteriores, tradicional en la idiosincrasia mexicana, pudiera estar mutando hacia nuevos modelos de conducta bajo el influjo de la globalización, que introduce nuevos valores y estereotipos provenientes de otras culturas a través de las redes sociales y de la industria del entretenimiento, lo cual genera un choque cultural.

Este es el momento coyuntural que vive la sociedad mexicana hoy, en este parteaguas que ha representado la irrupción de las redes sociales y de las nuevas tecnologías que ofrecen conectividad.

Por ello hoy debemos replantear qué atributos de la idiosincrasia mexicana debemos preservar y cuáles tenemos que sustituir con el fin de tener una sociedad más justa y con mayor calidad de vida.

## EL MACHISMO

Podríamos definir el machismo como "la prepotencia del hombre en el trato hacia la mujer". Este complejo de ningún modo es privativo del mexicano, pues existe en todo el mundo.

Hoy que las problemáticas sociales se vuelven globales y generan campañas interconectadas entre diversos países, promovidas a través de redes sociales y noticieros de televisión, descubrimos que existen fenómenos sociales que no son propios de nuestro país, sino que también ocurren en otros.

Sin embargo, la idiosincrasia de la sociedad mexicana estimula y justifica el machismo, pues está íntimamente ligado con el concepto de autoridad. Un hombre asume una conducta machista y, por lo tanto, prepotente, cuando se encuentra a una mujer que, con su tolerancia, lo fomenta y lo justifica.

Es innegable que en el ser humano existe una cierta agresividad reprimida, que de modo inconsciente e inexplicable es estimulada por la impotencia del más débil, del mismo modo que un perro bravo ataca cuando percibe que le tenemos miedo.

La debilidad excita la agresividad contenida y la mujer sumisa, por condicionamiento social, con su conducta provoca la agresividad socialmente estimulada del macho, y en muchos casos ella llega a considerar que la violencia física y verbal es una de las expresiones del amor, pues sabe que la indiferencia es peor.

Ser receptora de la agresión de "su macho" le proporciona la conciencia de que existe para él, y de este modo prefiere provocarlo, pues es el modo de hacerse notar.

La actitud machista evidencia un complejo de inseguridad por parte del hombre. Esta conducta nace de tener conciencia de la propia incapacidad de ejercer un liderazgo natural y constructivo sobre una mujer.

En los últimos tiempos, a partir de que la mujer asumió el control de los derechos sobre su sexualidad y se rebeló en contra del trato tradicional caracterizado por la subordinación, observamos que ésta ahora exige un buen desempeño sexual de su pareja. A partir de este cambio de roles se percibe una tensión que desemboca en agresividad, la cual se deriva de la impotencia masculina frente a la reivindicación femenina.

Ahora el hombre que es pareja de una mujer liberada se siente bajo observación y evaluación, lo cual le acarrea mayor inseguridad. En los roles tradicionales el hombre no se preocupaba por ejercitar su potencial amatorio para satisfacer a su pareja, a la cual simplemente utilizaba.

Por lo tanto, la única opción que le queda al hombre en quien se acrecienta la inseguridad será mantener su hegemonía por medio de la prepotencia y la violencia, que son los soportes del machismo, y que se manifiestan en un incremento de la violencia intrafamiliar

Este conflicto de presiones puede destruir, primero, el matrimonio y, después, la institución denominada "familia", que constituye la estructura básica de la sociedad mexicana.

## CONCLUSIONES

La familia y la escuela son los dos pilares de la sociedad mexicana. En la familia tradicionalmente se han formado los valores morales del mexicano, así como su estructura emocional.

El acervo cultural y la identidad nacional que da origen a la idiosincrasia colectiva han sido absorbidos intuitivamente a través de la convivencia familiar entre padres e hijos. De la calidad moral de estas influencias ha surgido la estructura moral y ética de las personas.

La educación familiar carece de estructura y de un modelo sistemático de enseñanza y, por lo tanto, la intuición, por una parte, y el ejemplo que dan los padres, por otro, ofrece el complemento.

A su vez, los valores sociales han sido transmitidos en la escuela, de modo sistemático y estructurado, con impacto racional. Los maestros han sido los tutores de sus alumnos durante la educación básica, o sea la preescolar, así como la primaria. Mientras que en la familia se podían formar buenas personas, en la escuela se educaban buenos ciudadanos.

Sin embargo, los nuevos planteamientos sociales y jurídicos que limitaron la aplicación de medidas disciplinarias, así como los cambios en estilo de vida y de hábitos han afectado estos dos pilares de la mexicanidad.

Además, los nuevos hábitos derivados de la tecnología están poniendo barreras que limitan la convivencia física y la sustituyen por relaciones virtuales a través de las redes sociales.

Por una parte, es necesario rescatar la convivencia interpersonal en el seno de la familia, para garantizar la formación moral del niño. A su vez, es indispensable replantear el modelo escolar, aprovechando la cercanía de los estudiantes con la tecnología, que se derivó del impacto que tuvo la implementación de modelos de escolaridad en casa como consecuencia de las limitantes que impuso la pandemia de Covid-19 a las clases presenciales.

Hasta hoy el modelo escolar tradicional estuvo sustentado en la transmisión de información que debía ser memorizada, en una época en que todo está disponible en tiempo real en la web.

Además, la actual fuente de la información escolar son libros que quizá ya tienen varios años de haber sido editados y, seguramente, con información obsoleta.

Sustentar la actividad escolar en los recursos de la web abre la posibilidad de replantear el papel de los maestros durante la educación básica, para que focalicen su esfuerzo en actuar como tutores, guiando y facilitando la localización de información y formando el carácter, las actitudes y los valores sociales de los alumnos para forjar cada vez mejores ciudadanos.

CAPÍTULO XII

# ENTRE EL CIELO Y LA TIERRA: RELIGIOSIDAD Y MORAL DEL MEXICANO

S ON LAS 6:55 de la mañana en San Andrés Totacalco, pueblo mágico que atrae a muchos turistas por sus festividades alegres y coloridas y por la "procesión del silencio" que se realiza cada Semana Santa. El tañer de las campanas recuerda a todo el pueblo que está por iniciar la celebración de la misa correspondiente al Jueves Santo.

El padre Buenaventura ha salido de prisa y recorre como siempre la distancia que separa la casa parroquial de la iglesia de San Judas Tadeo, donde oficiará la misa.

Al entrar a la plaza principal del pueblo, donde está el referido templo y el palacio municipal, se lleva la sorpresa de que durante la noche se ha instalado una feria, así como una gran cantidad de expendios móviles para venta de cerveza. Hay otros puestos de refrescos, de carnitas fritas e, incluso, un templete como los que se instalan cuando va a haber baile, lo que indica que habrá grupo musical.

Su enojo es mayúsculo. "Esto no es una fiesta... Son días de guardar para reflexionar sobre el sacrificio de Jesús", gesticula, hablándose a sí mismo.

La plaza está llena de trabajadores que dan los últimos toques a la instalación de la infraestructura rústica que deja claro que el pueblo tendrá fiesta.

El padre Buenaventura mira su reloj y descubre que la misa debió haber iniciado dos minutos antes y se dirige a la iglesia vociferando su enojo.

Después del evangelio dedica la reflexión a destacar que la Semana Santa no es una fiesta; ni son vacaciones, sino días de descanso que deben dedicarse a la meditación y a la reflexión espiritual. Que, sin embargo, los intereses comerciales han desvirtuado su objetivo, lo que evidenciael triunfo del demonio, que de este modo evita que la gente se acerque a Jesús, tal como intentó hacerlo hace casi 2 000 años durante el periodo de cuaresma, mientras Jesús se preparaba para ofrecerse ante su Padre a través del martirio y así liberarnos a todos nosotros del pecado original.

El padre hizo énfasis en que era una ofensa para todos los fieles sanandresinos que empresas extranjeras lleguen a convertir una de las celebraciones litúrgicas más importantes de la religión católica en una fiesta para seducir y envilecer el alma de nuestros jóvenes.

Informó que al terminar la misa se dirigiría con quienes quisieran acompañarlo a exigir a don Chente, el alcalde, que retirara toda esa parafernalia infernal y respetara el fervor religioso de la gente decente. Les arengó para que lo acompañasen a luchar contra esas tentaciones del demonio.

Cuando llegaron al palacio municipal los policías intentaron detenerla, pero al verlo tan decidido y violento, lo cual no era común, mejor le abrieron paso, pues bien sabían que era muy amigo de don Chente, el cacique del pueblo que de vez en cuando se asignaba los principales cargos de gobierno para él, su familia y sus amigos, y sólo el resto de las posiciones burocráticas a la gente afín a su partido.

Abrieron la puerta de la sala de espera contigua a la oficina del alcalde y el cura se acercó a la entrada del despacho personal del edil. Apareció Amílcar, asistente, secretario, guarura y chofer de Chente, quien le preguntó qué se le ofrecía.

Don Chema Buenaventura le informó en tono impositivo que querían hablar urgentemente con Chente y le exigió que les franqueara el paso.

Amílcar le informó: "El 'señor presidente' está atendiendo una llamada privada del gobernador. ¿En qué puedo ayudarle?… Dígame, ¿qué necesita?

De modo altanero el cura preguntó a su interlocutor si el alcalde había autorizado la instalación de esa feria infernal. Amílcar, comedido y servil, se ofreció a informarle al señor alcalde de su visita y de su inquietud.

Pasaron unos breves minutos que desesperaron al padre, pero Amílcar regresó informándole que don Chente lo recibiría gustoso pero le advirtió que entrara solo.

Por lo tanto, la comitiva quedó en espera de que regresase el padre Chema.

"Mi querido Chema... Esperaba tu llegada, pero no tan temprano. Es más, si tú no venías yo iba a buscarte para llevarte un regalito", fue la bienvenida de don Chente para el padre Chema.

"Chente, no estoy para frivolidades. ¡Cómo es posible semejante blasfemia en plena Semana Santa! ¡Qué fácil te llegan al precio esos mercaderes que dejaste en la plaza!" El cura respiró honda y profundamente y continuó: "Tendremos que ir tú y yo a echarlos de la plaza del mismo modo que Jesús arrojó a los mercaderes que se habían apoderado de su templo".

"¡Querido Chema, no me has dejado siquiera que te hable del regalito que te tengo, pues, aunque no lo creas, yo siempre pienso en las necesidades no sólo del pueblo sino también de la iglesia!"

En ese momento metió la mano en la bolsa de la camisa, extrajo un cheque y se lo entregó.

"¿Qué es esto?", pregunta, sorprendido el cura al ver el cheque y descubrir la cantidad.

"Pos lo que te falta para terminar de acondicionar el dispensario médico", responde Chente con entusiasmo.

"Gracias, pero yo no venía a ver este asunto, sino el del muladar que permitiste."

Chente le arrebata la palabra a Chema: "Pos... ¿de dónde crees que salió el dinero para tu dispensario... sino de las generosas aportaciones de esta buena gente que viene a ayudarnos a atender a los turistas como se merecen. Seguramente Diosito entenderá que para que hagas una buena obra, tienes que sacrificar algo". Después de una pausa, continúa: "Chema, ¡lo que cuenta son las intenciones... ¿No es lo que siempre dices?" De improviso se pone de pie y se dirige a su amigo. Le da la mano para que se levante de su silla: "Querido Chema, como ves los milagros sí existen". Mientras tanto lo va empujando hacia la puerta y le dice, a modo de despedida: "Ahorita debo hacer una llamada muy urgente al gobernador, pues el viejo me anda buscando; pero pasaré a buscarte al mediodía, antes de los sagrados alimentos, para invitarte un tequilita..."

Cuando Chente le dice a Chema "¿Qué te parece?" es porque, como lo llevaba del brazo, ya lo había puesto fuera de la puerta de su oficina y de inmediato la cerró.

El padre Chema reaccionó con estupor en el momento en que ya tenía a sus feligreses a su alrededor atosigándolo con preguntas mientras él sostenía el cheque en la mano.

Balbuceaba sin saber qué decir, mientras pensaba: "Esto es obra del demonio... Chente es el mismísimo demonio... Como acostumbra vendió la plaza, me embaucó y hasta me hizo cómplice sin que yo me diese cuenta. ¡Qué Dios me perdone y tenga piedad de mí! Todo sea por una buena causa...", dijo en tanto dirigía una fugaz mirada hacia el bolsillo de la sotana donde termino por guardar el cheque.

Como empezó a caminar ensimismado, arrastrando los pies, los feligreses lo dejaron solo adelante y mejor lo siguieron en silencio mientras abandonaban el palacio municipal, cruzando la plaza donde pululaban los trabajadores que daban los últimos acabados a los "changarros".

La comitiva llegó a la puerta de la iglesia y doña Gertrudis, piadosa mujer que era su mayor apoyo en asuntos con la comunidad, le insistió: "¿Qué le dijo don Vicente?... ¿Los va a retirar?"

El padre Buenaventura no supo que responder y sólo balbuceó un apagado "no", expresado con vergüenza y pesadumbre. Nuevamente quedó en silencio.

El grupo se deshizo, mientras todos confundidos se miraban unos a otros. El padre Buenaventura cerró la puerta de su casa, regalándoles un simple y tibio saludo de manos dirigido a todos.

Cuando se quedó solo en su oficina, confundido y derrotado, manipulado por su amigo el alcalde Chente, sintió que en el bolsillo algo le quemaba. Metió la mano y sacó el cheque que lo convertía en cómplice si lo cobraba. Lo miró y, en silencio, una fracción de segundo después, lo rompió en pequeños cachitos; lo arrojó al bote de basura y se sentó en su mecedora.

Cerró los ojos y musitó: "Malvado Chente, eres como la serpiente en el paraíso, pero no me daré por vencido; si contigo no se puede hablar, lo haré a través de Esperancita, tu esposa, esa mujer piadosa. Esta noche, cuando la vea en el templo rezando el rosario la convenceré. Con la ayuda de Dios, veré que no te salgas con la tuya".

Esa noche el pueblo estaba de fiesta, con música de banda y repleto de turistas, mientras el padre Chema Buenaventura rezaba y se lamentaba por no haber tenido la capacidad de enfrentar a su amigo, el cacique del pueblo.

## CONTEXTO

En el mundo globalizado de hoy, el choque de civilizaciones que estamos experimentando se vincula, en esencia, con el tema religioso.

Conforme la globalización nos vincula irremediablemente a otros países y conformamos la "aldea global" que nos integra en lo económico, comercial y político, de modo paralelo surge un fenómeno contracultural muy fuerte, que marca nuestras diferencias.

Esas diferencias que antes de la globalización no eran visibles, hoy son evidentes. La cercanía entre los países hoy es de tal magnitud, que las sutilezas se magnifican y levantan muros culturales que les separan emocionalmente.

Los valores morales constituyen la esencia de este fenómeno diferenciador y éstos se originan en la visión religiosa de cada país.

El choque entre el mundo islámico y la sociedad occidental, en la que participa México, se origina en los valores religiosos, igual que sucedió en el medioevo, durante la época de las cruzadas.

Según una obra clásica de este tema, "La ética protestante y el espíritu del capitalismo" de Max Weber, los valores implícitos en la visión religiosa de las naciones, donde predomina el protestantismo de la corriente calvinista, se caracterizan por un estilo de vida productivo y disciplinado.

Sin embargo, esa disciplina calvinista-luterana conlleva también una actitud ética ante la vida y la conciencia de pertenencia a una comunidad. De esta forma han desarrollado una cultura de respeto a los derechos humanos, a la propiedad privada y a los símbolos de la sociedad.

Aún sin reconocerse públicamente, en esta globalización el tema religioso se ha vuelto predominante y vinculado a la idiosincrasia de cada pueblo.

## LA RELIGIOSIDAD DEL MEXICANO

La interpretación que hemos hecho del catolicismo los mexicanos ha acomodado los preceptos religiosos a nuestros intereses y a nuestos deseos personales, abusando del concepto del "perdón".

Esto nos da a los mexicanos libertad para actuar según nuestra conveniencia, reservando para el último momento de nuestra vida el arrepentimiento que nos garantizará el perdón. Mientras tanto, esta expectativa de perdón en el futuro nos da la libertad de actuar en el presente como queramos.

El impacto de nuestra interpretación de los preceptos de la religión católica ha formado en nuestro inconsciente colectivo un conjunto de valores morales que determinan nuestra idiosincrasia y nuestra conducta cotidiana.

### Atributos morales representativos
### de nuestra idiosincrasia

1. Flexibilidad moral y adecuación a las circunstancias.
2. Permisividad y respeto a la conducta ajena, aunque quienes nos rodean actúen de modo cuestionable e, inclusos delictivo.
3. Falta de compromiso con el bien de la comunidad.
4. Predominio de la individualidad sobre los intereses de la colectividad.
5. Sobrevaloración de las intenciones por encima de la conducta.

6. Simulación moral. Cuidado de las formas morales, dando prioridad a lo "socialmente correcto" por encima del contenido y las acciones.

7. Sobrevaloración de la parte litúrgica de la religión y minimización del sentido moral de nuestra conducta.

Se vive intensamente el presente y se ignoran la vida espiritual y la promesa de vida eterna. Las festividades religiosas se experimentan intensamente, pero despojadas del significado espiritual. La Semana Santa se interpreta como periodo de vacaciones y fiesta. Ha sido despojada de su sentido luctuoso. La Navidad representa convivencia, socialización y fiesta. El intercambio de regalos adquiere el papel protagónico, así como la decoración hogareña, relegando el simbolismo que representa el natalicio de Jesús.

## EL SINCRETISMO RELIGIOSO

La mezcla de conceptos propios de los pueblos originarios de nuestro territorio y de los cristianos que llegaron a evangelizar, dio a la conciencia colectiva mexicana características religiosas muy propias, como algunas tradiciones católicas que se manifiestan en muchas regiones de México, con rituales de apariencia pagana.

Sin embargo, a estas tradiciones ahora las vemos integradas a la liturgia católica en algunas zonas. Este sincretismo religioso se manifiesta en una fe inquebrantable.

A través de la razón comprendemos los principios básicos de nuestra religión y con la fe vivimos la experiencia mística.

La huella decisiva de nuestra concepción religiosa, católica, continúa vigente hoy vinculada a nuestra idiosincrasia.

Jurgen Habermas (*The Theory of Communicative Action*, Boston, Beacon Press, 1984) analiza las ideas de Max Weber y afirma que las religiones determinan el tipo de conducta predominante en los pueblos, dependiendo de la actitud que asumen frente al mundo.

De este modo, según Weber, para los protestantes el trabajo deja de ser un castigo vinculado a la expulsión de Adán y Eva del paraíso, que es el modo como lo interpretamos los católicos, quienes tomamos como fuente de inspiración la frase que se atribuye a Dios Padre, cuando, al lanzar a Adán y a Eva del edén los maldijo: "Ganarás el pan con el sudor de tu frente".

Por eso, la visión protestante de la trascendencia del trabajo, como una misión de la vida humana, impulsa al individuo a asumir retos y a tratar de construir testimonios de su paso por el mundo, dejando obras. Por lo tanto, la vida vale en función de lo que logramos construir.

## EL PATERNALISMO ESPIRITUAL

La idea de un Dios todo oderoso que provee lo necesario, pero a cambio exige sumisión y lealtad absoluta e incondicional, es el origen del paternalismo mexicano.

Saber que existe un padre justo, para quien nada de este mundo pasa inadvertido y que en la otra vida nos compensará con creces y de modo eterno, justifica todas las penurias asumidas estoicamente y ofrendadas en su nombre.

Este planteamiento creó una predisposición a la dependencia, que en el ámbito de la política social actualmente se manifiesta en los programas asistencialistas.

El paternalismo mexicano tiene varias facetas, pero siempre se basa en la subordinación. Para merecer retribución de favores de su interlocutor, el mexicano busca generar méritos que justifiquen sus expectativas de obtener lo que desea a cambio. El camino de los méritos se inicia con la subordinación a quien está en posición de "dar". El paternalismo alterna el uso del poder condigno (impositivo) con el compensatorio.

La más grave faceta del paternalismo la encontramos en la actitud de subordinación paternal del ciudadano ante un gobierno que le debe proveer todo. Nuestra sociedad fomenta la figura paternalista que sustenta el modelo más efectivo de liderazgo. El líder en México equivale a un padre: generoso con sus hijos, pero enérgico en el ejercicio de la autoridad.

En los países altamente desarrollados económicamente, el pueblo exige a su gobierno servicios en reciprocidad de los impuestos que paga. La exigencia se deriva de un "toma y daca"... "Si pago impuestos en contraprestación asumo derechos".

La anterior es una actitud racional, mediante la cual el ciudadano está consciente de ser el proveedor económico de la burocracia y de toda la infraestructura gubernamental y, con base en una posición de igual a igual, exige los servicios por los que paga.

En el ámbito laboral también se ejercita el paternalismo. El patrón es obligado a asumir una actitud paternalista. Lo que debiese ser una relación de igual a igual, fundada en una libre transacción de fuerza de trabajo por dinero, termina operando bajo un esquema de dominio, de un padre protector, que cuando tiene la oportunidad abusa de la ignorancia de su entenado.

El compadrazgo, que es otra variante del paternalismo, consiste en establecer nexos de familiaridad con alguien que está en posibilidades de ayudar. Implica compartir las responsabilidades materiales de la paternidad. Sin embargo, también puede ejercitarse como un modo de establecer una alianza cuando esta relación familiar es entre entre iguales.

Cuando alguien solicita el compadrazgo, a través del apadrinamiento de un hijo, salvo los casos en que la selección se realiza como cosecuencia de una amistad desinteresada, generalmente se busca la protección de una persona en mejor posición: el jefe, la persona más importante de las relaciones sociales, el líder del sindicato, el amigo rico, el pariente rico, el político de éxito, por un ejemplo.

Quien apadrina halaga su vanidad de haber sido reconocido como la mejor opción.

## RELIGIOSIDAD Y DEMOCRACIA

Según el modelo sociocultural que describe las cuatro dimensiones en que se desenvuelven todas las culturas predominantes en el mundo, la tercera —esto es, la dimensión moral— es esencial para entender la idiosincrasia mexicana y su impacto en la vida cotidiana.

El mexicano vive de la esperanza, de la necesidad de creer que desde una dimensión espiritual su vida está marcada y puede cambiar a su favor. Entiende que la vida es una prueba y que quien resiste triunfa. De ahí se deriva la resiliencia que le ha permitido a este país reinventarse continuamente, gobierno tras gobierno, desastre tras desastre.

La fe del mexicano es determinante. Aun llevando una conducta social y moralmente cuestionable—y hasta delictiva— se encomienda a Dios o a la Virgen de Guadalupe. Incluso, cuando su conducta no es compatible con las exigencias morales de la Iglesia católica y quizá se sienta indigno de apelar a Dios sin arrepentirse de sus conductas impropias, o simplemente pensando que no es escuchado, busca refugio en figuras de gran simbolismo como la denominada "Santa Muerte". Es que no puede quedarse al margen de la espiritualidad.

Mientras en el mundo occidental quien no encuentra respuestas se vuelve ateo, cuestionando la existencia de Dios desde la perspectiva racional, el mexicano —ser intuitivo— busca nuevas opciones, pero siempre en el ámbito espiritual, o por lo menos en un mundo paralelo.

La religiosidad está presente en la vida cotidiana, proyectándose en la vinculación con la autoridad. El paternalismo —que es una de las formas de simbolizar la vinculación con Dios— es fundamental, pues siempre se espera que alguien poderoso resuelva las injusticias y ofrezca la oportunidad de una vida sin limitaciones y eso vuelve vulnerable al individuo frente a las figuras autoritarias, que en el ámbito de la política se comportan paternalistamente, ofreciendo protección y un futuro promisorio.

El guadalupanismo es otra de las visiones de esta religiosidad. La esposa del gobernante —sea presidente, gobernador o alcalde— se vuelve poderosa. Por eso recibe peticiones de toda índole, desde su intervención directa para liberar a un familiar que está en prisión, hasta solicitarle una oferta laboral o pedir su ayuda ante la adversidad.

La figura tradicional del compadre representa la búsqueda de un protector con base en una vinculación de compromiso moral. El compadrazgo consolida una alianza o una amistad, o permite comprometer la protección de alguien poderoso, ya sea el propietario de la empresa, el jefe, el líder sindical, o alguien que tenga una posición predominante que pueda garantizar protección.

En la política y en las acciones de gobierno esto se traduce en la predisposición de dejarse seducir por líderes autocráticos e impositivos que acumulan poder. Sin embargo, esta visión sustentada en el liderazgo unipersonal, que se deriva de la interpretación religiosa, puede ser un obstáculo para la consolidación de la democracia.

La interpretación del líder político paternalista que premia y castiga, elogia y fustiga, aunque sea con su discurso, representa de forma paralela protección, por una parte, y esperanza, por la otra.

La falta de conciencia y de cohesión social impide a la sociedad tomar el control de su futuro, pues pone en manos de una persona el futuro de la comunidad e, incluso, del país.

La historia de México, en sus momentos críticos, siempre ha estado asociada con una figura todopoderosa, o sea, con la identidad de un caudillo.

El cacique asume la identidad del caudillo local que capitaliza la admiración pública de quien ejerce el poder y este modelo centralista y autoritario emerge continuamente en el presente.

El modelo de liderazgo autoritario se convierte en una necesidad de cohesión social, que se deriva del modelo paternalista que antes representaba el cacique y que hoy se transforma en modelos de variada identidad, pero centralistas y controladores, que están presentes en el gobierno, en la familia, en el trabajo, en el sindicato e, incluso, en las organizaciones sociales.

## CONCLUSIONES

Podríamos resumir este capítulo en una idea central: algunos postulados de la religión católica —interpretados con una visión fuera del contexto espiritual que le es natural y propio— fueron utilizados a lo largo de los siglos en el ámbito rural por caciques y hacendados —y en el ámbito urbano por la aristocracia y la alta burguesía— para justificar sus privilegios y mantener su dominio sobre las clases sociales, que eran la base de la productividad.

De este modo se construyó una plataforma de control anclada en valores sociales que desestimulaban cualquier intento de insurrección, del mismo modo que lo hizo el modelo monárquico en Europa sobre los vasallos. Sin embargo, esto creó una idiosincrasia con desapego de los bienes materiales.

Mientras que en Europa, como acontecimiento simbólico, la Revolución francesa derribó mitos y construyó un nuevo pacto social, que es el origen de la sociedad occidental actual, en nuestro país ni siquiera la Revolución mexicana logró el cambio. Simplemente sustituyó a la rancia aristocracia porfirista por otra aristocracia que se fue conformando a lo largo de los años.

Cabe destacar que la Revolución francesa creó este parteaguas histórico iniciado en 1789 y consolidado en 1799. Esta revolución concluyó 21 años antes de la consolidación de la independencia de México promovida por Agustín de Iturbide.

Esto podría haber significado que el nacimiento de nuestro país como nación independiente ya podría haber ostentado estos postulados de igualdad social. Sin embargo, nacimos como un nuevo imperio encabezado por Iturbide replicando el modelo social del virreinato, el cual llega hasta nuestros días caracterizado por la desigualdad.

Hoy, en pleno siglo XXI, en la era de las redes sociales y de la comunicación en tiempo real, con una economía integrada al mundo, México resiente la presión del exterior como consecuencia del impacto de la globalización. En este contexto, constatamos que nuestra idiosincrasia está desfasada de la de los países del nivel de desarrollo económico equivalente al nuestro. Participamos en el G20 por méritos de nuestra economía y de nuestra productividad, pero nuestro modelo social no corresponde a este parámetro internacional.

Aunque aparentemente las raíces de nuestra idiosincrasia se han perdido en los últimos años bajo la influencia de la cultura global, sus manifestaciones están presentes en el momento actual.

Aunque las circunstancias y las presiones competitivas de un mundo dinámico y cambiante como el de hoy nos obliguen a asumir retos, nuestra pasividad como pueblo está latente, siempre en busca de subterfugios inconscientes que nos permitan relativizar nuestros fracasos, culpando a las circunstancias. Así, nos abandonamos a nuestra suerte, con la dogmática creencia de que "ya todo estaba escrito", como si el destino fuese inexorablemente rígido.

Del mismo modo que nuestros antepasados se consolaban pensando que en la otra vida habría justicia y con una actitud estoica se ganarían el cielo, nosotros aceptamos las adversidades minimizando la importancia de lo que hemos perdido. Nuestra herramienta es la actitud de "al fin que ni lo quería".

Este contexto psicosocial ha generado paradigmas y prejuicios en contra de la actividad empresarial, que en el inconsciente colectivo mexicano se interpreta como el hecho de que el emprendimiento es un modo ilegítimo de generar riqueza.

Sin embargo, en el presente la Iglesia católica en México y en el mundo ha optimizado su visión social y manifiesta un compromiso con la igualdad y con el desarrollo, pero en el ámbito social ha fracasado en forma abrupta el modelo social y político que tradicionalmente estuvo blindado por la "autoridad moral" del Estado, así como de las instituciones sociales, lo cual ha generado una grave confusión que ha permitido que "liderazgos informales" que nacen de la misma sociedad —incluidos los de la delincuencia organizada— tomen control de los territorios ubicados en lo que comúnmente denominamos "provincia mexicana".

El Estado mexicano ha ido perdiendo el control territorial de pequeñas comunidades que han sido descuidadas por los gobiernos, los cuales han estado asumiendo conductas permisivas y tolerantes cuando se infringe la ley, y para su comodidad, de manera "pragmática" —que es uno de los atributos de la idiosincrasia mexicana—, han preferido pactar con los transgresores de la ley para evitar confrontaciones violentas y conflictos políticos.

# CAPÍTULO XIII

# DESTINO, AZAR Y MUERTE: EL IMPACTO DEL PASADO EN LA MENTE COLECTIVA Y SUS MANIFESTACIONES EN NUESTRA IDIOSINCRASIA

## EL COMPLEJO DE INFERIORIDAD

NO ES NOVEDOSO hablar de este complejo, pues ya ha sido ampliamente abordado y descrito por importantes autores como uno de los factores fundamentales de nuestra idiosincrasia. Tradicionalmente, es atribuido a traumas que, se afirma, tienen su origen en la Conquista y en la Colonia española.

Tratando de encontrar los significados actuales de las manifestaciones del complejo de inferioridad antes citado, las cuales se expresan —según se dice comúnmente— en una actitud derrotista, cuando un europeo desea algo no tiene empacho en decir abiertamente y sin preámbulos: "Yo quiero..."

En contraste, el mexicano esconde este deseo legítimo en un ritual lingüístico que apela a la magnanimidad del interlocutor, con el sentimiento de considerarse indigno de aspirar a ello por derecho natural. Por eso nos expresamos con exagerada cortesía: "¿Sería usted tan amable de...?"

La modestia con que el mexicano asume públicamente sus logros, aunque en su interior disfrute con su plenitud la vanidad de saberse triunfador, lo empuja a respaldar su éxito a través de la intervención de terceros.

En nuestro país uno de los más grandes pecados es la vanidad, y una de las grandes virtudes, la modestia. En el contexto tradicional, cuando alguien se vanagloria de su triunfo es porque ya cayó en el extremo de retar públicamente a la sociedad. Equivale a un grito desesperado de reivindicación pública del orgullo herido y lastimado.

De este modo, la actitud prepotente y exhibicionista, usual en quien alcanza el éxito, termina siendo ofensiva para sus subordinados, así como para los sectores sociales menos afortunados.

Éste es el síndrome del nuevo rico, del político que adquiere poder, o del policía de barrio que ejerce autoridad, entre otras manifestaciones comunes.

La diplomacia extrema del mexicano no es más que la manifestación de su timidez y su temor, actitud que externa el ciudadano bien educado e integrado a la sociedad, quien espera de sus interlocutores un trato digno y respetuoso, así como el reconocimiento de sus cualidades y sus logros cuando obtiene éxito.

El mexicano difícilmente se autopromueve. Más bien desea que sus méritos sean reconocidos por terceros como un acto de legítima justicia. Por eso, usualmente no habla de sí mismo. Ésta es una costumbre muy arraigada en el inconsciente colectivo, que llega al extremo de que, aun al referirse a sus propios planes y proyectos, el individuo se expresa en plural, como si fuese de mal gusto dar importancia a la propia persona.

Leer una entrevista en alguna revista, o ver por televisión a nuestras figuras artísticas favoritas nos da la oportunidad de percibir nuestra idiosincrasia como un espejo... La modestia que enaltece es el sentimiento fundamental.

Hay que reconocer que los matices propios del carácter individual del entrevistado y su perfil psicológico porporcionan la dimensión particular a los atributos y los rasgos que proyecta la persona, los cuales son representativos de nuestra conciencia colectiva, aunque vayan acentuados o suavizados.

## LA DERROTA CRÓNICA

Desde que nace, al niño mexicano se le prepara a convivir con el fantasma de la derrota y a afrontarla con dignidad.

Esto no es sino reflejo de inseguridad por sus capacidades. Por eso la modestia es interpretada como una virtud derivada de la mesura. La modestia y la mesura en el festejo del éxito preparan el camino a una eventual y futura derrota, con el fin de que duela menos y se reduzca la presión social. Alan Riding, en su libro *Vecinos distantes*, afirma que "el pesimismo nos protege de la desilusión".

También podemos interpretar la mesura como un modo de evadir el compromiso que implica hacer del conocimiento público nuestras más altas metas, ésas que todos cultivamos en nuestro interior.

Sin embargo, en el ámbito público de alcance masivo, como la política, la industria del entretenimiento y el deporte profesional, se han generado conductas públicas más globales, que responden a las formas de conducirse públicamente en los medios de comunicación masiva. Pero en la vida cotidiana aún continúan vigentes los viejos patrones de conducta anclados en el inconsciente colectivo.

## EL SÍNDROME DEL BOXEADOR Y LA AGRESIVIDAD REPRIMIDA

Todos sabemos que si existe algún deporte en el que los mexicanos seamos realmente brillantes, es el boxeo, que constituye una confrontación directa, donde la agresividad reprimida se deja fluir con plena justificación y se alimenta. El título mundial de campeón lo han alcanzado muchísimos de nuestros compatriotas.

Esta habilidad dice mucho de nosotros mismos como parte de nuestras características sociales. El mexicano generalmente reprime su agresividad y la oculta, pues se mueve en un mundo injusto, donde el concepto de justicia no está claramente definido, pues ésta siempre está del lado del poderoso, con o sin razón.

A su vez, el concepto de autoridad, que en México está íntimamente ligado al de justicia, está totalmente prostituido. El ejercicio de la autoridad no se percibe como una responsabilidad implícita en el servicio público, sino como una canonjía ligada al poder. Para el mexicano, obtener autoridad constituye una oportunidad de reivindicación de las injusticias de las que se ha sido víctima con anterioridad.

Independientemente de que en el próximo capítulo abundemos sobre el concepto de autoridad, ahora nos abocaremos a definir una actitud que llamaremos el "síndrome del boxeador".

Este síndrome describe una actitud defensiva en las relaciones humanas. Es producto de la sensación de estar indefenso ante quien detenta el poder. El boxeador, cuando se siente en desventaja en relación con su adversario, se mantiene a la expectativa, en espera del golpe, preparándose para esquivarlo, y sólo cuando percibe un signo de debilidad en su contrincante ataca a fondo, de modo relámpago, dispuesto a aniquilarlo.

La sumisión inicial ante quien ejerce el poder (en su ambiente cercano) equivale a estar a la expectativa, vigilante y, a veces, hasta reiterando lealtad, con tal de aliviar la tensión mientras no hay modo de evadir el control. La sorpresa llega cuando por alguna circunstancia quien ejerce el poder pierde fuerza y control y se vuelve vulnerable. Esta actitud que denominamos "síndrome del boxeador" trae aparejado el individualismo, o sea, la no integración en equipo.

Si no hay confianza mutua, no se pueden compartir planes a futuro. Esta actitud, trasladada al ámbito grupal, constituye uno de los factores que nos limitan en la búsqueda de resultados colectivos. La lealtad mutua debe ser incondicional para que se convierta en factor de integración.

Es imposible considerar que todos los miembros de un grupo puedan estar en igualdad de condiciones. Siempre habrá algunos que posean habilidades para el liderazgo, así como otros —la mayoría del grupo— los que prefieren no asumir más responsabilidades que las que ya poseen, lo cual los convierte en subordinados.

El líder siempre asume la responsabilidad de sus actos y, además, la de quienes lo siguen.

La autoridad asumida de manera correcta siempre está íntimamente ligada al servicio social. Pero cuando se malinterpreta, se convierte en una canonjía que da derecho a sacar ventaja de la influencia sobre los subordinados. Desgraciadamente esta última versión prevalece en México.

Un papel muy importante desempeña el concepto de autoridad como factor de integración social. Por eso en el siguiente capítulo analizamos este concepto.

## EL CULTO A LA MUERTE:
### DESAPEGO A LA VIDA

Jean-Paul Sartre, el padre de la corriente filosófica conocida como existencialismo, aseguraba que el hombre es un proyecto mientras vive y se convierte en una obra realizada hasta que muere. De esto podemos colegir que lo que da valor a la vida es lo que hacemos con ella: nuestros éxitos y nuestros logros.

Según Christine M. Korsgaard, en su análisis de la obra del filósofo alemán E. Kant, este pensador consideraba al hombre como un ser "activo" que domina su vida.

Para ser triunfadora, cualquier persona primero debe asumirse como dueña de su propia vida y responsable de su actos, tanto si logra el éxito, como si asume que es la única responsable de sus fracasos.

Desde esta perspectiva la suerte no existe y el hombre es totalmente libre de controlar el rumbo de su propia vida.

Quien se siente satisfecho de sí mismo y se ha trazado un objetivo para alcanzarlo en el futuro seguramente ama la vida, porque la vida representa la oportunidad de realizar sus metas. En contraste, la muerte aniquila esa oportunidad.

La otra posibilidad de encarar la vida de da a través del determinismo, el cual considera que el destino ya tiene trazado el rumbo de nuestra existencia y que, fuera de ese camino, no será factible realizar nada más.

A través del determinismo, entendido como una actitud ante la vida, tendremos que considerar nuestros logros como obra de la casualidad y resultado de una serie de circunstancias que se enlazan, a las que comúnmente consideramos como la "suerte". Desde esta perspectiva, tanto el éxito como el fracaso llegan porque debían llegar.

Sin embargo, según la idiosincrasia mexicana, el individuo es un ser pasivo, receptáculo del capricho y las veleidades del destino.

Si el éxito o el fracaso son circunstanciales, o casuales, entonces no vale la pena esforzarse por alcanzar una meta. A partir de ahí podemos descartar la autorrealización como una razón de vivir, pues nos consideraremos títeres de las fuerzas ocultas del destino. Las tribus paganas de cualquier parte del mundo terminan siendo deterministas, pues todo lo que suceda es interpretado como capricho de un dios.

El cristianismo clásico es determinista, pues constituye un modo de obligarnos a respetar la voluntad de Dios. No podemos ni debemos ir en contra de los designios divinos, pues podríamos ofender al creador y dueño de nuestra vida.

Con base en una interpretación contemporánea, la adversidad asumida pasivamente puede calificarse, desde una perspectiva simplista, como masoquismo.

Sin embargo, la interpretación que da el mexicano a las circunstancias de nuestra propia vida representa la aceptación total de los designios de Dios. De este manera podríamos recordar que los mártires del cristianismo de los inicios de nuestra religión ofrendaban su dolor y su martirio a Dios y este acto no era un sacrificio estéril, sino un testimonio de amor. Así al sufrimiento se le da un sentido religioso.

Debemos interpretar la visión cristiana de la vida como el ejercicio de una libertad condicionada.

Sin embargo, en el mundo indígena la idolatría propiciaba el determinismo mágico y la pasividad, reflejada en la actitud que se le acredita al emperador Moctezuma frente a la profecía que describía la llegada del hombre blanco y barbado.

Sólo así se entiende la derrota como un hecho inevitable, porque suponía que el destino no se podía cambiar.

Este determinismo mexicano termina convirtiéndose en el padre del derrotismo. Este determinismo pagano y su corolario, el abandono, son el origen del culto a la muerte, que es la negación de la vida. Vivir implica esfuerzo, pero morir sólo es cuestión de esperar.

## AMIGA MUERTE

En la cultura mexicana mitificar y relativizar el valor de la muerte equivale a aceptarla con facilidad y superar el temor que provoca su simple mención.

Como ejemplo podemos remitirnos al culto a la "Santa Muerte", convertida en deidad religiosa. Este culto implica estar cerca de ella y reconocerla como un ser vivo, con el uno que se puede vincular.

Al convertirla en una deidad religiosa, se construye la oportunidad de comunicarse con ella y pedirle favores y protección. De este modo, al tenerla cerca y presente, deja de representar el mayor temor de cualquier ser humano, como ocurre en la mayor parte del mundo.

El mexicano se mofa de la muerte porque no le teme. Juega con ella y la caricaturiza. La muerte tiene sentido como antítesis de la vida. Si la vida tuviese sentido, como la oportunidad de realizar cosas y a través de ellas realizarnos como personas, entonces la muerte sería una intrusa que nos roba la oportunidad de actuar. Si la vida es un simple recipiente y lo que vale es el contenido, entonces el valor de la vida es relativo a lo que hagamos con ella.

Para un pepenador de basura la vida puede representar una simple rutina, pero para un científico que está por concluir un descubrimiento, la vida constituye una oportunidad de trascender a su condición humana y, a través de su obra, volverse inmortal.

Para el mexicano, acostumbrado a vivir sólo para el presente, todo lo que suceda ya estaba previsto por el destino y por eso, por no ser dueño de sus actos, la vida carece de valor como realización. La muerte no es más que otra circunstancia inevitable.

También debemos tomar en cuenta que si aprendemos a convivir con la presencia de la muerte, que es el temor supremo de cualquier mortal, y le perdemos el miedo, entonces dejamos de temer a todo lo demás.

El mexicano es temerario porque siente que no tiene mucho que perder si se le escapa la vida, pues no tiene el control de lo que sucede con ella. Se siente prisionero del destino. Entonces, si no le teme a la muerte, ¿para qué preocuparse de perder el trabajo, o la salud... o todo lo que posee?

Ante las vicisitudes de la vida, el estoicismo mexicano se funda en la pérdida del temor de enfrentar a la muerte. Esta actitud representa la clara conciencia de que no es libre ni dueño de sus actos. De ser marioneta en manos del destino.

De esta forma el azar y la suerte son elementos fundamentales de su vida: la lotería, las apuestas, la posibilidad de que el compadre asuma un buen puesto político y lo ayude a mejorar.

Podríamos resumir afirmando que el determinismo derivado de la visión politeísta indígena, que adjudica a un dios específico cada cosa que sucede en la vida, sigue vigente, aunque los orígenes de esa actitud estén ocultos para mexicano de hoy.

La religión católica no fue asimilada con plena y total conciencia por el indígena.

El determinismo le resta valor a la vida. Si la vida vale poco, la muerte no es tan grave; por eso a veces la retamos. Si sólo vivimos para alimentarnos y sobrevivir un día más, sufriendo limitaciones materiales, el valor de la vida es relativo, pues el objetivo es la vida misma y no una oportunidad de alcanzar metas y retos que nos motivan y nos estimulan.

Cuando la vida constituye un medio de alcanzar algo valioso, adquiere un valor alto y entonces sí sobreviene el temor a perderla y la figura de la muerte se convierte en la peor pesadilla. Cuando la vida es una prisión que nos limita para alcanzar los bienes prometidos por la religión católica en la vida eterna, entonces pierde valor y hasta la retamos, como si fuera una compañera de viaje que nos impusieron y, por lo tanto, es mejor convivir con ella con humor y amablemente.

Si para los vikingos y los guerreros de las tribus nórdicas la religión les prometía una vida de placeres y comodidades en el Valhalla, atendidos por las valquirias, lo cual era el premio por morir en combate según la promesa hecha por su dios Odín, entonces resultaba lógico que no sólo no le temieran a la muerte, sino que la buscaran, participando en el mayor número de batallas.

Además, consideramos que, si en nuestro destino la muerte está ubicada muy próximamente, aunque tratemos de huir seremos alcanzados por ella. Pero si no estaba previsto, entonces, aun corriendo los mayores riesgos, no seremos tocados por ella.

Nos burlamos de la muerte con la conciencia estoica de que algún día seremos alcanzados por ella y será irremediable que nos devore. Es más sano burlarnos de nuestro verdugo que vivir atemorizados por él, máxime que lo que nos arrebatará no es tan valioso como para que se justifique que vivamos angustiados.

Mientras vivamos, lo haremos lo mejor posible. Preocuparnos por el futuro no tiene caso, pues lo que venga aparejado con él, de todos modos, llegará, sea éxito o fracaso, felicidad o tristeza. Ésta es nuestra filosofía de la vida y de la muerte.

Por eso podemos considerar que vivimos de cara al presente, influidos por el pasado y olvidándonos del futuro.

## LA INDEFINICIÓN DE SER

Si ponemos atención podremos constatar que no hay nadie más despiadado con el indígena que el mismo mestizo, quien en todo momento trata de señalar las diferencias de superioridad social derivada de diversos factores étnicos. El fenómeno del cacicazgo ejercido en áreas rurales así lo muestra.

A través de las generaciones las costumbres van perdiendo su significado original y se convierten en simples rituales sociales, dictados por las tradiciones.

El indígena ha sido explotado por todos: desde sus líderes, que manipulan sus carencias y sus necesidades, hasta la burocracia, que debiera ayudarlo a trascender su marginación, e, incluso, la ciudadanía en general, que no le da un trato de igual a igual.

Es frecuente ver cómo se les esquilma cuando en la ciudad intentan vender sus productos.

Sin embargo, a pesar de que en la vida cotidiana el indígena es menospreciado, cuando se apela a la mexicanidad resurge lo abstracto y reluce un orgullo metafísico por esas raíces prehispánicas, disociando al indígena de hoy respecto de sus ascendientes.

El racismo mexicano queda exhibido en la actitud que asume la sociedad mexicana frente a las constantes y crecientes llegadas de migrantes centroamericanos, sudamericanos, caribeños, orientales y africanos, que sin documentos intentan incursionar en nuestro territorio de paso hacia su objetivo final: la frontera con Estados Unidos.

Nuestra frontera con Guatemala, simbolizada por el río Suchiate, marca la diferencia.

Estos migrantes no son bien recibidos por la mayoría de la población mexicana. Es más, en muchos lugares son tratados con desprecio. Las encuestas realizadas por prestigiadas empresas de estudios de opinión pública reiteradamente muestran la animadversión que siente por ellos la mayoría de los mexicanos y sólo una minoría se solidariza con estos grupos de extranjeros.

En el camino hacia la frontera norte son extorsionados por autoridades, vejados y víctimas de abuso por parte de la población y agredidos con violencia por grupos de la delincuencia organizada. Sólo una minoría se preocupa por ellos y muestra actitudes filantrópicas para ayudarlos.

En el fondo hay una actitud discriminatoria en la conducta colectiva hacia estos grupos vulnerables, quizás hasta con tintes de racismo.

Sin embargo, la actitud de la sociedad mexicana cambia frente a las noticias de maltrato a los migrantes mexicanos indocumentados por parte de autoridades migratorias del gobierno estadounidense, así como por las actitudes xenófobas de algunos sectores de la población de Estados Unidos. La indignación por el maltrato a nuestros connacionales en ese país contrasta con la actitud mexicana en contra de los migrantes que entran por nuestra frontera sur.

## CHAUVINISMO Y MALINCHISMO

Si entendemos el chauvinismo, o xenofobia, para efectos de este análisis, como el rechazo hacia lo extranjero, observaremos que esta actitud es una constante paradójica en la vida de la sociedad mexicana. Paradójica, porque se produce en la dualidad chauvinismo-malinchismo.

Este fenómeno del malinchismo, o sea, la preferencia por lo extranjero frente a lo nacional, va unido a una actitud de resentimiento hacia los extranjeros, estadounidenses y europeos principalmente.

Esta actitud se esconde por ser socialmente incorrecta y a veces llega a manifestarse con conductas serviles. Sin embargo, cuando nos liberamos de nuestra faceta racional, con un poco de alcohol, por ejemplo, surge la agresividad velada o directa.

No podemos soslayar que México ha sido un país que no fomentó la inmigración europea como sí lo hicieron otros países latinoamericanos: Brasil, Argentina, Uruguay y Chile, por ejemplo. Por los tanto, nuestro trato con los extranjeros en nuestro país casi se circunscribe a españoles y estadounidenses.

Para el mexicano ambas nacionalidades representan el sojuzgamiento. La primera, en relación con la colonización, y la segunda, con las invasiones del siglo xx que culminaron con la pérdida de Texas y California, aunque también se debería tomar en cuenta la invasión de Veracruz el 21 de abril de 1914.

Como se infiere en el libro *El oso y el puercoespín*, de Jeffrey Davidow, quien fue embajador de Estados Unidos en México, nuestra larga frontera continúa siendo un excelente motivo de distanciamiento y rencores, principalmente porque en la vecindad de dos desiguales existen muchos prejuicios.

El hermano pobre juzga que el hermano rico ve la casa de su vecino como el traspatio de su propia casa y por eso el hermano pobre, que siempre se mantiene a la defensiva, trata de interpretar como un intento de agresión hasta el más leve movimiento de su vecino.

Vivir codo a codo con el país más poderoso del planeta o, más bien, como hermanos siameses, ha marcado decisivamente a la conciencia colectiva mexicana, que lleva la cuenta de todo lo que ha sucedido entre ambas naciones.

Las evidentes diferencias, además de las económicas, como idioma, religión, idiosincrasia, cultura y otros factores étnicos, acentúan los motivos de distanciamiento. El hermano mayor, exitoso, se siente con el derecho de manipular a su hermano menor, que no ha tenido tanta suerte, con el pretexto de ayudarlo, condicionando la ayuda a la aceptación de su autoridad.

Pero este último, el hermano pobre, con alto sentido de independencia, se niega a dejarse manejar y reacciona agresivamente.

*Vecinos distantes*, la obra del periodista brasileño, de origen inglés, Alan Riding, quien durante 12 años vivió en México como corresponsal de las más importantes agencias de noticias del mundo, da cuenta de esta viciada relación encubierta, pero compleja y no aceptada abiertamente.

En este libro Riding escribió: "Posiblemente en ningún lugar del mundo dos vecinos se entienden tan poco".

## VECINOS NO CONFIABLES

Detrás de todos los intereses económicos y políticos que siempre han zanjado las dificultades entre Estados Unidos y México, los factores subjetivos de las otras diferencias tienen mayor peso específico.

El título del libro escrito por el embajador Davidow, *El oso y el puercoespín*, describe la relación de nuestros dos países. El oso es la fuerza, la astucia y la falta de tacto, pero el puercoespín, aunque los hay de varias subespecies, es pequeño. Generalmente es nervioso y, al sentirse, amenazado pone erectas sus púas, las cuales podrían salir disparadas como dardos contra quien representa un peligro.

Mientras nuestro vecino, uno de los países más poderosos del mundo, se caracteriza por su fortaleza, su tamaño y su poder, México es de piel sensible y proclive a sentirse amenazado por su vecino, quien a mediados del siglo XIX le arrebató dos territorios de gran tamaño: California y Texas.

Sin embargo, la historia de nuestros dos países, caracterizada por encuentros y desencuentros, amistad y peligro, ha marcado la conducta de México en el ámbito internacional, señalada por una extremada cautela, una actitud defensiva cercana a la autovictimización, pero con gran sensibilidad para entender intuitivamente el contexto mundial.

## TRATO DE IGUALES

Este sentimiento conflictivo que se resume en rencor-respeto, origina la no integración del mexicano en un mundo abierto, totalmente comunicado, de grandes horizontes y sin límites. Por eso, la relación de México con Estados Unidos ha sido una referencia para fijar políticas diplomáticas con el resto del mundo, extrapolando la percepción de que los demás países con los que nos relacionamos tendrán comportamientos similares al de nuestros vecinos de la frontera norte.

El hecho de que los mexicanos conserváramos nuestro aislamiento en el concierto mundial, hasta la década de 1950, no era muy notorio ni grave. En contraste, hoy que formamos parte de una economía globalizada de altos volúmenes de producción, apoyada en tecnología sofisticada, las barreras económicas y comerciales están siendo derribadas. La integración de Europa lo demuestra.

Junto con la integración económica en México está surgiendo un nuevo estilo de vida cosmopolita y la conciencia de que todos los países necesitamos de todos. Sin embargo, la idiosincrasia mexicana limita nuestra integración a un mundo sin fronteras, pues no logramos ver de igual a igual a los países altamente industrializados y ricos.

El nacimiento y la consolidación de un sistema comunicacional liderado por los medios de información masiva, así como por una extensa red de medios de transporte y, principalmente, por las redes sociales, han cambiado las estructuras sociales, propiciando la integración de los países en un todo homogéneo e indivisible.

El mismo bloque soviético, antes marginado por conveniencias políticas, ha dado un brusco viraje hacia la integración global, del mismo modo que durante los últimos años lo han hecho China y varios países del sudeste asiático.

Aparentemente, México está integrado a esta nueva estructura mundial. Digo *aparentemente*, porque en la actualidad se trata de una integración con reservas, superficial, de forma, contaminada por graves y profundos temores que nos impulsan a mantenernos aislados con el pretexto tradicionalista de la salvaguarda de nuestra identidad nacional y de nuestra soberanía.

Europa en sí es un mosaico de grupos étnicos y de culturas, que hasta finales del siglo xx se integró para formar una familia de iguales, donde cada uno de los hermanos es muy diferente psicológica y físicamente, pero no hay menoscabo de su categoría.

Sin embargo, la percepción del mexicano típico respecto del papel de nuestro país en el concierto mundial está matizada por la desconfianza, pues se desconoce el protagonismo de México como parte del G20, o sea, como uno de los 20 países líderes mundiales.

Ahora más que nunca es necesario estar conscientes de la importancia de México en la comunidad internacional, para reafirmar nuestra autoestima y tartar de igual a igual a los países ricos.

Es cierto que nuestro país ha participado activamente en grupos líderes como el G20 y ha tenido impirtantes funciones de liderazgo en la Organización de las Naciones Unidas. Sin embargo, la política gubernamental no refleja forzosamente la percepción del inconsciente colectivo mexicano, que es el tema central de esta obra.

# Conclusiones generales

**L**A **INTRODUCCIÓN** de este libro inicia con la frase: "No podremos entender el presente que hoy vive México si antes no comprendemos a profundidad nuestra idiosincrasia".

La represión sutil y silenciosa ha sido una actitud recurrente en la sociedad mexicana, que se vive en todos los sectores que la conformamos, y que ha impactado nuestra idiosincrasia, pues nos ha dividido entre víctimas del abuso y victimarios, según el rol que nos toca desempeñar, de acuerdo con nuestras circunstancias y con el contexto en que nos desenvolvemos.

La represión sistemática ha lastimado nuestra autoestima, lo cual ha propiciado una actitud de rechazo a la autoridad, mantenida de modo latente y encubierta a lo largo de muchísimos años, pero que hoy se hace patente de manera cotidiana en la relación entre los ciudadanos y la clase gobernante.

Sin embargo, en la actualidad, bajo la influencia de la globalización y las redes sociales, se produce este choque cultural que ha derribado las barreras de contención que antes protegían el respeto a la autoridad.

Asimismo, la represión ha estimulado la conformación de subterfugios lingüísticos para ocultar nuestras verdaderas intenciones, expectativas y deseos. De ahí se deriva la creación de ese lenguaje intuitivo que da origen al denominado "doble sentido", compuesto por códigos comunicativos que sólo entienden los mexicanos de origen.

La represión se sustenta en un sistema social de liderazgo autocrático —de corte paternalista—, lo cual ha propiciado en el ámbito social y laboral relaciones cotidianas conflictivas de dependencia y sometimiento, y en el ámbito público, modelos de gobierno autoritario y presidencialista, entre otras manifestaciones.

La represión cotidiana y el abuso han generado una idiosincrasia introvertida, desconfiada y pragmática, que, mediante la creación de su propio mundo interior —que convierte en su refugio— se protege de la adversidad y de las malas intenciones de su entorno.

Sin embargo, esa inseguridad que surge de la conciencia de su propia vulnerabilidad frente a los poderosos, a lo largo de los años conformó una identidad que caracterizaba a un ser diplomático, conciliador, retraído y hermético que —como decía Octavio Paz en *El laberinto de la soledad*— difícilmente se abre a los demás. Por eso, para proteger su intimidad, crea su propio lenguaje: sutil, simbólico, sustentado en códigos indescifrables para los extranjeros.

De ese modo, al sentirse libre en su propio mundo, ha desarrollado una fina intuición que lo ayuda a sortear los peligros y a no confiar en los demás, manteniéndose siempre a la defensiva.

Así se desarrolló una idiosincrasia individualista que, sin embargo, aprendió a convivir respetando el espacio de los demás para no meterse en problemas.

De esa forma, a lo largo de los siglos, el mexicano se volvió tolerante, respetuoso de la autoridad que proviene de las instituciones —aunque sin confiar en ellas—, trabajador, esforzado, autosuficiente y muy resiliente, capaz de superar con entereza los fracasos y la adversidad, consolado por la fe cristiana, que se manifiesta en las tradiciones populares, producto del sincretismo religioso.

De esta manera, a partir de la Revolución, México ha vivido en paz; no en la paz de las convicciones, sino en la paz del temor a la represión si se rompen las reglas o se burla la ley.

Sin embargo, a partir de la globalización y las redes sociales todo cambió: se liberaron los resentimientos y los rencores contra los opresores. Las redes sociales han empoderado a los mexicanos y los han liberado de sus ataduras emocionales y de sus prejuicios, y les han abierto sus expectativas hacia nuevos modelos de convivencia y estilos de vida. Les han abierto los ojos respecto de su derecho a una vida de mayor calidad.

Esas mismas redes sociales se han convertido en el instrumento de la globalización y han derribado los muros invisibles que nos aislaron virtualmente del mundo exterior durante décadas, o quizá siglos, permitiendo que modelos arcaicos de conducción social y política permaneciesen vigentes en México, controlando a las grandes masas, mientras el mundo occidental evolucionaba hacia mejores estructuras sociales, donde los viejos sistemas de liderazgo autoritario fueron sustituidos por una configuración institucional, donde los líderes sociales y políticos no son dueños de lo que está bajo su tutela, sino depositarios de una autoridad restringida para administrar su encomienda con eficiencia.

Sin embargo, los vientos de libertad y modernidad nos llegaron de manera abrupta a los mexicanos por medio de las redes sociales, no como parte de la evolución social, sino como una invasión cultural avasallante que cayó sobre estructuras sociales y políticas arcaicas y tradicionalistas, dirigidas por gente que pretende mantener sus privilegios, como los políticos que hoy ven la paja en el ojo ajeno y señalan en sus opositores los vicios que ellos mismos representan.

Por eso, hoy que vivimos la auténtica democracia, ésa que se deriva del voto electoral, en plena era de la globalización y el influjo de las redes sociales, nos encontramos con un México fracturado y vulnerable frente a los grupos de poder informal que nacen de la misma sociedad y se convierten en una fuerza paralela al Estado mexicano.

La violencia que hoy enfrentamos es resultado de este choque de aspiraciones sociales que no encuentran una salida digna frente a la frustración y por eso responden con agresividad.

En los últimos años algo se ha fracturado en el alma nacional y esa coraza que protegía el mundo interior del mexicano y le permitía una vida respetuosa de los demás, plena de conformismo, desapareció, y los resentimientos y los rencores han reaparecido, seguramente del mismo modo como sucedió al inicio de la Revolución mexicana, cuando la barbarie se apoderó del país y los grupos de bandoleros se sumaron a la "bola", como llamaban a ese contexto violento que llenaba de terror a los pobladores de las zonas rurales de la provincia, cuando esos bandoleros, amparados en el movimiento libertador, incursionaban en las comunidades para robar ganado y hacerse del botín que representaban los ahorros de la burguesía local.

La desaparición de los poderes políticos tradicionales, encarnados por el gobierno porfirista derrocado, y el surgimiento de los caudillos regionales que tomaban el control local cuando había vacío de autoridad, detonaron una violencia que sumió en el caos al país, administrado por gobiernos inestables que no podían garantizar la paz republicana en todo el territorio nacional.

No obstante, aunque el contexto actual es muy distinto, pues hoy México es un país de instituciones —comparado con el país que estuvo sumido en la lucha que denominamos *la Revolución*—, los indicadores sociales de hoy son similares a los descritos antes.

Si hace 100 años había regiones dominadas por grupos armados que gobernaban con total independencia del gobierno de la República, impartiendo justicia, cobrando impuestos y manteniendo el control por medio de la violencia, al grado de que muchos de estos gobiernos crearon su propia moneda, hoy vemos que sucede algo similar en las zonas controladas por los cárteles de la delincuencia organizada.

Sin embargo, lo que en aquellas épocas estimulaba la violencia desbordada en muchas regiones de México era precisamente el fenómeno psicosocial caracterizado por la pérdida de valores sociales y morales, la ausencia de respeto a la autoridad legitimada por el Estado de derecho, así como los resentimientos y los rencores, por citar algunas condicionantes.

Hoy, igual que hace 100 años, vemos un México dividido que se enfrenta a sus propios retos. Un país que enfrenta el panorama más complejo de su historia, pues el enemigo no está fuera —por lo cual no se le puede combatir de frente—, sino que vive dentro de nuestro territorio y comparte la complejidad, el alma nacional y nuestra idiosincrasia.

Éste es un país que se mueve motivado por intuiciones y no por razonamientos. Por lo tanto, es muy complicado que pueda enfrentar sus propias incongruencias.

A partir de la inevitable tendencia a la individualidad, el diálogo entre los interlocutores mexicanos se convierte en dos monólogos, cada uno representado por los dos interlocutores, ya sean individuos o representantes de una colectividad; cada uno intentando imponer su verdad sobre el otro.

La fractura social es inevitable, pues éste es un país confrontado con base en viejos paradigmas históricos irreconciliables, manipulados desde el poder político en turno.

México es un país tradicionalista, anclado en el pasado, que, mirando hacia atrás, busca respuestas para aplicarlas en el mundo de hoy con el objetivo de construir su futuro. Tendemos a culpar de nuestros problemas a quienes gobiernan, pues con sus decisiones influyen en la realidad cotidiana. Sin embargo, debemos entender que quienes nos gobiernan surgen de nuestra misma sociedad y por eso representan los valores, las expectativas y los más profundos deseos anidados en el inconsciente colectivo mexicano.

En síntesis, podemos afirmar que los mexicanos, con una intuición altamente desarrollada, no hemos sabido disciplinarla ni educarla para convertirla en un valioso capital que nos ayude a impulsar la productividad y el desarrollo del país.

Nuestra idiosincrasia posee muchas fortalezas que pueden convertir a México en protagonista de este mundo globalizado. No obstante, el mexicano también tiene características que pueden representar un lastre si no se reinterpretan y se reorientan de modo positivo.

Entre estos lastres se halla la tendencia a la individualidad, que puede considerarse una de las características de identidad de mayor impacto en la vida cotidiana de la sociedad mexicana.

En un país donde cada individuo antepone sus intereses personales a los de la colectividad, se estimula el abuso del fuerte sobre el débil, lo cual es causa de la explotación que deriva en la pobreza colectiva.

De este modo, la desconfianza impulsa la individualidad y ésta propicia que cada uno trate de escapar de su destino de manera personal y que se adapte a las oportunidades que le ofrece su propio contexto y su circunstancia particular.

Con lo anterior es posible entender que muchos jóvenes ambiciosos, al ser asediados por los cárteles del crimen organizado, que les ofrecen dinero y poder, acepten su invitación, aunque esto signifique afrontar riesgos que pueden costarles la vida.

Así descubrimos que, gracias a la individualidad, en México se pierde la capacidad de generar sinergias, las cuales podrían ofrecer respuestas colectivas para crear un proyecto de país con alto desarrollo económico y social.

En síntesis, la individualidad representa una limitante de alto impacto social, pues nos empuja al desorden y a las injusticias derivadas del abuso del fuerte sobre el débil. Sólo garantizando el Estado de derecho seremos capaces de asegurar el acceso a un sistema de justicia sustentado en valores morales que proteja a los más débiles y a los más vulnerables.

De cara al futuro, el reto que debemos afrontar consiste en fomentar una visión colectiva de compromiso social sustentado en la confianza.

La intuición, como un modo de relacionarnos con el mundo circundante, ofrece al mexicano un potencial insospechado de beneficios vinculados con la competitividad en el ámbito productivo y económico, formando parte del bloque occidental cristiano, al que pertenece nuestro país.

Sin embargo, la intuición sin disciplina genera caos, pues representa una gran fuerza explosiva que no lleva a ninguna parte, ya que sólo nos mantiene en la práctica del "ensayo y error".

En contraste, la intuición educada se convierte en talento. De ese modo podemos constatar que nuestros científicos, cuando tienen la oportunidad de desarrollarse, principalmente en el extranjero, terminan siendo reconocidos como talentosos e innovadores.

También debemos reconocer que nuestra gran intuición propicia una cultura creativa y proactiva, pero que carece de la disciplina que exigen el estudio y el aprendizaje, lo cual es necesario para asimilar las experiencias colectivas, así como el legado de conocimientos que nos ofrece el acervo científico y cultural que ha acumulado la humanidad a través de los siglos.

Por la falta de disciplina el mexicano hoy tiene bajos estándares de rendimiento escolar si se toman como referencia los sistemas académicos globales. La energía creativa del mexicano lo aleja de la disciplina necesaria para recibir y asimilar conocimientos de acuerdo con los patrones académicos vigentes.

No obstante, hoy que todos los conocimientos de la humanidad están disponibles en la web a través de los "buscadores digitales" y concentrados en las bibliotecas virtuales —como Wikipedia—, se vuelve más difícil mantener controlado al alumno para que, de manera pasiva, según el modelo educativo tradicional, asimile conocimientos arcaicos concentrados en libros que se editaron hace varios años, cuando sabemos que el conocimiento actualizado se encuentra disponible, y sin esfuerzo, en la web. Por esa razón se debe construir un sistema educativo alineado a las expectativas de la idiosincrasia nacional.

Si la educación hoy se considera el camino más viable para formar a las nuevas generaciones de mexicanos, en el contexto de conflicto que vivimos —agravado por un choque cultural y de valores—, entonces debemos replantear nuestro modelo, que en la actualidad se halla alineado con el estadounidense, orientado al desarrollo de aptitudes y habilidades.

Es urgente reorientar la educación básica para lograr el fortalecimiento de las actitudes, de modo que nos permita avanzar en la formación de mejores personas y mejores ciudadanos. Para eso se requiere replantear el perfil del maestro que imparte educación básica, con el fin de que se convierta en un tutor que guíe al educando en la formación de su carácter, de su identidad y de sus valores, y que estimule en el alumno la búsqueda de información, motivado por una curiosidad autodidacta.

Por lo tanto, es necesario adecuar el modelo educativo a la idiosincrasia y el temperamento del mexicano. La educación de calidad es la clave para capitalizar nuestro gran potencial nacional.

Por otra parte, la mano de obra mexicana, desarrollada en la industria multinacional que opera en nuestro territorio, es altamente productiva, y una muestra de que es así es el acelerado crecimiento económico de México durante los últimos años, antes de 2018.

También podemos constatar que los artistas plásticos mexicanos, formados en las escuelas de arte, han mostrado una fina sensibilidad y una exuberante creatividad que les ha abierto las puertas de los mercados extranjeros.

Sin embargo, no son los valores sociales ni morales los que mueven la conducta del mexicano, sino los argumentos prácticos vinculados con los beneficios, lo cual se manifiesta en todos los ámbitos de la vida cotidiana.

El "deber ser" no es parte de las preocupaciones del mexicano y de ahí se derivan prácticas que conducen a la corrupción y a la búsqueda de beneficios ilícitos.

Este pragmatismo es la base del grave conflicto moral de la sociedad mexicana. Día a día el mexicano lucha contra la conciencia del "deber ser", heredado de la tradición moralista de la cultura occidental, que lo enfrenta al conflicto entre lo que es socialmente correcto y sus deseos personales y sus tentaciones.

Esa disyuntiva entre lo moralmente aceptable y los propios deseos termina dando origen a la "doble moral", que consiste en la aceptación pública de lo moral y socialmente correcto, pero que oculta una conducta guiada por la actitud individualista que impulsa al sujeto a actuar persiguiendo exclusivamente sus beneficios particulares.

Podríamos concluir que el reto de la sociedad mexicana consiste en capitalizar y potencializar los grandes atributos que posee, que han sido mencionados y descritos en las páginas de esta obra y que pueden convertirse en importantes activos para ofrecer oportunidades de desarrollo laboral y profesional a los mexicanos y fortalecer la productividad del país.

## ESCENARIOS FUTUROS

La globalización ha puesto en evidencia rasgos de identidad de una idiosincrasia compleja que hoy está frenando el desarrollo de la sociedad mexicana. La globalización es una vitrina en tiempo real que nos exhibe ante la comunidad internacional en alta definición.

En el siglo XXI, muchas décadas después de los primeros estudios sobre la mexicanidad, en este nuevo contexto generado por el internet y la globalización, constatamos que el choque cultural se repite.

La nueva cultura global empieza a permear en la sociedad mexicana a través de las redes sociales, la televisión, el cine, los videojuegos, la literatura y el intercambio turístico y laboral que se deriva de las inversiones industriales de capital extranjero.

Se percibe una fuerte presión de la cultura global sobre quienes habitamos nuestro país, fenómeno que provoca un choque de valores que ha tenido un fuerte impacto en nuestra estructura social, generando nuevas conductas que antes eran desconocidas. Por eso es necesario recurrir al análisis de nuestra idiosincrasia para identificar las estrategias que nos permitan convivir con el resto del mundo sin perder nuestra individualidad. El proceso de globalización es irreversible y conlleva un fenómeno de "transculturización", que tiende a unificar la cultura y a imponer nuevos valores colectivos de carácter universal.

Siguiendo el planteamiento de las cuatro dimensiones descritas en el capítulo 3, las dos de escasa presencia en nuestro inconsciente colectivo son la "moral" y la "productividad", las cuales interactúan débilmente en nuestra realidad cotidiana.

Con toda seguridad estas dos dimensiones terminarán siendo desarrolladas en el futuro e integradas a nuestra vida diaria, como consecuencia de la transculturización que se asimila mediante las redes sociales y los medios de comunicación masiva.

Esta sinergia —representada por la moral, que regula la vida ética y el respeto a las leyes, y la productividad, que regula el desarrollo— constituirá el motor del progreso social y económico.

México está totalmente alineado con el mundo occidental y en pocos años terminará integrándose por completo a ese bloque cultural. Sin embargo, éste es el momento de comenzar a trabajar para proteger esa transición, fortaleciendo, a través de la educación, los valores implícitos de nuestra idiosincrasia que deseamos conservar.

Al analizar el presente es fácil descubrir que estamos viviendo una era de transición entre un modelo político y social que ya ha sido rebasado —y, por lo tanto, que ya no corresponde a las expectativas ciudadanas de la actualidad— y la nueva sociedad globalizada, la cual será resultado de la fusión de muchas culturas.

Es evidente que en la sociedad hoy prevalece la insatisfacción generalizada frente a un modelo social que se ha vuelto obsoleto y ha sido rebasado por las necesidades cotidianas. Sin embargo, podemos identificar que esa insatisfacción es un fenómeno global que los políticos tradicionales aún no han visualizado. Por esa razón estos personajes siguen siendo sujetos del descrédito general.

Recurriendo a la frase de Antonio Gramsci, según la cual "una sociedad entra en crisis cuando lo viejo no acaba de morir, ni lo nuevo termina de nacer", podremos comprender la magnitud del cambio que esperamos. Por lo tanto, debemos reconocer que estamos viviendo una época caracterizada por una profunda crisis moral y de valores. De seguro esta metamorfosis largamente esperada representa la oportunidad de construir un nuevo proyecto de país.

Pero la única forma de lograr una verdadera evolución requiere el conocimiento de lo que somos hoy para identificar qué queremos cambiar y lograr construir el perfil del mexicano que anhelamos ser.

No obstante, ese cambio radical aún no se produce ni se vislumbra en un escenario próximo. El cambio no lo determinarán los partidos políticos, pues poseen estructuras muy definidas, estereotipadas y obsoletas, que apuestan por la continuidad de quienes hoy ejercen el control.

Más bien es la sociedad —que cada vez es más participativa porque ya está vinculada en tiempo real y comunicada por medio de las redes sociales— la que llevará a cabo el cambio.

El mundo del futuro será perfilado por la sociedad globalizada y los mexicanos debemos prepararnos para esta transición, para integrarnos a la cultura global sin perder la riqueza de nuestra identidad.

# Impacto de este libro

ESTE LIBRO puede ser utilizado en la vida cotidiana para conocer diversos indicadores y significados de la realidad mexicana desde diferentes perspectivas y enfoques. A los políticos y gobernantes les puede ofrecer una visión más clara del país que gobiernan. A los extranjeros que llegan en gran cantidad a las empresas multinacionales, les permitirá entender al fascinante país al que habrán de integrarse, y a los turistas, la complejidad del país que han visitado.

A los educadores y a los expertos en capacitación —así como a los profesionales de recursos humanos de las empresas y a los empresarios— los ayudará a entender las motivaciones del trabajador mexicano y a vislumbrar las oportunidades de incrementar la productividad.

En general, a todos los mexicanos le permitirá entender mejor nuestro contexto sociocultural para mejorar sus relaciones sociales, de amistad, profesionales y de negocios para enriquecerlas.

Además, permitirá revisitar los estudios clásicos de la mexicanidad para reinterpretarlos y darles nuevos significados.

La mexicanidad es la identidad social y cultural que nos une y le da significación a nuestra pertenencia a este país.

# Bibliografía

Applebaum, Anne, *El ocaso de la democracia.... La seducción del autoritarismo*, Debate, Penguin Random House, España, 2020.

Aristóteles, *La política*, Editorial Alba, Madrid, 1998.

Attali, Jacques, *Milenio*, Seix Barral, México, 1992.

Bartra, Roger, *Anatomía del mexicano*, Plaza y Janés, México, 2013.

———, *El regreso a la jaula*, Debate, Penguin Random House, México, 2021.

Bonfil Batalla, Guillermo, *México profundo*, De Bolsillo, México, 2012.

Borrini, Alberto, *Mercado de la opinión pública*, Atlántica, Buenos Aires, 1992.

Castañeda, Jorge, *Mañana o pasado, el misterio de los mexicanos*, 2011.

Cortés, Hernán, *Cartas de relación*.

Cremoux, Raúl, *Comunicación en cautiverio*, Planeta Mexicana, México, 1991.

Díaz del Castillo, Bernal, *Historia verdadera de la conquista de la Nueva España*.

Dijk, Teun van, *Prensa, racismo y poder*, Cuadernos del Posgrado en Comunicación, Universidad Iberoamericana, México, 1994.

Drucker, Peter, *Las nuevas realidades*, Hermes, México, 1990.

Ekman, Paul, *Cómo detectar mentiras*, Paidós Ibérica, España, 2009.

Festinger, León, *La disonancia cognoscitiva*, Wilbur Schramm (comp.), Grijalbo, México, 1982.

Fleur, M. L. de, *Teorías de la comunicación masiva*, Paidós, Buenos Aires, 1970.

Florescano, Enrique, *Mitos mexicanos*, De Bolsillo, México, 2015.

Friedman, George, *Los próximos cien años*, Ediciones Destino, España, 2010.

Galbraith, John Kenneth, *Anatomía del poder*, Edivisión/Grupo Editorial Diana, México, 1986.

Goleman, Daniel, *La inteligencia emocional*, Vergara, Buenos Aires, 1997.

Habermas, Jürgen, The Theory of Communicative Action, Beacon Press, Boston, 1984.

Harris, Marvin, *Jefes, cabecillas y abusones*, Siglo XXI/CNCA, México.

Homs, Ricardo, *Estrategias de* marketing *político*, Serie Ariel, Planeta), México, 2000.

——, El gran reto mexicano, Edamex, México, 1992.

——, *Liderazgo de masas en la era de las redes sociales*, Ediciones Urano, México, 2015.

——, *Universos paralelos*, Grijalbo, México, 2008.

Huntington, Samuel. *¿Quiénes somos? Los desafíos a la identidad nacional estadounidense*, Paidós, México, 2004.

——, Huntington, Samuel, *El choque de civilizaciones y la reconfiguración del orden mundial*, Paidos, México, 1998.

Illich, Ivan, *Desempleo creador*, Joaquín Mortiz, México, 1985.

León-Portilla, Miguel, *Visión de los vencidos*, UNAM, México, 2007. (Versión original, 1959.)

Levitsky, Steven, y Daniel Ziblatt, *Cómo mueren las democracias*. Ariel, México, 2018.

Maquiavelo, Nicolás, *El príncipe*, Ediciones Coyoacán México, 1996.

Martínez, Martínez, María del Carmen, *Veracruz 1519. Los hombres de Cortés*. Universidad de León, España, y CNCA, México, 2013.

McLuhan, Marshall, *La comprensión de los medios como las extensiones del hombre*, Diana, México, 1967.

Mercier, P. A., F. Plassard y V. Scardigli, *La sociedad digital*, Ariel, España, 1984.

Minogue, Kenneth, *Politics*, Oxford University Press, Gran Bretaña, 1995.

Moragas Spa, Miquel, *Sociología de la comunicación de masas: propaganda política y opinión pública*, Gustavo Gilli, España, 1985.

Moreno García, Enrique, *Las dos Américas*, edición privada, Guadalajara, México, 1988.

Naisbitt, John, y Patricia Aburdene, *Megatendencias 2000*, Grupo Editorial Norma, Colombia, 1991.

Novak, Michael, *Este hemisferio de libertad*, Diana, México, 1994.

Paz, Octavio, *El laberinto de la soledad*, Fondo de Cultura Económica, México, 2008.

Pont Mestres, Magin, *Realismo político*, Plaza y Janés, España, 1977.

Porter, Michael, *Las ventajas competitivas de las naciones,* EUA, 1990.

Ramos, Samuel, *El perfil del hombre y la cultura en México,* Col. Austral, Espasa-Calpe.

Ramírez, Santiago, *El mexicano. psicología de sus motivaciones.*

Rifkin, Jeremy *El fin del trabajo,* 1996.

Rivadeneira Prada, Raúl, *La opinión pública,* Trillas, México, 1990.

Servan-Schreiber, Jean Louis, *El poder de informar,* Dopesa, Barcelona, 1973.

Trout Jack, *El nuevo posicionamiento,* McGraw Hill, México, 1996.

Weber, Max, *La ética protestante y el espíritu del capitalismo.* Premiá Editora de Libros, México, 1979.

————, *El político y el científico,* Alianza Editorial, Madrid, 1967.

Wysocki Jr., Bernard, "Romer y su nueva teoría sobre el crecimiento", *Reforma/ The Wall Street Journal Américas,* 22 de enero de 1997, México.

Young, Kimball, *Psicología social y de la propaganda/Psicología social de la opinión pública,* Paidós, México.

# Agradecimientos

**M**I SINCERO AGRADECIMIENTO a Francisco Martín Moreno por el excelente texto que generosamente me obsequió para la cuarta de forros de este libro, y por la confianza depositada en el contenido del mismo. Mi sincera admiración por su prolífica trayectoria literaria y su rica calidad narrativa.

Al excelente fotógrafo político David Ross Zundel, creador del innovador modelo bautizado como *retrato emocional,* quien magnánimamente me obsequió la fotografía de la portada. Agradezco también su amistad desinteresada e incondicional, manifestada a lo largo de muchos años de compartir juntos grandes retos profesionales.

Al equipo de HarperCollins por su entusiasmo y profesionalismo, poniendo siempre un esfuerzo extra en la búsqueda de la excelencia editorial.

A mi esposa por su paciencia, al sacrificar nuestro tiempo de convivencia, mientras las horas se me pasaban lentamente frente al teclado redactando este texto.

A toda mi familia y amigos por no dedicarles el tiempo que merecen, obsesionado siempre por la pasión de escribir. Sin embargo, siguen muy cerca de mí de forma significativa, enriqueciendo mi vida.

# Sobre el autor

**RICARDO HOMS**

- Mexicano, Veracruz, Veracruz, 1951
- 25 libros publicados en las siguientes editoriales:
  - Penguin Random House (Serie Grijalbo)
  - Grupo Editorial Planeta
  - Ediciones Urano
  - Editorial Porrúa
  - Editorial Diana
  - McGraw Hill
  - Otras
- Se ha especializado en temas profesionales relativos a la comunicación, el *marketing* y el liderazgo público, así como en temas sociales.
- Actualmente es presidente de la Academia Mexicana de la Comunicación, A. C., www.amdc.org.mx.
- Articulista del periódico *El Universal,* tanto en versión *on line* como impresa, así como de tres revistas.
- Presidente ejecutivo del Instituto de Liderazgo Social y Político, organismo creado para formar líderes.
- Autor de dos novelas publicadas —de tipo histórico—, una en Grupo Editorial Planeta y la otra en Diana: la obra *1936*, publicada en 1987 por Diana, y *El tesoro de Laurens de Graaf*, sobre la invasión del corsario Laurens de Graaf a Veracruz en 1683, publicada por Planeta en 2007.
- Comentarista en los noticieros de ADN40 y en los de Televisa Sureste.

**www.ricardohoms.com**

CPSIA information can be obtained
at www.ICGtesting.com
Printed in the USA
JSHW032340120623
43126JS00009B/155